10倍速で未来の自分になる方法

BE YOUR FUTURE SELF NOW

松丸さとみ 訳

DR. BENJAMIN HARDY

ベンジャミン・ハーディ博士

OEJ Books

私の家族へ：
フィリップ・ハーディとスーザン・ナイト
トレバーとジェイコブ・ハーディ
ローレン・ハーディ
ケイレブ、ジョーダン、ローガン、ゾラ、フィービー、レックス

「なるべきか、ならざるべきか？　それが問題だ」

――ウィリアム・シェイクスピア、『ハムレット』

はじめに

本書の日本語版が刊行されることを、心より嬉しく思う。本書は、世界のさまざまな国において大好評をいただいており、私自身大変驚いている。韓国では、ここ数ヵ月間でベストセラーのうちの1冊となっているほどだ。本序文では、本書そしてそのページに綴られている科学的知識が、なぜそこまでパワフルだと私が考えるのか、その理由についてお伝えしたい。

まず、科学的な根拠を示そう。心理学的な視点からすると、時間とは、時計が示すような形では存在していない。私たちは、時間とは自分の外にあるもので、自分自身とは切り離されたものだと考えがちだ。これは実際、アイザック・ニュートンの理論と視点の土台になっているが、現在は最新の物理学と神経科学によってアップデートされている。

非常にシンプルに説明すると、自分自身の過去と未来をどう見るかが、現在をどう見て、どう行動するかを直接的に決定づけるのだ。ある人物がその人の過去や未来をどう見ているかを理解せずに、その人が今、何者であるかや、何をしているかを理解することなどできない。それはまるで、音楽で、前後の音符がないのに、たった1つの音符を理解しようとしているようなものだ。何の脈絡もなく音符がたった1つでは、まったく意味がない。

この点は非常に重要だ。心理学的には、過去が現在を決めることはない。過去の意味を形作り、さらにそれを変えていくのは必ず、今現在にいる人だ。私たちは、自分の過去全体、あるいは特定の状況だけでも、そこにある意味を変えるパワーを持っている。さらに、「過去の自分」や、その物語の登場人物が持つ意味を変えることもできる。時間を、過去が現在を決める直線的なものとして見るならば、現在における主体性や自由意志を失ってしまう。現在という時間は、過去の「助手席」に座っており、変えることもできなければコントロールすることもできないということだからだ。「過去の意味を決めるのは現在であり、その意味を改めて形作るだけのパワーは、現在にいる私たちの手中にある」と知ると、非常にワクワクする思いだ。とはいえ、自分自身の過去をどう見るにせよ、それが、現在という時間で自分がどんな行動を取るかに、直接的に影響するということを、きちんと理解することが非常に大切だ。そのため、自分の過去をどう語るかについて、完全なる責任を負わなければならない。

ところで、「未来の自分」に関して、ありがちな間違いがある。「現在の自分」を土台にして、

「未来の自分」を想像してしまうのだ。そうなると何が起きるかというと、未来は現在と非常に似たものになる。そしてそのせいで、過去に自分がしたように生き、行動することになるのだ。研究では、今の自分とはまったく異なる「未来の自分」を想像するほうが、望む未来を手に入れるのにずっと効果的だという結果が出ている。現在に未来を決めさせるより、新たな未来――それが例え一見不可能に思えるものでも――に、今現在の自分が何者でどんな行動をするかを決めてもらった方がいい。

私自身、自分の人生でこれを何度も実践し、一度は不可能に思えたことでも実現してきた。一見すると不可能に思えるゴールを追い求めるとき、「イマココ」での行動はガラリと変わる。私は博士課程の学生だったとき、プロの著者になりたいと思っていた。それどころか、ニューヨークにある出版社と数十万ドルの出版契約を結びたいと考えていたのだ。これは、当時の私からはとても不可能に思えた。ところが、「未来の自分」というフィルターを通して「現在の自分」が下す決断を見てみると、この未来にはそぐわないことを自分がたくさんしていることに気づいた。そうした決断は、むしろ過去の自分に合っていたのだ。そこで私は、ゴールに導いてくれる可能性を秘めた新たな道のりを見つけてそこにフォーカスするために、未来の目標にはそぐわないあれこれを手放した。

複数のプロの作家や出版エージェントから、10年はかかると言われた。しかし私は、なりたい「未来の自分」がするであろう行動を取ったことで、2年もしないうちに、不可能だったはずの未来を手に入れた。

あなたにもできる。

時間は、あなたが思うようなものではない。あなたが自分の未来をどう見るかが、今のあなたの行動とふるまいを突き動かす最大の要因なのだ。

本書は、「未来の自分」をどう想像し実現するか——例えそれが一見すると不可能に見えるものでも——を、これまで書かれた書物の中でもっとも実践的な形でお教えする。

あなたが本書を読んでくれることを、非常に嬉しく思う。私は、日本の人たちが大好きだ。家族とともに東京を訪れたこともある。なんと美しい場所だろう！

いつかまた、みなさんに会うために日本を訪れることができるよう願っている。

2024年 8月6日

ベンジャミン・ハーディ博士

目次

PART 2 「未来の自分」に関する7つの真実

PART 3

「未来の自分」を実現するための7つのステップ

本書掲載のイラストについて

本書では、ここで説明されているアイデアを印象づけたり、理解に役立ったりするよう、60以上の概念的なイラストを使っている。カルチャーデザイン企業ギャッピングヴォイドが手がけた作品だ。私が初めて@gapingvoidの作品を見たのは、セス・ゴーディンの書籍『The Dip』(『ダメなら、さっさとやめなさい!』、マガジンハウス）だった。私はまた、ギャッピングヴォイドに依頼して、自分のオフィスをCulture Walls™で飾ってもらってもいる。

心理学の180度転換

アイデンティティ

自分が一番真剣に取り組んでいるもの

「自分がなりたいと思う存在の意識になりきれば、現状から救われる」

――ネヴィル・ゴダード〈1〉

2015年10月4日の夜、11年生（高校2年生）で17歳のジミー・ドナルドソンは、歴史の試験勉強をする代わりに、4本のユーチューブ動画を撮影した。

ジミーはそれまでの3年間、精力的にユーチューブ動画をつくってきたのだが、このときに撮ったものはわけが違っていた。いつものように、ゲーム実況をしたり、有名なユーチューバーの生活や収入を話題にしたりはしなかった。本音と弱さをさらけ出した自分との対話に、視聴者を招き入れたのだ。

最初の動画では、半年後の自分である「未来の自分」に語りかけた。

2本目の動画では、**1年後の「未来の自分」**に。

3本目の動画では、**5年後の「未来の自分」**に。

そして4本目、**10年後の「未来の自分」**に語りかけた。

それぞれ、2分ほどの長さだ。

何も奇をてらったものではない。

しかし極めて重要なこの瞬間にジミーは、「未来の自分」に何を求めているのか、どうあってほしいかについて、赤裸々に正直になった。

いつもならすぐに公開するところだが、このときは各動画を未来に――2015年10月4日からきっかり半年後、1年後、5年後、10年後にそれぞれ公開されるよう設定した。

半年後の2016年4月4日、最初の動画がジミーのユーチューブ・チャンネルで公開された〈2〉。

動画の冒頭でジミーは、自分のチャンネルが今どのような状態かを見せるため、パソコン画面を映す。

「この動画の撮影時点で、登録者数は8000人、総再生回数は180万回。みんながこれを見るとき、この数字と今みんなが見ている数字とを比べてほしい」

ジミーはその後、「未来の自分」と短い会話をする。

「半年後の自分には何を伝えたいかな？　できたら、今も毎日アップロードを続けていてほしい。できれば、未来の僕である君の登録者数は、少なくとも1万5000人。もしそうなっていなかったら恥ずかしいだろうな。そうしたらみんなは（視聴者に語りかける）きっと、あ〜あって感じになっちゃうよね。今のところ、まだユーチューブを楽しんでいるよ。未来の自分も、まだ楽しんでいるといいけれど。登録者数が半年後には信じられないくらい、例えば2万人とかになっていたらすごいね」

ジミーは半年後、目標を達成していた。それどころか、「1年後の未来の自分」の動画が2016年10月4日に公開されるころまでには、チャンネル登録者数は「半年後の未来の自分」動画の公開から10倍に増え、20万人以上になっていた。

ジミーは、動画をコンスタントにつくり続け、多くの人に視聴された。その動画は大胆で斬新になっていった。

ジミーは、自身のブランドである「ミスタービースト」というキャラに完全になりきった。「未来の自分」動画制作は、人生のターニングポイントとなった。夢に向かって勇気を出したとき、この「自分との率直な対話」が、運命の分かれ道となったのだ。インターネット界きってのスターとして、ジミーはわずか数年で数億ドルを稼ぎだした。

「未来の自分」

について公言すれば
過去の自分とすぐに決別できる

歴史のテスト勉強をせずに「未来の自分」について公言した夜、ジミーの心構えと、動画制作に取り組む姿勢は変化した。実際に、2015年10月の前と後で、ジミーの動画にははっきりとした違いが見て取れる。自分はカメラに映らないゲーム動画は減り、カメラの前に出ることが増えた。ミスタービーストのコンセプトとブランドを膨らませて、動画に登場する友達も起用した。この人物は今では、ミスタービーストのイデオロギーを一緒に支えてくれる、チャンネルのレギュラー的存在だ。

2016年6月1日、ミスタービーストの動画が初めてバズり、再生回数は2000万回以上に達した。ジミーと友達が、導入部分が優れたユーチューブ動画についてコメントする内容だ。このエピソードはこれまでよりも視覚効果を駆使しており、ミスタービースト自身にも、自信と余裕がうかがえる〈3〉。

その数日後、新しいスタイルを取り入れた動画を公開した。おもしろくて大胆な行動を取ったり、バカバカしいことをしたりする、のちに彼がよくやるようになるスタイルだ。このときは屋外用のピクニック・テーブルを購入し、プラスチック製のバターナイフだけを使ってテーブルを半分に切った。数時間かけてこのタスクをやり遂げるために、60ドル以上かけてプラスチック・ナイフを大量に購入。この動画は、300万回以上再生された〈4〉。

2016年8月23日、友達に食用ラップで100回グルグル巻きにされる動画を公開。再生回数は、200万回に上った〈5〉。

2016年10月16日、目にしたオンライン広告がすべてすぐに現実になるというコント動画を公開〈6〉。「新品iPadを当てよう」との広告を見た直後、真新しいiPadが突如、玄関前に現れる。「ノートパソコンのスピードを100倍アップ」という広告では、手元のノートパソコンがすぐに新しいものに変わる。ネタの解説を行ったあと、動画で使われたパソコンをミスタービーストと友達が破壊して、動画は終了する。

これは900万回再生された。

2017年1月8日、ミスタービーストは10万まで数える様子をライブ配信〈7〉。数え終わるまでに40時間近くかかり、再生回数は2000万回以上に達した。1カ月後、今度は20万まで数え、その後、30万まで数えた〈8、9〉。

2017年8月、「ローガン・ポール」の名前を10万回言う様子を撮影した〈10〉。

ミスタービーストの行動がさらにバカバカしくくだらないものになっていくなか、彼はなりたかった「未来の自分」へと進化していく。動画で行う実験はさらに大胆になった。ミスタービーストのブランドは成長を続け、そのお決まりのネタとして、寄付動画をつくるようになる。

２０１７年６月15日、ホームレスの男性に１万ドルを渡す動画を公開〈11〉。その後、１０００ドルをホームレスの人たち10人に渡した〈12〉。

２０１７年８月15日、今度はゲーム配信用プラットフォーム「Twitch（ツイッチ）」でゲームをライブ配信している人たちに、１万ドルの投げ銭をした〈13〉。

こうした寄付動画は、思いがけず大金を受け取った人たちが大興奮するリアクションを目玉にしていた。

２０１７年８月23日、ピザの宅配人たちにチップとして合計１万ドルを渡し、相手が感動する様子をネタにした動画を公開〈14〉。このお金が自分と妻にとってどれほどの意味を持つかを涙ながらに語って感謝する年配の男性に、ミスタービーストはハグで応えた。

２０１７年８月30日、ウーバーの運転手数人にチップとして合計１万ドルを渡す動画を公開〈15〉。

渡す金額がどんどん大きくなっていくのに加え（当初このお金は、チャンネルの複数のスポンサーから得ていた）、企画内容やゲームは、多額の賞金が出る大がかりなものになっていった。

例えば、宙に浮くために風船がいくつ必要か調べる動画、車を１００時間以上走らせて自分が住む州にあるウォルマート全店でチョコレートバー「スニッカーズ」を購入する動画、１セント硬貨だけで自動車を購入する動画、３００万人目のチャンネル登録者に３００万枚の１セント硬貨をプレゼントする動画などだ〈16、17、18、19〉。

3本目の「未来の自分」動画が公開された2020年10月4日までには、ミスタービーストはインターネット史上最速で人気が急上昇したユーチューバーとなっていた。登録者数は4000万人を超えていた。

誰もが知る存在となった。

スタッフ数30人以上、年間収益1億ドル以上の事業を運営していた。動画の平均再生回数は3000万回で、なかには数億回に達するものもあった。

「5年後の自分に挨拶してみた」動画は、半年後や1年後の未来に向けた動画より、若干内観的だ。動画のなかでは17歳のジミーが、そのときの自分とは違う、もっと大きな「未来の自分」に語りかけている。

> 今、僕は高校生。みんながこれを見るとき僕は……大学生でさえもないな。大学のあとだ。わぉ、すげぇ。信じられない動画になるよ！

頭のなかで、グルグルと考えが巡っているようだ。

今は2015年。ちょっと待って、死んでたらどうしよう？

明らかに恐怖を抱いたジミーは、まるで言葉を塞ぐように手で口を覆う。目を大きく見開き、恐ろしそうな表情を浮かべながらこう続けた。

だったら奇妙だろうな。めっちゃ奇妙だ。安らかに眠ってくれ。
やばい、だとしたら本当に奇妙だよ。

この動画が自分のユーチューブ・チャンネルに公開されるころには死んでいるかもしれない、という可能性についてじっくり考えたあと、「未来の自分」について、さらに真剣になる。

みんながこの動画を見るころまでに、チャンネル登録者数が100万人に達していなかったら、僕の人生そのものが失敗ってことになる。
100万いたらいいな……100万人いなきゃダメだ、、、、、！

ジミーのなかで、実現していなければいけない、という確信が高まる。
その後、夢を実現するプレッシャーを感じて椅子にもたれかかると、じっくりと考えに浸る。

そして、フーッと大きく息を吹き出して前髪を揺らす。

すごいな、だとしたら……

ジミーは言葉を失う。

頭を振って目を閉じると、自分は何を求めているのか、必死になって深く考え込む。頭を振りながら自室の天井を見上げ、撮影していることを忘れてしまうほど、なりたい「未来の自分」と深くつながる。

一瞬想像を巡らせてから、カメラとの対話を続ける。

どの大学に行くのかさえもわからないよ。でもみんながこれを見るころには、高校を卒業して、大学へ行って、たぶん仕事としてユーチューブをしてる。できればね。たぶんね、たぶん。

夢を言葉にしながら、ジミーは自分の手を噛む。

あぁ、本当に今ごろチャンネル登録者数が100万人いたらいいな。未来の僕、どうかお願い。なんでこんな手の動きしてるんだ？

そしてもう1度、こう宣言して動画を終える。

これが公開されるまでに、登録者数100万人いなきゃダメだ。

これを書いているのは2021年12月。ミスタービーストの「5年後の自分に挨拶してみた」が公開されてから、1年ちょっとだ。

登録者数は8200万人以上で、動画の内容はさらに大胆になっている。

ジミーは望んだとおりの「未来の自分」になったのみならず、自分が描いたビジョンを何度も打ち破った。

外の視点から見ると、過去6年間のジミーの変貌は、信じられないくらいだ。収益になる動画が1本もない、自室で撮影する17歳の子どもから、世界屈指の有名人になったのだ。非常に裕福でビジネス手腕に長けており、いつかはアメリカ大統領になりたいと熱望している。

私やあなたが人生で同じような結果を出すために、マネできる方法論は存在するだろうか？

答えは、間違いなくイエスという、ワクワクするものだ。ミスタービーストのすばらしい変貌についてはは、近年の心理学の研究から非常にシンプルに説明できる。あなたもこのプロセスを活用すれば、望む結果を出したり人生を変えたりできるのだ。

本書では、まさにその方法をお教えする。

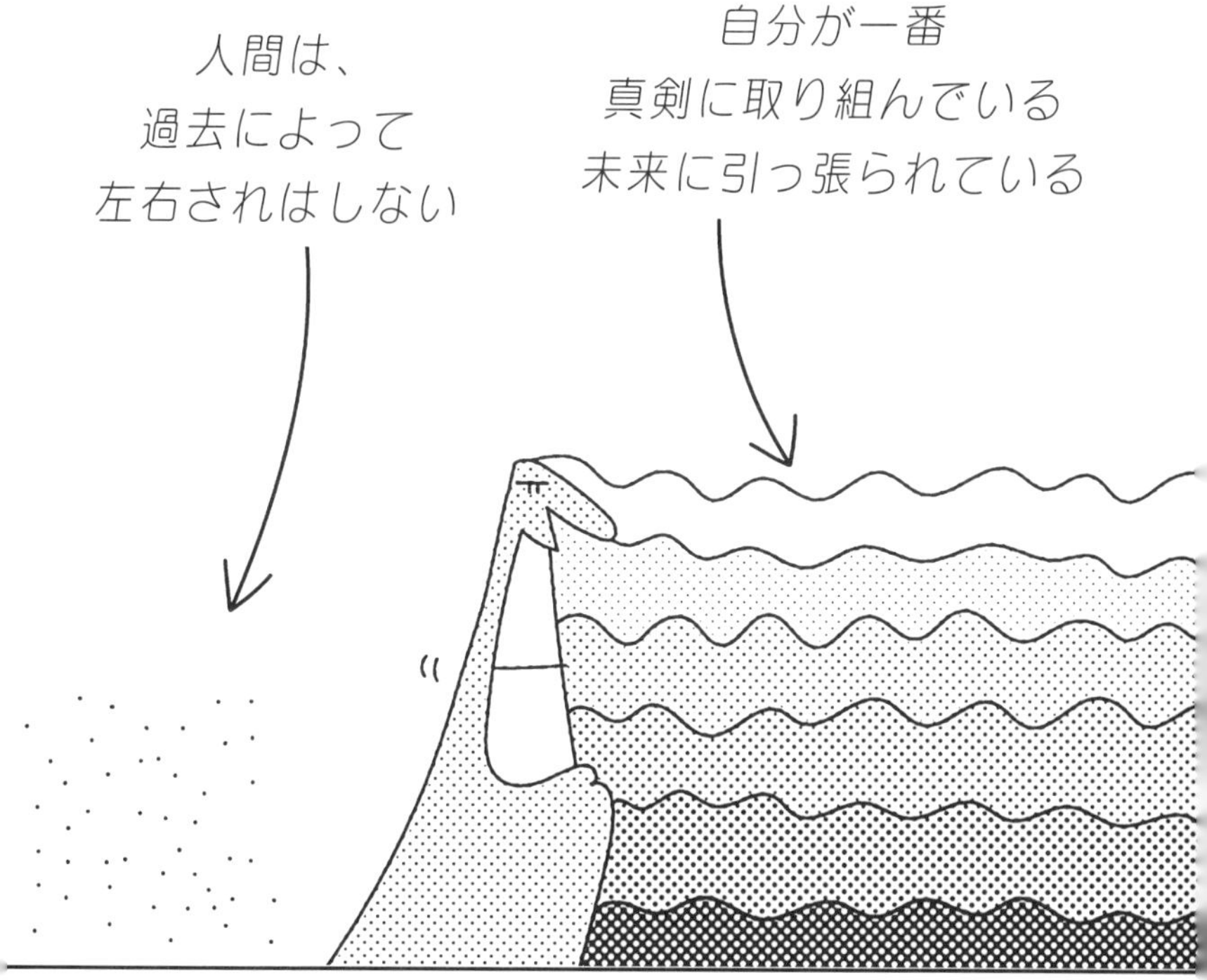

科学に起きたシフト

「心理学はその歴史が始まって以来ほぼずっと、
〝人や動物は過去によって左右される〟という枠組みに支配されてきた」

――マーティン・セリグマン〈20〉

1800年代後半から1900年代後半にかけての心理学は、人間の問題に焦点を当てていた。このころは「病理学」とされ、その理論と治療は、うつや自殺といった問題の緩和を中心としていた。人間の持続的な幸福《フラーリッシング》というコンセプトは、ほとんど注目されなかったのだ。

科学ではこの時期、人間とは、当人の過去から直接つくられる副産物だとされていた。この考え方は、「決定論」として知られている。人間の行動とは、その前にあるドミノによって倒される、1つのドミノにすぎないという考え方だ〈21、22、23、24〉。「過去の出来事」というドミノは、その人が何者であるかや、今何をしているかを左右する。人間の主体性や自由などは存在せず、単に刺激と反応があるだけだ。

言い換えれば、決定論によると、今日のあなたの人生は、あなたの過去から二次的に合成されたものということになる。

決定論は主要な考え方ではあったが、極めて限定的でネガティブだった。ある人物が多くの問題を抱えていたら、その問題はその人の過去によってのみ説明できる、というものだったのだ。そして悲しいことに、心理学の主要目的は、こうした問題を説明するのみで、解決することではなかった。

1990年代、自らを「ポジティブ心理学者」と呼ぶ革新的な心理学者たちは、心理学の中心となっていたこうした定説に疑問を呈した。そして、人が幸せを感じ、健康になり、成功するのはなぜかをもっと理解しようと、これまでとは異なる質問を投げかけ、異なるタイプの実験を行った。

この研究に加え、テクノロジーや神経科学の飛躍的な進歩のおかげで、何が人となりをつくるのかについて、これまでとはまったく異なるものが描き出された。現代の研究ではむしろ、それまで信じられていたものとはほぼ真逆の説明がなされている。

現在の研究では、ある人物の行動やふるまいは、その人の過去によって突き動かされたり、左右されたりするものではないことが示されている。それどころか、人は未来に引っ張られているのだ[25]。

人間として私たちは、地上にいるどの動物も持ち合わせていない特徴を持っている。人は、自分の未来を考える能力を持つのみならず、未来の可能性を描くシナリオを無数に持つことすらできる。さらに、将来の見通しについて、じっくりと思いを馳せることもできるのだ[26]。

例えばあなたの目の前には、多くの選択肢があるだろう。新しい仕事に就くか転職せずにとどまるか、海外移住するか地元にとどまるか、などだ。実現できそうな未来の可能性は多くあり、下せそうな人生の決断は数えきれないほどある。人はこうした選択肢について考え、どの方向に進むかを最終的に決定する。

心理学者はこの人間特有の能力を、**「プロスペクション」**と呼んでいる。人として、私たちの行動はすべて、未来の展望（プロスペクト）によって突き動かされている〈27〉。プロスペクションは、世の中に対する目的論的な見方に基づく。つまり、人間の行動やふるまいはすべて、短期的にせよ長期的にせよ、何らかの目標によって突き動かされているという考えだ〈28〉。目的論によると、人間の行動にはすべて、目的がある。目的は、目標という言葉に言い換えられる。たとえ当人はその行動の目標を意識していなくても、人間の行動はすべて、目標駆動型だ。

例として、食べ物を取りに冷蔵庫へ行くことを考えてみよう。この行為は、「空腹を癒やす」「気分転換」「おいしいものを食べたい欲求を満たす」などの目標によって、突き動かされている。目標が何であれ、それが冷蔵庫へ向かう原動力だ。

また、学校へ行くという例もある。人は理由があって学校へ行く。生徒はそれぞれ、自分なりの目標があって出席しているのだ。ある生徒は、大学の受験資格が欲しいからかもしれない。別の生徒は、親に無理強いされており、問題を起こしたくないので学校に来ているのかもしれない。授業を受ける動機はかなり違うものの、どの生徒も、目標を果たすためにそこにいる。

目標は本人が意識したものでもなければ、インスピレーションが得られるものでもないかもしれないが、それでも生徒なりの理由はある。ということは、たとえ単なる一時的な快楽や逃げが目標であっても、有害なドラッグをしたりSNSで時間を浪費したりといった行動もまた、理由があって突き動かされているのだ。

次のような質問を、自分に投げかけてみるといいだろう：

- この活動の理由または目標は何だろうか？
- 私はここから何を得ているのだろうか？
- この活動は自分をどこへ連れて行ってくれるのだろうか？

特定の出来事や行動を理解するには、３つの階層《レベル》がある。

1. **何が（What）**

2. **どのように（How）**

3. **なぜ（Why）**

レベル1は、何が起きたかを説明するものだ。先ほどの学校へ行く例では、「彼は学校へ行った」が、ここでいう「何が」だ。

レベル2は、その行為をどう行うかという手段を説明するものだ。このケースでは、「彼は学校まで車に乗せてもらった」と言える。

レベル3は、その行為をなぜするかという動機を説明するものだ。**人の行動にはすべて、必ず動機がある。**その動機が、その人の行動の理由あるいは目標だ。

この動機を知ることは、知識のあり方として、もっとも深遠でありパワフルでもある。というのも、「なぜ」は常に、「何が」と「どのように」の原動力になっているからだ。株式市場がなぜ上昇したり下落したりするのかを理解すれば、投資に関する決断は楽になる。ある人物の行動の動機がわかれば、その行動やふるまいに納得できるようになる。

人の行動の背後には必ず、動機あるいは目標がある。人が活動する際には常に、目的あるいは理由があるのだ。目標や目的を意識的かつ明確に選べば選ぶほど、「どのように」という手段は自然と、なんとかなるようになる。そして目標や目的にかなった行動を取るようになる。

逆に意識的な目的を持っていないと、「どのように」という部分は矛盾と混乱に満ちてしまう。

あらゆる目標あるいはモチベーションは、アプローチ型か回避型という2つのカテゴリーに当てはまる〈29、30〉。人が行動するのは、起きてほしいことにアプローチするためか、起きてほしくないことを回避するためなのだ。一般的に、80パーセントの人は主に恐怖心からか、何かを回避するために行動しており、20パーセントの人は勇気か、何かにアプローチすることが行動の原動力になっている。

デヴィッド・R・ホーキンズ博士は次のように説明する：

広告業界は、商品を売るために人の恐怖心を利用している。深い悲しみという感情は過去から来るものだが、恐怖は、私たちが普段経験するように、未来に対して抱く感情だ。平均的な人は、恐怖という感情は日常のなかで、心配、不安、パニックなどとして経験する。(中略)恐怖という感情は、縮こまることであり、また未来への恐れでもある〈31〉。

アプローチ型であれ、回避型であれ、どちらのモチベーションも目標であることに変わりはない。例えば、住むところを失いたくないから仕事へ行くのは、回避型の目標だ。昇進したいから仕事へ行くのは、アプローチ型といえる。

それがポジティブであれネガティブであれ、アプローチ型であれ回避型であれ、理由あるいは目標が、思考、エネルギー、行動の原動力になっている。

いずれにせよ人間とは、自分が見ている未来に基づいて行動するのだ。それはもしかしたら、回避しようとしている未来かもしれないし、築こうとしている未来かもしれない。その未来はもしかしたら、10年先かもしれないし、数秒先かもしれない。

平均的な人の場合、行動は第一に、恐怖に突き動かされていることに加え、短期的な目標に駆り立てられているのがほとんどだ。例えば、仕事をこなす、その日の終業時間や週末までがんばって働く、生活費を稼ぐ、といった長期的な目標ではなく、ＳＮＳで気を紛らわせる、といったことだ。

ラッパーであり大物実業家でもある50セントと、著者のロバート・グリーンは、『恐怖を克服すれば野望は現実のものとなる』（トランスワールドジャパン）**のなかでこう述べている：**

意識を持った理性的な生き物である人間は本質的に、未来を考えずにはいられない。しかしほとんどの人は恐怖心から、明日や数週間先のこと、あるいは数カ月先のぼんや

人のふるまいのほとんどを駆り立てるもの

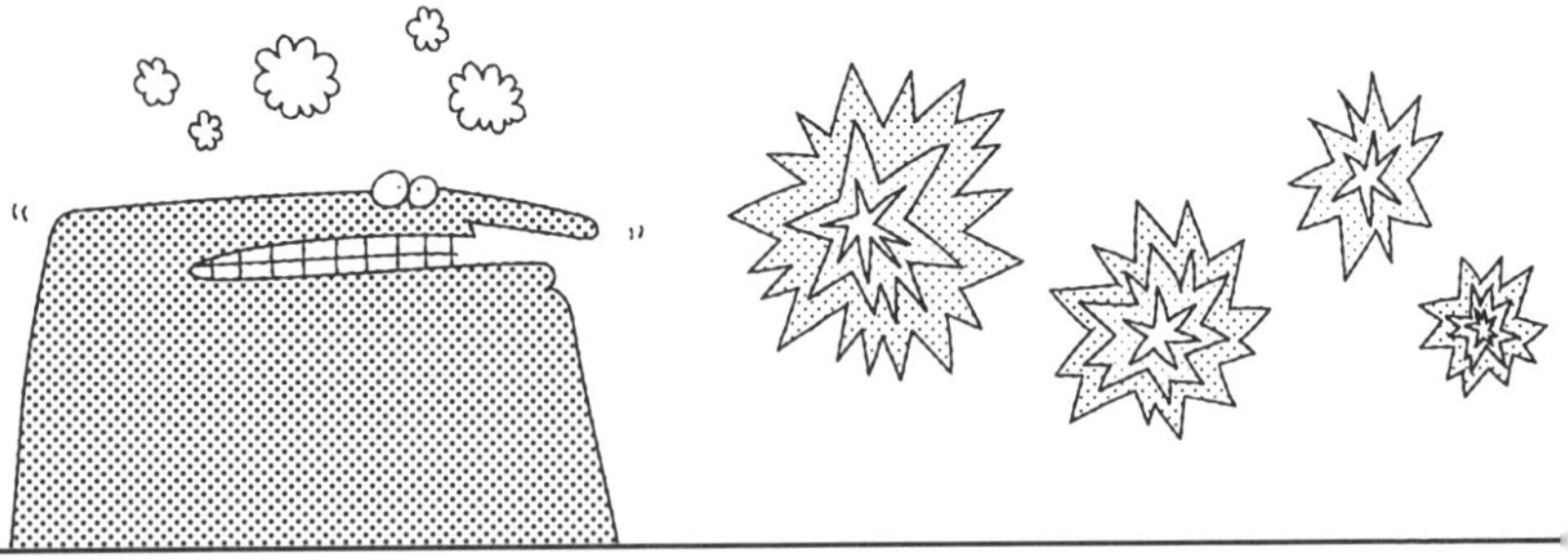

短期的報酬 | あるいは | 目先の闘い

りした計画程度の狭い範囲だけに、未来の視界を制限してしまう。私たちはたいてい、目先の闘いばかりに取り組み、その瞬間より先に目線を向けることができない。しかしながら、未来をより遠く、より深く考えれば考えるほど、願望を形にする力が大きくなるのが、力の法則だ〈32〉。

恐怖に駆り立てられる状態は、勇気やビジョンに駆り立てられるよりも、意識の低い状態だ。恐怖が原動力であるところから、受容、勇気、愛を理由に行動するレベルへと移行するには、感情面で大きく成長する必要がある。

人間の行動を突き動かす感情的な原動力は主に恐怖だが、それに加え、心理学者のなかには、人間は数年先、数十年先の未来までしっかりと考えられるほど、進化してはいないと考える人もいる〈33〉。私たちの先祖である狩猟採集民は、65歳までに引退しようなどと計画してはいなかった。代わりに、次の食べ物の戦略を立てたり、自分が食べ物にならないようにしたりする必要があったのだ。

人が先を考えるのが苦手であるさらなる証拠として、アメリカ人が引退に向けて計画を始める年齢の中央値が、27歳であることを考えてみてほしい。目標に到達するまで40年近くあるにもかかわらず、老後の備えとしての貯金額の中央値は、10万7000ドルだ。27歳にとっては多額に聞こえるかもしれないが、引退後の月収と考えると、わずか310ドルとなる。

たったそれだけだ。

65歳に関連した話として、人が遠い未来に向けて考えたり戦略を立てたりするのが苦手であるもう1つの理由に、人間の平均寿命がここ150年で、2倍近く伸びたことがある。1860年のアメリカにおける平均寿命は39歳だった〈34〉。将来を見越して計画するには、80年は先が長い。

効果的に生きようとしても、それを邪魔するようなあれこれは多い。幸せで満ち足りた人生を生きるには、目標を、恐怖に基づいた受け身的で短期的なものから、愛に基づいた積極的で長期的なものにシフトさせることだ。「未来の自分」をどう見るかが、前へ進む羅針盤となる。

ここで、近年増えている、プロスペクション、アイデンティティ、「未来の自分」というテーマでの研究を見てみよう。「未来の自分」をどう捉えるかの重要性について研究する心理学者の数は、どんどん増えている。TEDトークでは、著名心理学者らが「未来の自分」とつながり、実現することがいかに重要かという話をしている。

近年行われた、以下のTEDトークのテーマを考えてみてほしい：

- 「未来の自分」の心理〈35〉

プロスペクションと「未来の自分」の科学が進歩し、ますます説得力を持つなか、「未来の自分」のコーチング・プログラムや瞑想プログラムの開発が行われている。

にもかかわらず、このトピックについてきちんと書かれた書籍は、これまで1冊もなかった。

この分野の科学はまだ日が浅く、心理学者は最先端の研究を行っているところだ。「未来の自分」の科学は、今後20年間で進歩するだろう。本書は、現時点におけるこの分野での最先端の科学的知識を、読者のみなさんに提供するものだ。

非常に実践的な本になっており、読者のみなさんは次のことを学ぶことになる：

- 「未来の自分」の科学
- なりたい「未来の自分」とつながり、それを実現する方法
- ミスタービーストが本能的にしたように、今想像する「未来の自分」を大きく凌駕する方法

「未来の自分」とのつながりの質が、今の人生や行動の質を決める。「未来の自分」とのつな

がりが強ければ強いほど、今ここで下す決断が賢明になることが、研究ではっきりと示されているのだ。「未来の自分」に思いを馳せれば、引退後の豊かな生活に向けて投資したり、運動したり、健康的な食事をしたりする可能性が高くなり、違法行為や自己破滅的な行為をする可能性は低くなる[46,47,48]。

「未来の自分」というコンセプトはシンプルでありながら、実践する人は少ない。質の良い決断を下すには、その決断によって自分がどこに向かうかを知ることだ。最善の決断や行動は、自分が求める結果を解析するところから生まれる。まずは自分が何を求めているのかを考え、そこから逆算しよう。目標に向かうのではなく、目標を考えてそこから行動するのだ。脳はこれを自動的にやっている。実際に神経科学者は今や、脳は本質的に「予測する機械」であり、そこで予期した未来に向けて人を行動させている、という点で同意している[49]。学習とは、脳がする予測をアップデートし、改善するプロセスなのだ[50]。

どこへ行きたいかはっきりしていればしているほど、無限の選択肢によって注意力が散漫になることが少なくなる。

「未来の自分」から切り離されていると、目先のゴールに夢中になってしまい、今の行動の質が低くなってしまうことが多い。たいていの人にとって、これは普通だ。

多くの人は、主に短期的な目標に駆り立てられているが、そこでの決断によって引き起こされる、長期的な影響を考えていない。アニメ番組『ザ・シンプソンズ』の2010年放送のエピソード「マネーバート」は、この現実をよく表している。無責任な父親であるホーマーは、自分が負うべき責任に直面してアルコールに逃げるという内容だ〈51〉。

妻のマージは、ホーマーを軌道修正しようとする。「いつか子どもたちも家を出ていくわ。そのとき、子どもたちともっと一緒に過ごさなかったことを後悔するのよ」

「それは未来のホーマーが悩めばいいことだよ」とホーマーは首を振る。「そいつのこと、ちっとも羨ましいと思わないね」というと、マヨネーズが入っていた大ぶりのガラス瓶にウォッカを注いで飲み干し、心臓発作らしきものを起こして倒れ込む。

私たち視聴者がホーマーを見て笑うのは、心の奥底で、自分も同じだとわかっているからだ。子どもよりもマヨネーズとウォッカを選ぶことはないかもしれないが、問題はいつも意図的に「未来の自分」に託してしまう。

1990年代、テレビ番組「レイト・ショー・ウィズ・デイヴィッド・レターマン」に出演したコメディアンのジェリー・サインフェルドは、人間が陥りがちな苦境を話題にした：

ある広告を見たんです。「6月まで支払いナシ」ってコンセプト、いいですよね。

「6月か。6月なんて来ないよ」ってみんな思う。

それでいろいろ買い物をしながら、「6月のアイツならなんとか金はできているだろう」って思うんです。

僕もいつもこれをやってしまいます。


例えば夜遅く、「まあ夜だけど、楽しいからまだ寝たくないな」

「俺は夜の男なんだ」

「睡眠時間5時間で起きなきゃだって?」

「そんなの朝のアイツが気にすりゃいいんだ。アイツに心配させとけばいい。俺は夜の俺だから、パーティしなきゃ」

それで5時間だけ寝て、不機嫌で疲れ切った状態で目が覚める。

夜の男は朝のアイツにいつも迷惑をかけるんです。

でも朝のアイツが、夜の男に仕返しできることなど何もない。

朝のアイツができることといったら、何度も寝すごして、昼間のアイツを仕事でクビにさせること。そうすれば、夜の男は出かける金がなくなってしまうからね。


レターマンは笑いながらこう言う。「現代アメリカ人の葛藤をうまく表現していますね」〈52〉

「未来の自分」から切り離されているために、人はすぐ目先の目標か、ドーパミンによる刺激を選んでしまう。短期的な結果を求めるこの行為は、「未来の自分」にとって大きな代償となる〈53〉。ハーバード大学の心理学者であり「未来の自分」の研究者でもあるダニエル・ギルバート博士も、「なぜ私たちは、『未来の自分』が後悔するような決断を下すのだろうか？」と問いかけている〈54〉。

ここから、直感的にはわかりにくいものの、重要な真実が浮かび上がってくる――「未来の自分」につながればつながるほど、現在をうまく生きられるようになるのだ。

- 人の行動やふるまいを駆り立てているのは、**過去ではなく未来**である。
- すべての目標は、「アプローチ型」と「回避型」という2つのカテゴリーに分けられる。
- 「未来の自分」につながっていると、「今」をありがたいと思え、受け入れられ、愛することができる。
- 「未来の自分」とつながっていることで、今という時間の目的と意義が生まれる。

- 遠い先の「未来の自分」とのつながりが強ければ強いほど、賢明で優れた決断を今下せるようになる。

「未来の自分」につながることで、幸せで生産的になれるし、成功できるのだ。

ここが驚くべき点だ。「未来の自分」とのつながりのおかげで、今の自分と現状が向上する。

かけがえのない宝の山、つまり今の人生を心の底から尊重できるようになる。今をパワフルに生きるには、未来とつながることだ。

今という
瞬間を
生きる秘訣は、
「未来の自分」とつながること

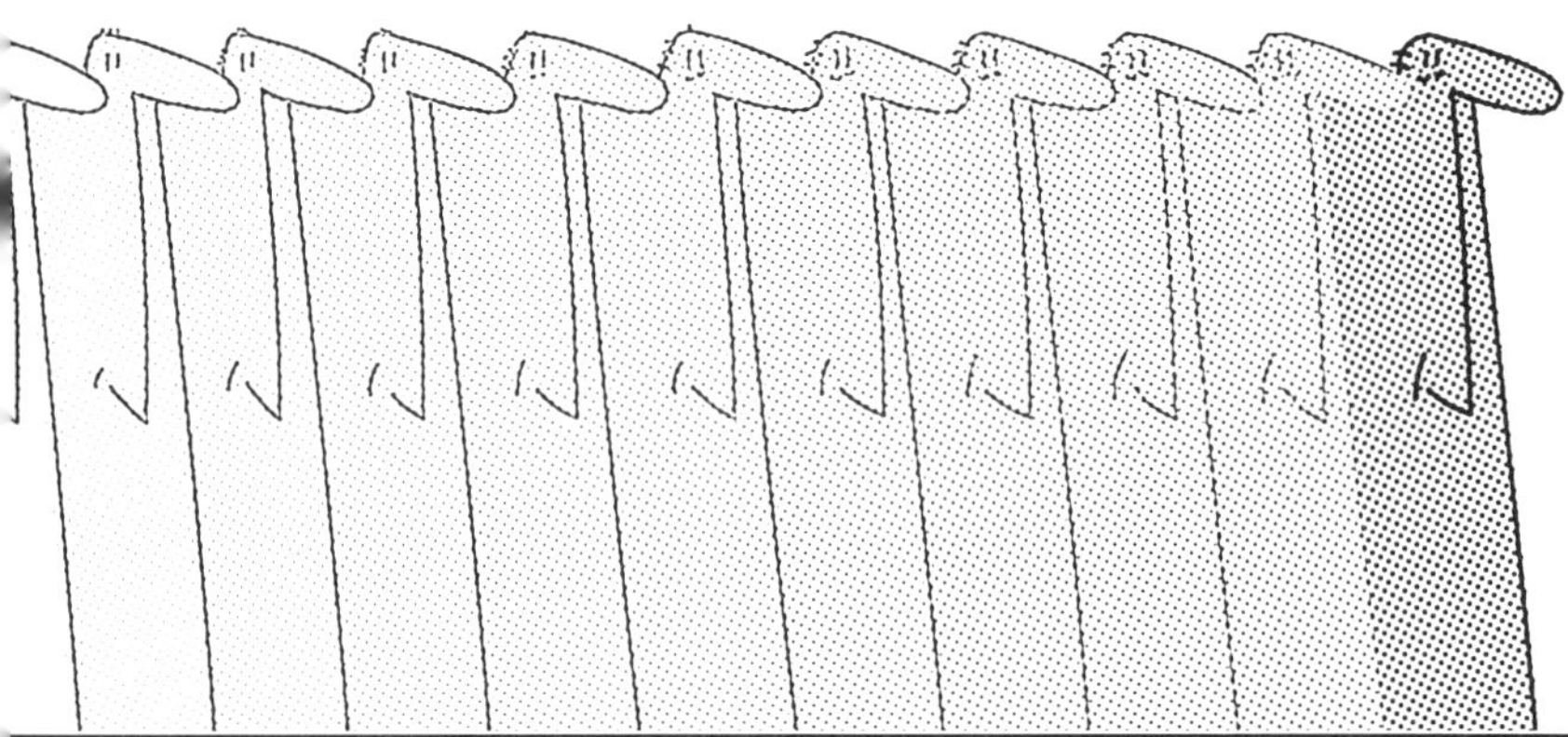

間に、「未来の自分」になろう

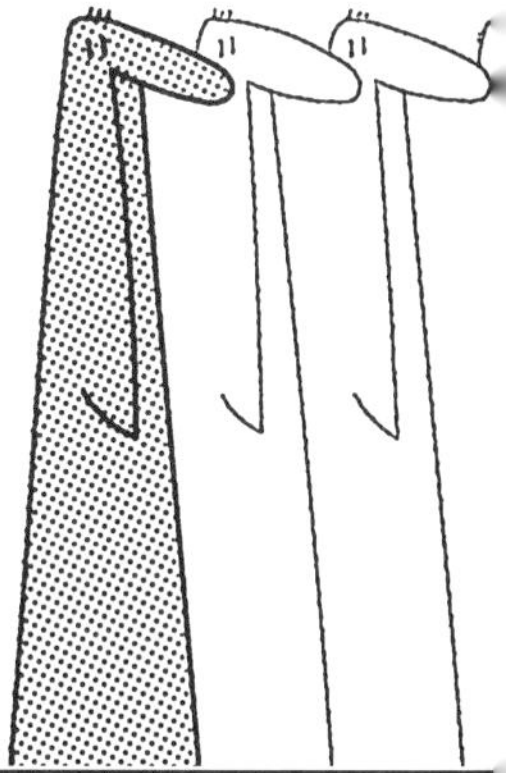

今この瞬

私はある日、仕事を終えて自宅へ車を走らせながら、まるで垂れ込める雲のような疲労感に包まれていた。

いつもなら、へとへとになるまで仕事をしたら、家に帰ってリラックスするところだ。でもこの日は本書を書いており、「未来の自分」の研究について考えていた。良き夫でいるために、学んだことをどう活かせばいいだろうか？　私が帰宅したらパパに注目してほしくて騒ぐであろう、元気いっぱいの子どもたち6人の良き父親でいるために、「未来の自分」とどうつながればいいのだろうか？　正直言うと、ここのところ、思うように家族に意識を向けられていなかった。

自宅そばまで来ると車を路肩に停め、帰宅したらどんな自分になりたいかをじっくり考えてみた。「未来の自分」も考えた。今から20年後、私は53歳になっている。6人の子どもたちは全員、大人になってもう我が家には住んでいないだろう。
自宅近くに停めた車内に座ったまま、こう自問した。「もしも53歳の自分がここに戻ってきて今日の残りを過ごせたら、『未来の自分』はどう感じ、何をするだろうか?」

オーストリアの精神科医でありホロコースト生還者でもある、ヴィクトール・フランクルの言葉が浮かんできた:

「2度目の人生を生きているかのように、そして1度目は今まさに自分が取ろうとした行動を取って、失敗したかのように生きなさい!」
第一に現在は過去であり、第二に過去はこれからでも変えたり修正したりできるものである、と想像するよう誘《いざな》うこの行動原則ほど、人の責任感を刺激するものはないように思える〈55〉。

私は、フランクルのアイデアを試してみることにした。

自分は20年後の「未来の自分」であり、過去にタイムトラベルしてきて、再びこのときを生きるチャンスを手にしたかのように、その日の残りを過ごすことにしたのだ。

自宅の私道に車を入れたとき、3歳の娘フィービーが外で待っていた。「パパ！」と、娘は私の姿を見て喜び、飛び跳ねていた。

かわいくて聡明な娘を見ていると、20年後の「未来の自分」が、この瞬間を経験するためなら何だってするだろうと確信した。

「未来の自分」として私はこの瞬間を、いつもとはまったく違う視点で見ていた。娘への溢れんばかりの愛で、涙がこみ上げてくる。娘は神様からの完璧な贈り物だと思った。

車から飛び出すと、まるで20年ぶりに会うかのように、フィービーを抱き締めた。「鬼ごっこしようか？」「うん！」娘は笑いながら駆け出した。

私も笑いながら庭先で娘を追いかけた。娘を腕のなかに引き寄せると、しっかりと抱き締める。「いったいどうしてこんなにすばらしい人生なんだ？　僕はどうしてこんなにラッキーなんだろう？」

ふと周囲を見渡すと、近所や道路がこれまでとは違って見えた。自分の経験に対する畏敬の念が湧き上がってくる。自分は神聖な場所にいるのだと理解した。

5分ほどフィービーと遊んで至福の時間を過ごしたあと、「未来の自分」が戻ってきて小さ

2021年10月30日、53歳の「未来の自分」として娘のフィービーと遊ぶ。写真：著者提供

な娘と一緒に遊んだこの瞬間を、忘れないようにと自撮りした。

フィービーと私が家に入ると、そこでは上の子たちが、元気いっぱいの子どもにありがちな言い合いをしていた。キッチンでは、ローレンが赤ちゃんのレックスとゾラの面倒を見ながら、忙しく夕飯の支度をしている。

いつもだったら、上の子たちをすぐに叱ったり、正したりしたかもしれない。ボケっとほかのことを考えていた可能性もある。

しかし「未来の自分」が心のなかにあったこの日、私はいつもよりずっと家族を大切に感じた。散らかった部屋にイライラするよりむしろ、家じゅうにおもちゃが散乱している様子が愛おしかった。

キッチン・テーブルの上に無造作に広げられた、ホームスクール用の教科書や宿題が愛おしかった。

子どもたちが一緒に遊んでいる様子も愛おしかった。

妻のローレン――彼女の美しさに息をのんだ。いったいどうやって、僕はこんなすばらしい人生を手に入れたんだろう?

10~14歳になる3人の子どもたちの悪ふざけにイライラするどころか、それがいかに愛おしいかに自分でも驚いてしまった。「未来の自分」にとって、この3人の子たちは30代になっている。「未来の自分」が5分だけ戻って来られたら、何と言うだろうか？「未来の自分」は間違いなく、自分が話すのではなく、すばらしいこの子たちにただ耳を傾け、学び、この子たちを受け入れたいと感じただろう。

「聞かないこと」の比喩として使われる「耳に入った綿球《コットン》」を、私はイメージのなかで耳から取り出し、口に入れた。

そして耳を傾けた。

しっかりと向き合った。

笑った。

愛した。

つながった。

私のなかで劇的な変化が起きた。崇高で、進化した、深遠な変化だ。いつもなら不満に感じるようなあれこれは、まったく些細に思えた。完全にフロー（訳注：時間の経過も忘れるほど集中した状態）に入っていた私は、いつもならイライラ感じるものを愛おしく思った。その瞬間に意識を集中していたのみならず、それまでよりも大きな思いやりと視点、知恵をもって行動していた。

「未来の自分」はこの状況を、今の私とはまったく違うやり方で、もっとうまく対処するだろう。「未来の自分」に触れ、「未来の自分」として生きることで、すべてが変わった。

さらに深いところで、「未来の自分」は20年後に、生きていないかもしれないという事実に気づき、その可能性を深く噛みしめた。

私は、もうこの世にいないかもしれないのだ。友達の2歳の息子が最近、身の毛もよだつような恐ろしい悲惨な事故で、命を落とした。窓のブラインドのコードが、誤って首に絡まってしまったのだ。「メメント・モリ」（汝は死を覚悟せよ）とは古代ストア学派の言葉で、今この瞬間を大切にし感謝するために、常に死を心にとどめておけという意味だ。

悲しいことに、私は身の回りのすばらしい瞬間を見落としがちだ。目的意識や使命感がないと、目の前にあるものの価値に気づけない。今の人生が持つ無限の価値から切り離されているために、その価値を大切にできないでいる。ヴィクトール・フランクルは、この瞬間がすでに過ぎ去ったものとして想像するよう提案している。自分の行動にもっと意識を向けていなかったために何かネガティブなことが起き、それに対処せざるを得ない様子を想像するという提案だ。

だからこそ、「未来の自分」の研究はこれほどまでに説得力があるのだ。

「未来の自分」とつながることで、今ここにある宝の山を、もっと認識して感謝できるようになる。「未来の自分」の目を通して今の人生を見ることで、これまでまったく見えていなかったチャンスが見えるようになる。

「未来の自分」につながっていれば、今を大切にするようになるのだ。

あなたはどうだろうか？

もしあなたが「未来の自分」――今から20年後の未来――と話したら、その人物は何と言ってくるだろうか？

「未来の自分」は、今のあなたの状況をどう見るだろうか？

「未来の自分」を念頭に置いたら、あなたの行動はどう変わるだろうか？

3

「未来の自分」
の視点から見ると、
今のあなたは
宝の山
に座っている

本書の約束

これから先のページであなたは、どうすれば今すぐに「未来の自分」になれるかを学ぶことになる。「未来の自分」として今すぐに、欲しい人生を構築できるのだ。

ミスタービーストの壮大な成功は、なりたい「未来の自分」に全力で取り組んだ結果だ。彼はその勇気のおかげで、何であれ専門技術を伸ばすための体系的な手法である、「限界的練習（訳注：心理学者のアンダース・エリクソンが提唱する、スキルを身に着けるための効果的な練習法）に一貫して取り組むことにつながった〈56、57〉。意識して練習に取り組むことである「限界的練習」を行うには、具体的な目標を意識する必要がある。ミスタービーストのように、はっきりとした「未来の自分」像を持つことだ〈58〉。

作家であり哲学者でもあるスティーブン・R・コヴィー博士は、「頭のなかでの創造は常に、物理的な創造に先んじる」〈59〉と述べていた。これまで何かしら実体のあるものをつくり出した人は誰であれ、まずは心のなかでそれを思い描き、そこから、そのイメージに向けて取り組んだのだ。彼らが前進するに伴い、ビジョンは明確になり、広がり、進化した。

聖書でさえ、こう書いている。「信念とは、願ったものの実体であり、まだ見ぬ物事の証拠である」〈60〉。あなたが何者であれ、今という時は、**「未来の自分」の証拠**なのだ。あなたが取る行動、考える思考すべてが、「未来の自分」をどれだけ信じるか、「未来の自分」に対して**どれだけ全力で取り組むか**の証拠となる。

いったんはっきりと理解して全力で取り組めば、すべてが目標というフィルターを通じて、選りすぐられるようになる。心理学者が「選択的注意」〔訳注：多くのもののなかから特定のものだけに注意が向くこと〕と呼ぶものだ〈61〉。

自分が探していたものが目に入るようになる。大切にしているものに目が行くようになる。焦点を当てたものが拡大する。

アメリカ心理学の父、ウィリアム・ジェームズはこう表現した：

外にある数えきれないほどの物事は、感覚として認識できても、私の経験として入って来ることは決してない。なぜか？　私はそこに何の関心もないからだ。私の経験とは、注意を向けることに私が同意したものなのだ〈62〉。

自分が探しているものが見つかるだけでなく、手に入れると決めた、一番欲しいものに向かって行動するようにもなる。

信念があれば、山をも動かせ、人を月に送り出せ、数百万ドル稼げ、不治の病さえ癒やせる。

これだけの信念を実践するには、欲しいもののビジョンを思い描くことだ。

アメリカ人作家のフローレンス・スコーヴェル・シンの言葉を借りれば、「すでに受け取ったことを自覚し、それに応じた行動をしよう」〈63〉。

- それが何であれ、欲しいものはすでにあなたのものだと自覚しよう。
- 欲しいものはすべて手に入れられる、入る予定である、という前提で行動しよう。

本当は、誰もがすでにこれをしている。難しいのは、思い描いた未来にもっと磨きをかけることだ。人は、自分が描く未来に駆り立てられている。

今あなたはなぜ、その未来に真剣に取り組んでいるのだろうか？

ほかを選んだらどうなるだろうか？

本当に欲しいものに全力で取り組んだらどうなるだろうか？

信念とは、
「未来の自分」
の証拠

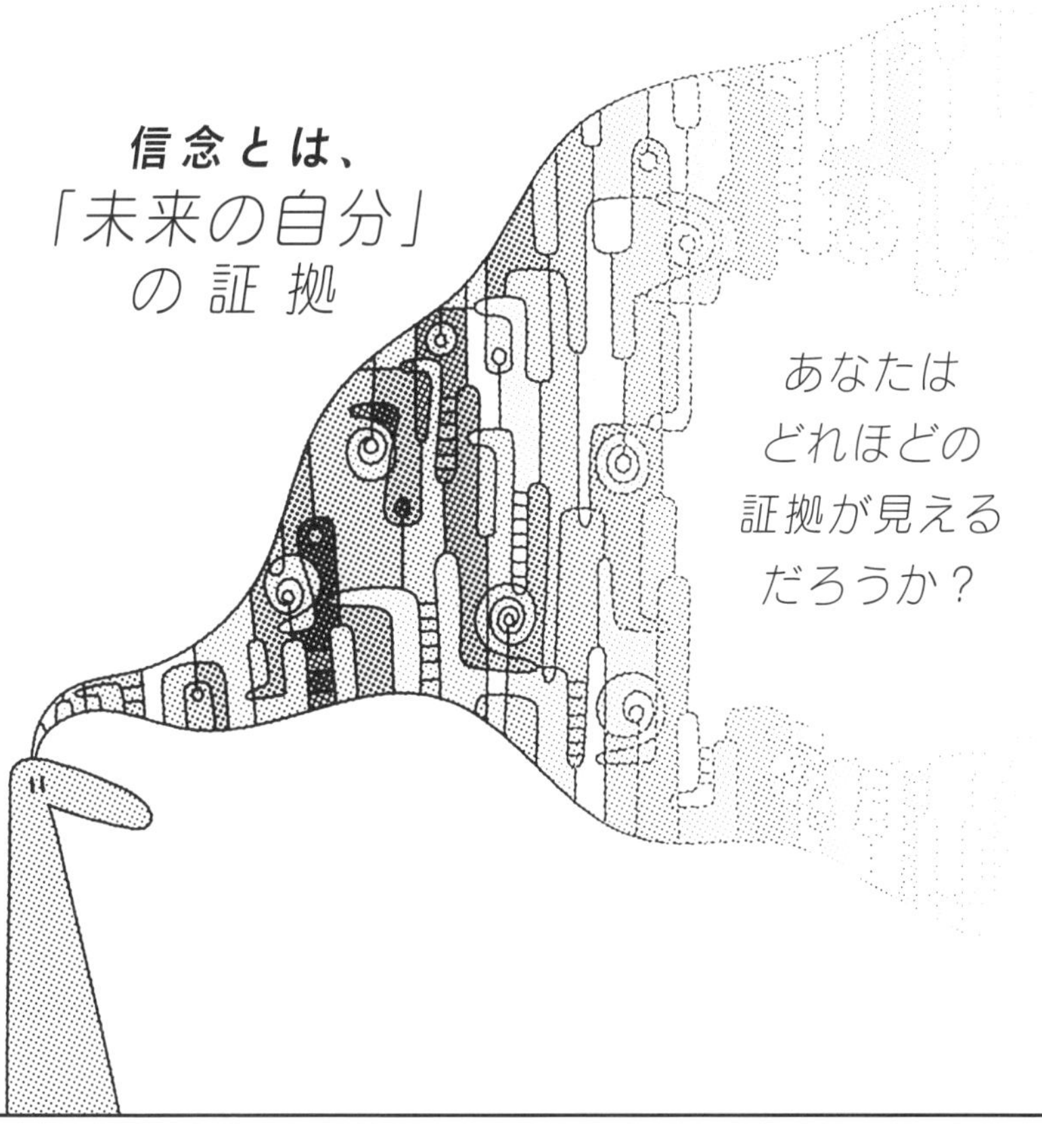

あなたは
どれほどの
証拠が見える
だろうか？

欲しいものに100パーセント全力で取り組み、最終結果はすでに手中にあると確信すると、自分がつくり上げている未来の証拠がどんどん増えていく。目標を達成するための努力や変化を、つらいと思わなくなる。代わりに、夢に向かって前進しない方がつらいと思うようになるのだ。そしてかつての逃避先だった短期的なドーパミンの刺激を、つらいものだと感じるようにもなる。

今のあなたよりもずっと勇敢になる。

志を同じくする人たちと、メンターシップや協力関係を持つようになる。

心の持ち方、信念、固定観念が変化し、これまでの自分とはまったく違う目で世の中を見るようになる。

結果も、上向くようになる。リーダーシップの専門家であるジム・デスマー、ダイアナ・チャップマン、ケイリー・クレンプは、次のように述べている：

全力での取り組み《コミットメント》とは、「あり方」に表れる。つまり、人の発する言葉ではなく、出す結果を見れば、その人が何に全力で取り組んでいるかを知ることができる。私たちは誰もが、全力で取り組んでいる。誰もが、結果を出している。その結果が、「全力で取り組んでいる《コミットしている》」という証拠なのだ[64]。

アイデンティティが変化すると、行動が変わる。

アイデンティティとは、その人が一番全力で取り組んでいるものだ。

アイデンティティは、自分自身に対して抱くビジョンに基づいている。このビジョンが変われば、アイデンティティもすぐに変わる。そしてさらに、思考の流れも行動もすぐに変わる。

もちろん、「未来の自分」を完全に受け入れるには、勇気が必要だ。

もちろん、思っていた以上に努力が必要な場合もある。

もちろん、障壁もあるだろう。

しかしもし全力で取り組んでいるのなら、道の途中で直面するものはすべて、本当に欲しいものに向けた心構えを、さらに整えてくれるだろう。

身に起きてくるあらゆるものが、決意を固めてくれる。

経験はすべて肥やしとなり、さらに前へと進めさせ、当初の想像以上に進化させてくれる。

信念を持ち、100パーセント全力で取り組むと、道は必ず見つかる。必ず道はあるのだ。ラルフ・ウォルドー・エマソンはこう述べている。

「人が何かを決意すると、それを実現させるべく、宇宙は画策する」

あなたもミスタービーストのように、今想像できるものを凌駕する未来をつくることができる。私が娘のフィービーとしたように、古いパターンを今日にでも変えられるのだ。

最初の一歩は、どんな「未来の自分」になるかを決め、今その「未来の自分」になりきることだ。

「未来の自分」に手紙を書こう。

ちょうどミスタービーストが、動画の公開タイミングを設定したように、特定のタイミングでこの手紙が自分の手元に来るように設定しよう。

本書の**パート1**では、「未来の自分」にとって**最大となる脅威7つ**を詳しく取り上げる。

パート2では、「未来の自分」についての**最強の真実7つ**を教える。

パート3では、「未来の自分」を**想像し、定義し、なりきるための具体的なステップ7つ**を示す。

本書は、手に入れたい未来をつくることで今現在をパワフルに生きるための、もっとも明快かつ科学的根拠のある手引書だ。

本書は、古代の知恵と最新の科学を組み合わせ、いかにして人生に劇的な変化をもたらすかを、シンプルな言葉で説明している。

準備はできただろうか？　では始めよう。

あなたの『未来の自分』に乾杯だ。

PART 1

「未来の自分」を脅かすもの

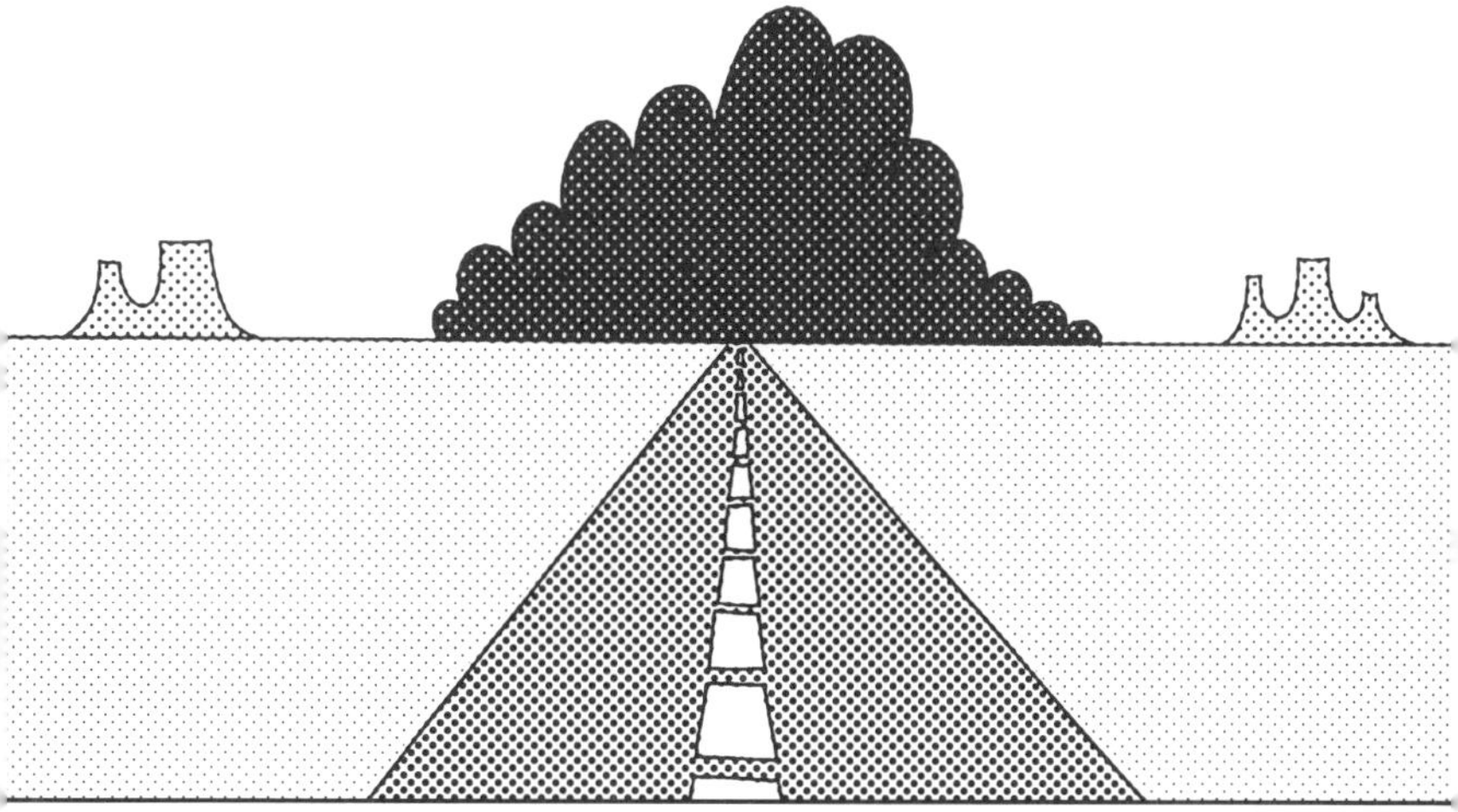

脅威その1：未来に希望がなければ現在は意味を失う

脅威その2：辛かった過去ばかり語っていると未来を妨げる

脅威その3：自分の環境に無自覚だと一貫した進化ができない

脅威その4：「未来の自分」とつながっていないと近視眼的な決定をしてしまう

脅威その5：目先の闘いと小さな目標で前に進めない

脅威その6：闘いの場にいなければ負けは確実だ

脅威その7：成功は失敗のカタリスト（誘因）

未来を見ることでしか
生きられないのは、人間の
特性である

—— ヴィクトール・フランクル

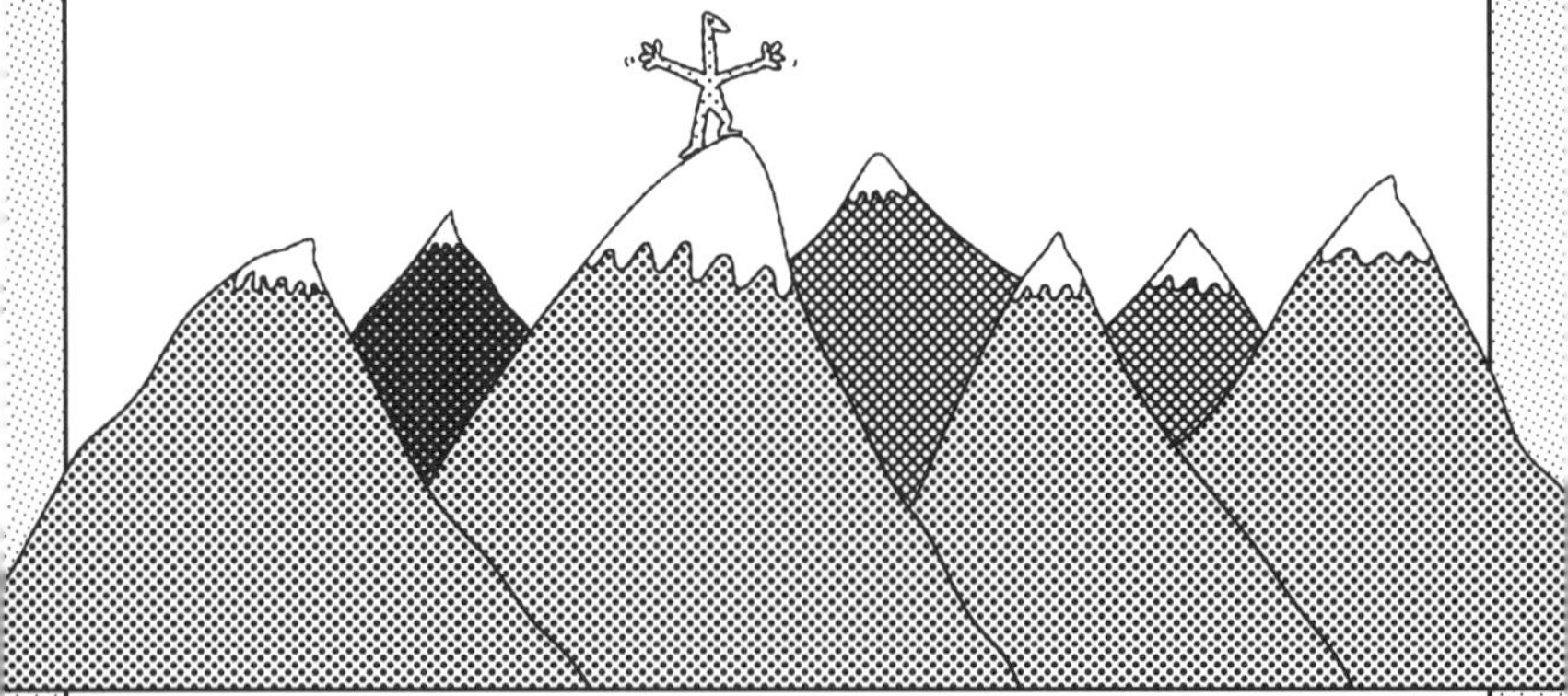

「未来の自分」への

7つの脅威

希望は、人間の環境に
なくてはならない。希望がなければ、
人は枯れてなくなってしまう。

—— セス・ゴーディン

ヴィクトール・フランクルは、まだ年端もいかなかったころから、強烈に好奇心が強かった。人助けがしたくて、10歳にも満たないときから精神科医になりたいと思っていた。

3人きょうだいの真ん中であるヴィクトールは1905年3月26日、オーストリアのウィーンで信心深い両親の元に生まれた。母親のエルザ・フランクルは、プラハ出身の心優しい女性で、敬虔なことで知られていた。父親のガブリエル・フランクルは、政府での速記者という低い地位から、社会福祉省の責任者を務めるまでに登りつめた。

フランクルは高校で心理学を学び、世界屈指の影響力を誇る心理学者ジークムント・フロイトと手紙をやり取りするようになる。自分が書いた論文をフロイトに送ると、「国際精神分析ジャーナル」に掲載されるに至った。

大学卒業翌年の1925年、フランクルはフロイトよりも、アルフレッド・アドラーの考えに関心を抱くようになる。アドラーはフロイト同様に影響力のある心理学者で、最終的にたもとを分かつまでは、フロイトとは協力関係にあった。アドラーの理論は、共同体や社会改良に焦点を当てており、個人が外的・内的に優越感を抱けるようになるよう、劣等感を乗り越える支援を目指していた。

同じ年、フランクルは新たな論文を発表。意味と価値の重要性に焦点を当て、心理療法と哲学の境界線を探るものだった。このテーマは、フランクルの研究の中心となる。フロイトとアドラーは、人間の発達の中心はその人の過去にあると主張したが、フランクルは人の心理の中心として、未来にフォーカスした。「意味」のギリシャ語であるロゴスから「ロゴセラピー」と名づけたフランクルの発達理論は、自分が未来で果たすべき意味を持つことが、その人の発達やメンタルヘルスの質を左右すると考えた。

医学博士号取得に向けて研究中だった1928年と1929年に、フランクルはティーンエイジャー向けの無料カウンセリング・センターを7都市で立ち上げ、生徒の自殺が大幅に低減した。フランクルは国際的に注目を集め、ヨーロッパ各地の有力な心理学者や大学から共同研究に招かれた。

1931年に医大を卒業すると、ウィーンにあるマリア・テレジア・シュレッスル神経病院内の精神病院で、自殺願望のある女性向け病棟の責任者である主席医師を務めた。1937年、32歳になったフランクルは自身のクリニックを開業。数カ月後、ドイツがオーストリアに侵攻すると、フランクルはナチスに拘束されるのを避けるため、親の家で精神科の診療を続けた。

ユダヤ人患者向けのロートシルト病院の神経科で責任者として勤務していたころ、最初の本『死と愛』(みすず書房。原書はその後も改訂を続けており、最新版の訳は『人間とは何か：実存的精神療法』春秋社)の執筆を始めた。このなかで彼は、人が幸せで健康的でいるには、未来の目的を持つことが不可欠である、という画期的な発見について詳しく述べている〈1〉。

1942年、フランクルはロートシルト病院で勤務中に出会った看護師ティリー・グローサーと結婚。その年は本の執筆を続け、ティリーは妊娠した。結婚から数カ月後、フランクルとティリー、そしてフランクルの両親は身柄を拘束され、現在のチェコ共和国のテレージエンシュタットにある強制収容所「テレジン収容所」に連行された。半年後、フランクルの父は飢えと疲労で亡くなった。


この恐ろしい強制収容所にいたときフランクルは、一緒に収容されていた捕虜たちや自分自身に襲いかかる心理的危機に注目した。自殺の危険に抵抗するために、捕虜仲間であった世界初の女性ラビ（ユダヤ教の指導者）、レギーナ・ヨナスと協力し、捕虜たちが苦しみのなかに意味を見出せるよう手を貸した。

1944年、フランクルとティリー、さらに間もなくして65歳のフランクルの母親は、絶滅収容所であるアウシュヴィッツ・ビルケナウ強制収容所へと移送された。母親は到着後すぐにガス室で殺害され、ティリーはベルゲン・ベルゼンにある別の収容所へと移された。ティリーと引き離されて打ちひしがれていたフランクルはその後、家畜運搬車両でカウフェリング、さらにはテュルクハイムの労働収容所へと移送された。

アウシュヴィッツにいたとき、『死と愛』の手書き原稿が見つかり、処分されてしまった。

フランクルにとって家族の次に大切だった原稿であり、身柄拘束の混乱のなかで唯一持ってきた物だった。フランクルは原稿を服のなかに隠し持ち、命を懸けて守っていた。これらのページには、苦しむ人たちに希望と意味を与えるために、フランクルが活用した視点が綴られていたのだ。

この本を改めて書いて発表する、そして妻やほかの家族と再会する、という強い決意のおかげで、フランクルは希望をすべて失わずにすんだ。フランクルは次のように説明する：

アウシュヴィッツ強制収容所に連れて行かれたとき、刊行に向けて完成していた原稿が没収されてしまった。この原稿を改めてもう1度書きたいという強い思いが、過酷な収容所を生き延びる糧となったのは間違いない〈3〉。

1945年、フランクルは腸チフスに感染した。死に至る可能性のある血管虚脱を起こさないようにしつつ、夜も眠らず、収容所事務所からくすねてきた紙切れに『死と愛』を書き直した。

1945年4月27日、強制収容所はついにアメリカ軍によって解放された。ティリーと家族を見つけ出そうとウィーンに戻ったフランクルは、ティリー、母親、兄、そして兄の妻が殺害されていたことを知った。

ショックを受けたフランクルだったが、本を書き直すという強い決意や友達に支えられた。
1946年、ウィーン神経外来患者診察所で責任者となり、その後25年間、この任務を務めた。『死と愛』は、強制収容所での心理について論じた章を追加して完成。戦後のウィーンで初めて刊行された書籍の1冊となった初版は、数日で売り切れた。

フランクルの代表作となる『夜と霧』(みすず書房)は、強制収容所での経験を9日間にわたって口述して書き取らせたものだ。1946年には、意味、打たれ強さ、そして壮絶な逆境のなかでさえも人生を受け入れることの大切さについて、一般向けの講座を複数回にわたって行った。その後は再婚し、多くの本を出し、自分の未来に意味を持つという考えに基づいたセラピーを開発した。

ヴィクトール・フランクルは、20世紀屈指の重要人物だ。『夜と霧』の売り上げは数千万部を数え、多くの人に希望と癒やしをもたらしている。『夜と霧』には、フリードリヒ・ニーチェの言葉「生きる理由を持つ者は、いかなる状況であれ、なんとか耐えられる」が引用されている。

生きる理由
がある者は、
いかなる状況であれ、
なんとか耐えられる

フランクルの視点からすれば、あらゆる状況において、明確な未来を持つことは絶対に必要だ。トラウマを抱えるような状況においては、それが極めて重要となる。「未来の自分」にとってもっとも根本的な脅威は、自由を失うことではなく、目的や意味がないことなのだ。

フランクルの経験は、こうした脅威がどれほど深刻になりえるかを衝撃的に描き出している。

未来の目的を失うと、
今このときに死んでしまうのだ。

脅威その1

に希望がなければは意味を失う

未来の目的とのつながりがなければ、現在は監獄である

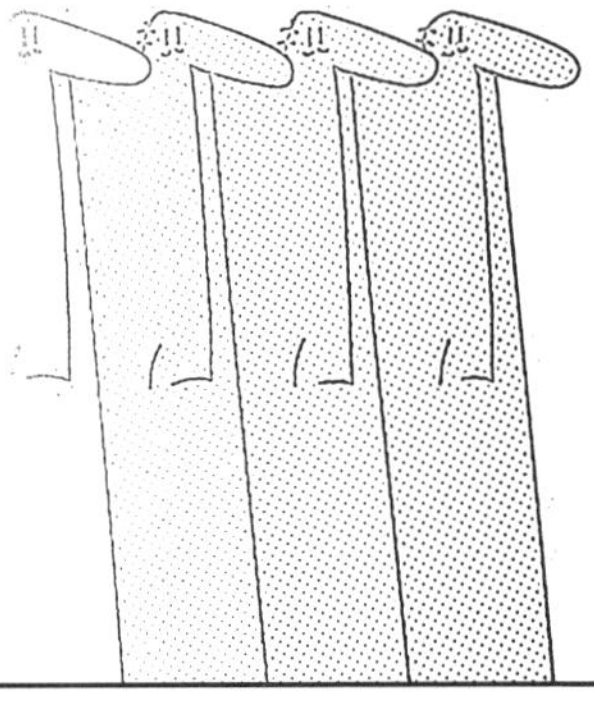

どこに行きたい、誰になりたい
というビジョンは、最大の財産だ。
ゴールがなければ、点を入れるのは難しい。

——ボール・アーデン〈4〉

未来

現在

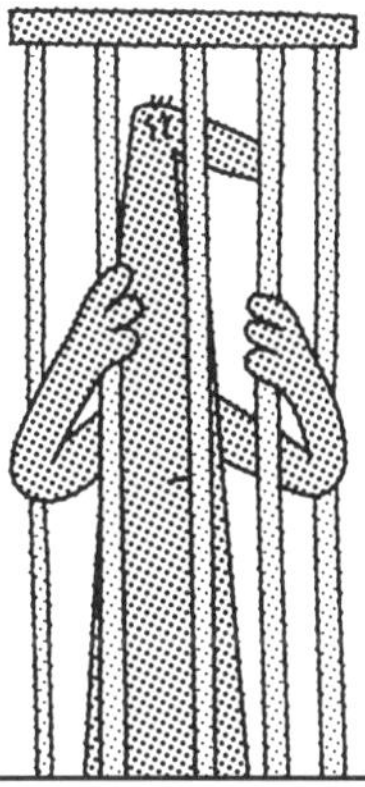

強制収容所にいたころ、フランクルはかなり正確に、仲間の捕虜がいつ亡くなるかを予測できた。

仲間の捕虜が生きる目的を失うと、その目から命の輝きが失われていくのが、フランクルにはわかったのだ。毎日配られる小さなパンを分け合おうともしなくなり、他者から離れ、その瞬間の痛みを麻痺させようと、短期的なドーパミンの刺激を衝動的に求める。目的の喪失が、体の死を招いた。

苦しみに意味を見出せなければ、あるいは前進する希望がなければ、幸せなど不可能だった。目的がなければ、現在の経験は、過去に思いを馳せるか、自殺するか、それ以外の堕落によってしか逃れられない監獄だったのだ。生きる理由がなければ、残りの命は息絶えるその瞬間まで、今の痛みから逃れるためだけに使われた。まるで溺れている人が、空気を求めてもがくように。

『夜と霧』のなかでフランクルはこう書いている：

> 未来——自分の未来——を信じる心を失った捕虜は、運も尽きたも同然だった。未来を信じる心とともに、精神のよりどころも失ったのだ。自ら衰退へと向かい、心と体が朽ちていった。（中略）人の心の状態（勇気と希望、あるいはその欠如）と、体の免疫状態のつながりがいかに密接かを知る者は、勇気と希望を突然失ったら、命にかかわる影響が出かねないことを理解するはずだ。（中略）（治療的な）方法を使って、捕虜に対する収容所の（病的な）影響に抵抗しようと試みるならば、本人が楽しみにできるような未来の目標を指し示し、内なる強さを与えるようにしなければならない。捕虜のなかには本能的に、自力でその目標を見つけようとする者もいた。永遠の相の下に（訳注：哲学者スピノザの言葉

で「**永遠という視点において**」」、未来を見ることでのみ生きられるのは、人間ならではの特性である。そしてこれは、その人の人生で一番つらいときの救いとなる〈5〉。

フランクルがここで、「永遠の相の下に」という言葉を使っている点は重要だ。この表現は、「どの場所、どの時代でも真実」である何かを描写している。

ほかの人はともかく、フランクルはこの言葉を軽々しくは使わないだろう。この言葉は、フランクルのロゴセラピーにおける中心的な信条となった。人間は、自分の未来をどう見るかによって突き動かされる。捕虜になる前にこの理論を構築していたことから、強制収容所での経験によって、この考え方はさらに強く明確になった。

目的がないと命が削られる一方で、目的のおかげで、自然な寿命と思われるものを遥かに超えるまで命が長らえることもある。18世紀、アメリカの平均寿命は40歳未満だった。にもかかわらず、アメリカ建国の父たちはほとんどが、少なくともそれより20年は長生きしている。ベンジャミン・フランクリン、トマス・ジェファソン、ジョン・アダムズを含む数名は、80代まで生きた。寿命75歳の現在にしてみると、友達3人が150歳まで生きるようなものだ。目的は、比類ない生命力、元気、活力を与えてくれる。

フランクルの目的は、本を書き直して出版するために、生きて収容所を出ることだった。妻と家族にも、心の底からもう1度会いたかった。こうした目標が、フランクルを生かし続けた。生きるための理由があったことで、いかなる状況であれ、なんとか耐えられたのだ。

「意味」の心理学で著名な心理学者であるロイ・バウマイスター博士とキャサリーン・ヴォース博士によると、**「現在の出来事は、将来的な結果とのつながりから意味を見出す〈6〉」**。人間のいかなる行動あるいは経験も、未来の結果から切り離されたとき、**意味を失ってしまう。**一切関わりを持たずに孤立して存在するものなど何もないのだ。

結果が出ないのなら、学校に行ったり授業を取ったりする意味などあるだろうか？ 修了証がもらえないのなら、トレーニングしたり自分に挑戦したりする意味などあるだろうか？ 人間関係がないのなら、人と心で通じ合おうとする意味などあるだろうか？

そもそもなぜ、何かをするのだろうか？

今という時間は、未来とのつながりがなければ意味を持たない。あなたの決断を左右するのは、未来だ。

強制収容所にいた人たちは、このジレンマと闘わなければならなかった。未来への希望がなく、今という時間は理解し難いものとなっていた。「未来の自分」がいなければ、人生はもはや、その人を前へと引っ張ってはくれない。文字どおり、彼らは心を失ってしまった。

フランクルはこう書いている：

未来の目標が見えないために、自らを衰退へと向かわせた人は、過去を振り返ってばかりいた。収容所の苦境を、心の強さを試す試練の場だと受けとめる代わりに、人生を深刻に捉えず、大したものではないと軽視した。目を閉じ、過去に生きる方がいいと考えた。このような人にとって、人生に意味などなかった。

フランクルにとって、未来への希望と目的は、正常に機能し意味深い人生を築くうえで必要不可欠な土台だ。希望がなければ、人の心理はバラバラになり歪んでしまう。未来を持たない人は、個人主義的で人から距離を置き、より良い人生にする方法を探し求めなくなってしまう。人生に対する主体性を持たず、周囲環境の被害者以外の何ものでもなくなってしまうのだ。

聖書の箴言《しんげん》は、「ビジョンがなければ、人は朽ちてしまう」と述べている〈7〉。ここでいう朽ちるとは、人となりや体の健康が不意にすべてなくなってしまう、内なる崩壊のことだ。フランクルにとって「目的を持つ」とは、漠然とした希望や楽観主義などではなく、実体のある具体的な目標だったのだ。実際に、フランクルが「目標」という言葉をもっとも頻繁に使ったのは、「全うすべき意味」を未来に持つことについて説明するときだった。果たすべき目的、意味、目標を持つことへのフランクルの説明は、希望について現在なされている研究と完全に一致する。

平均的な人にとって、希望はまるで、単なる願望にしか思えないかもしれない。しかし、未来への希望がなかったらあなたの人生がどんなか、少し考えてみてほしい。将来に向けて具体的に期待し、つくり上げる何かがなければ、今という時間はとんでもなく苦痛なものになる。狂乱状態の悪夢のなか、下降スパイラルをコントロールもできなければ、逃れることもできないと感じるだろう。希望がなければ、モチベーションなど不可能だ。可能性がゼロなのに、行動を起こそう、結果を出そうとモチベーションを持つことなどできない。

希望がなければ、やり抜く力《グリット》を発揮するなど不可能だ。アンジェラ・ダックワース博士によると、グリットとは長期的な目標に向けた情熱であり、粘り強さだ。ダックワース博士の見方では、希望とは、何かに取り組む際の浮き沈みを支えてくれるパワーの源なのだ[8]。

研究者らは希望を、意志であり手段であると表現している[9]。希望が意志である理由は、そこには意識的な選択があるからだ。つくったり、追いかけたり、実現したりすることに価値があり重要だと感じる、具体的な目的を自分で決める。自分には行動主体性があり、自分の決断は重要であり、人生に起きる物事に影響を及ぼす力が自分にはあると確信している。

希望が手段である理由は、希望を持つには、目標を実現するための手段が見えているか、自らつくるだけの柔軟性を備えているからだ。希望があるとき、そこには必ず手段がある。希望は、確率など気にしない。

希望とは：

1. 明確で具体的な目標

2. 行為主体性思考：自分の行動は自分でコントロールでき、自分の行動は重要であり、人生に起きる物事に影響を及ぼすだけの力が自分にある、という信念〈10〉。

3. 道筋思考：今いるところから目標までの道筋が見えるか、すでに持っているか、複数の道筋をつくることができる。

希望とは、未来は今より良くなるという漠然とした感覚であり、楽観主義よりもパワフルだ〈11、12、13〉。希望がぼんやりと見えている状態はちょうど、未来の目的に貯金し、そこに利息がつくようなものだ。

しかしずっと高いところにある希望もある。それを実現するには、全力での取り組みや、行為主体性、さらには実際の行動が必要となる。

まるで強壮剤を打ったかのようなパワフルな希望は、意志であり手段でもある。

希望

‖

意志と手段

心理学者は、希望を高く持つ人と低く持つ人には、はっきりした違いがあることを発見した〈14、15〉。両者の違いについては、希望の世界的権威であり研究者であるチャールズ・スナイダー博士のこの言葉が端的に表現している。

希望を高く持つ人は、目標に到達するために複数の道筋を見つけ、進んで新しいアプローチを試そうとする。一方で低く持つ人は、1つのアプローチ法に固執し、行き詰まってもほかの道を試そうとしない。問題に焦点を当てた思考をする代わりに、逆効果となる、回避や離脱を考えがちだ。回避的な考えによって短期的な見方が強化され、受け身的な態度を取り続ける。残念ながら、この人たちは過去の経験から学ぶことをしない。しかしながら希望を高く持つ人は、目標を達成できないという情報は診断フィードバックとして捉え、それを活用して、ほかに実現可能なアプローチ法がないかを探す〈16〉。

希望を高く持つ人は、具体的な結果に**100パーセント全力で取り組む。**目標は揺るぎないものの、目標達成のプロセスやそこまでの道筋においては、**非常に柔軟であり続ける。**

アンジェラ・ダックワース博士は、人間の成熟について、簡潔に説明している。博士の研究によると、人は年齢を重ねるごとにやり抜く力が強くなっていく。粘り強くいるには、挫折や障壁があってもそれを乗り越え、**何か1つを長く続けなくてはならない。**

目標をあれこれ変える人は、やり抜く力を手に入れることはできない。スポーツをころころ変えるアスリートは、やり抜く力を持ってはいない。やり抜く力とは、1つのことを何年、あるいは何十年と続けることだ。

やり抜く力と成熟に関するもう1つの点は、これと同じくらい重要だ。成熟とは、特定の長期的目標に全力で取り組むこと、そして**大切な目標を実現するために、道筋あるいは手段を定期的に変えたり改良したりする**ことで生まれる。

希望を高く持つ人になるために、全力で取り組むべきは、**プロセスではなく目標**だ。今のやり方や考え方に固執してはいけない。望むところへ行くために、辛抱強く粘り強く適応して、より新しく良い方法を見つけるのだ。

フランクルが気づいていたとおり、希望は、未来に向けて明確な目的を持っていることに根ざしている。フランクルのように希望を高く持つ人は、目的の追求に100パーセント全力で取り組み、目標に到達する道筋には100パーセント柔軟であり続ける。

人生の明確な目的がなければ、道筋を見つけるための批判的思考は劣化し、言い訳を見つけるためのものになる。結局のところ希望がなければ、大切なものなど何もない。

「未来の自分」にとってもっとも根本的である**脅威その1**は、**未来に希望を持たないこと**だ。

希望がなければ、今という時間は意味を失う。
希望がなければ、人生の明確な目標も、目的意識もなくなる。
希望がなければ、手段もない。
希望がなければ、朽ちてしまう。

脅威その2

た過去ばかり語って
未来を妨げる

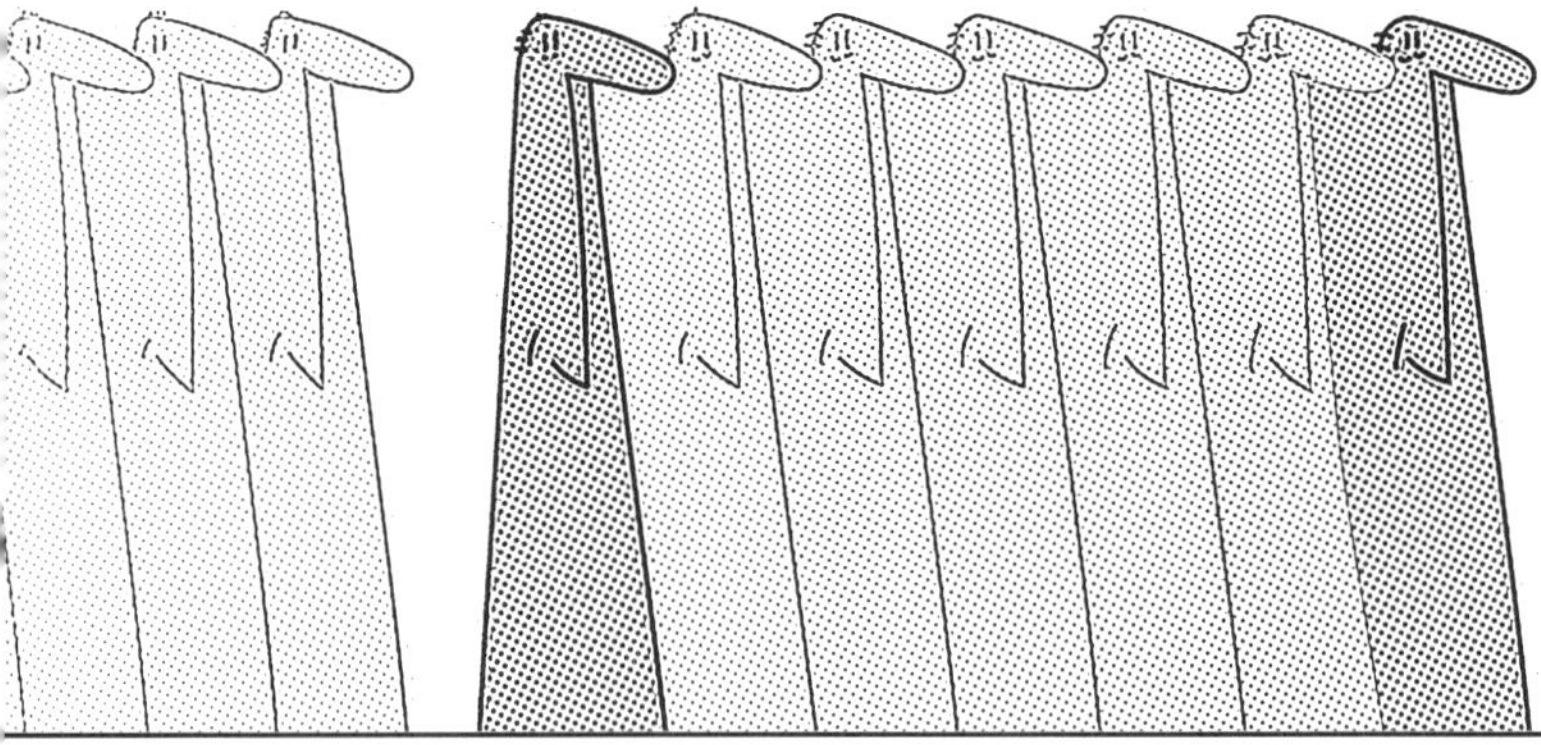

誰だって、
顔にパンチを食らうまでは
戦略を持っている
—— マイク・タイソン

辛かっ
いると

過去とは「意味づけ」でしかない

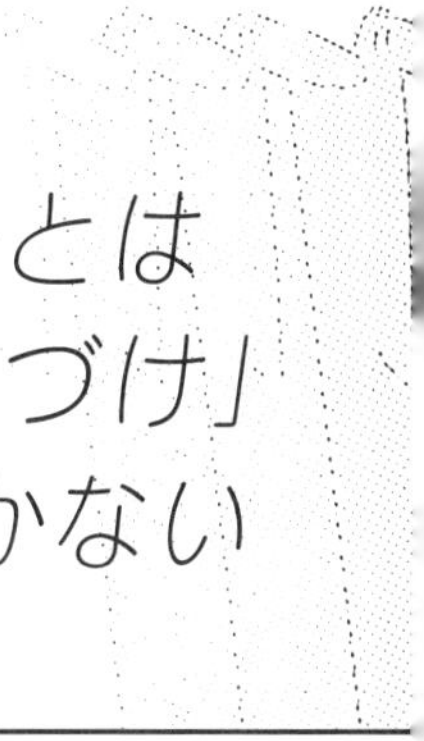

16歳のとき、母親と弟2人と私で、アイダホ州サン・バレーに住む親しい友人マイケル・バーカーを訪ねることになった。夜なら車で5時間の道のりだ。半分まで来たところで、母がかなり疲れてきたため、免許を取りたてだった私は、ここぞとばかりに運転の交代を申し出た。母は後部座席で横になり、すぐに眠りに落ちた。

数分もしないうちに工事現場にさしかかり、左車線に入るよう点滅灯で指示された。暗い雨降りのなか、道路の右側で行われていた工事はバリアで囲われており、囲いがなくなったところで、私は右側の車線に戻った。すると30センチほど段差があり、土砂とがれきのなかに急に車輪が落ちてしまった。時速100キロ近く出ていたが、私は左車線に戻ろうと、咄嗟にハンドルを切った。車はスピンしながら高速道路の中央分離帯にぶつかり横転。窓に頭を強く打ちつけ、私は意識を失った。

気づくと、車は高速道路の反対車線に停まっていた。後部座席からは、弟のジェイコブの泣き声が聞こえる。

「ベン」、トレバーが怒鳴った。「ママがいない！」

車が横転した際に母は車外へ投げ出され、15メートルほど先の車道でぐったりしていた。親のこんな残酷な姿を、見たい子どもなどいない。私は言葉を失った。ありがたいことに救急隊が到着し、私たちは救急車で最寄りの病院に担ぎ込まれ、母はドクターヘリで集中治療室へと搬送された。母が生きているのか、私たち兄弟にはわからなかった。

その夜、病院で知らせを待っていると、警察官が私たちの部屋に入って来た。「ベンは誰かな？」

私は体を起こすと、寝ていた枕の上に髪がごっそり抜け落ちているのが目に入った。驚いている私に気づいた警官が、ショックで抜けたのだと教えてくれた。

私を脇へ呼び寄せると、警官はこう言った。「今回のことで、君の人生はめちゃくちゃにな
ってしまうかもしれない。君のお母さんがどうなるか、私にはわからない。でも今は、この状
態にどう対処するのか、君は自分で決めなければいけないよ」

警官によると、その夜、工事現場で夜のシフトに入って現場を確認するはずだった人物が、
姿を現さなかった。140メートル近くにわたって崩れていた工事用のバリアは本来、元に戻
されていたはずだったのだ。「君のせいじゃなかったんだ。君は責めを負うべき立場にはいな
いんだよ」

この警官のおかげで私は、支えを必要としている弟たちと自分自身のために、自力でこの状
況を切り抜けなくてはいけないと自覚できた。

著名なトラウマ専門家のピーター・ラヴィーン博士によると、「トラウマとは、人の身に起
きるものではない。共感してくれる立会人が不在であるがゆえに、人が内側に抱くものだ」〈17〉
という。

この警官は、私にとっての「共感してくれる立会人」だった。このときのショックと痛みを
消化するのに、力を貸してくれた。彼のおかげで、泣くことができた。今回の経験をどう捉え
るか、決める際の力にもなってくれた。

誰だって、人生から顔面にパンチをお見舞いされるまでは、計画を持って生きている。しかし人生でどんなパンチを受けようとも、過去は、自分が語り口を決める物語にすぎない。どのように過去を語るかで、現在と未来は大きく変わる。

過去をネガティブに捉えれば、目標は過去に基づいた、過去に反応するだけの受け身的なものになる。さらに、現在の痛みから逃れようとする、短期的な回避志向型になる。

受け身的な姿勢でいるとき、人生で起きる物事は、自分のために起きるのではなく、自分の身に降りかかってくるものとなる。**受け身的な姿勢だと、自分は人生の被害者だ**と感じるのだ。

心は、ポジティブな過去とワクワクする未来のどちらも持っているとき、健全な状態になる。ポジティブな過去といっても、実際に何が起きたかはほとんど関係がない。実際に起きたことと、自分がこう語ろうと決めた物語とは、同じ程度の重要性しかない。実際に自分の身に起きたことは、そこで抱いた感情と同じ程度の重要性しかないのだ。

基本的に、あなたの過去とは「意味づけ」だ。つまり、過去の出来事についてあなたがどんな物語を語るかで、今の自分と「未来の自分」にとって、過去がどのような意味を持つかが決まる。

過去にどのような物語を持たせるかは、自分で選べるのだ。

死別や別離に伴う心の痛みに関する専門家であり、精神科医でもあるゴードン・リヴィングストン医学博士は、こう述べる。「人生の物語とは、不変の物語とはほど遠く、常に改訂作業が行われている」〈18〉

心理学的な見地からすると、時間とは連続的なものではなく、もっとホリスティック（包括的）だ。私たちは時間について、過去は背後にあり、現在は生きている今であり、未来は先にあるものだと考えがちだ。しかし心理学的には、**過去、現在、未来はすべて、今ここに一緒に存在している。**アメリカの小説家ウィリアム・フォークナーはこう言った。「過去は決して死んではいない。過ぎ去ってさえもない」〈19〉

過去の物語は、未来の目標や希望に大きく影響するほど重要であるにもかかわらず、実際は主に、現在の状況によって決められている。年齢を重ねて成熟していくと、人は自然と、異なる視点を使って過去の記憶をつくり直す。つまり、ある記憶を意図的に、ポジティブな雰囲気で、安全な環境で、信頼できる人たちに囲まれたものに捉え直すこともできるのだ。

心理学者のブレント・スライフは、その著書『*Time and Psychological Explanation*』（「時間と心理学的説明」、未邦訳）**のなかで、次のように述べている**（傍点は著者）**：**

> 人は、現在のマインドセットに照らし合わせて、思い出を解釈し直したり、構築し直したりする。この意味で、過去が現在の意味をつくるというより、現在が過去の意味をつくると言った方が的確である。（中略）思い出は、「格納」された「客観的」な存在などではなく、私たちのなかで今生きている部分なのだ。今の気分や将来の目標が、思い出に大いに影響するのはそのためである[20]。

もっと大きな未来にするには、もっといい過去にすることだ。

過去の物語は、何度も繰り返し、捉え直したり形を変えたりできる。歳を重ねていくにつれ、もっともつらかった経験でさえ、畏敬と喜びの念をもって見るようになるだろう。こうした経験が教えてくれることや、人生に与えてくれた意味を愛おしく思うはずだ。

もちろん、人生はつらい。痛みを、人生というプロセスから切り離すことはできない。誰もが——社会経済的な地位や人種、その他いかなる要素にかかわらず——数えきれないほどの心の痛みを人生で経験する。落胆。打ち砕かれた夢。満たされない期待。身の毛もよだつような出来事。あるいは、いとも簡単に発せられたキツい言葉や批判。自分のミスによる心の傷。

「未来の自分」がどんな人物になるかは、痛みや混乱にどう対処するかによってほぼ決まる。人生の痛みに飲み込まれてしまったら、何かに溺れたり気晴らしをしたりして感覚を麻痺させることが、主な目標になってしまう。痛みや混乱と向き合って、その感情を転換させようなどとは思わないからだ。

うまく方向づけられれば、痛みや心の傷は、信じられないくらいパワフルな教師となる。一番つらかった経験のおかげで、人生から学び、もっといいものに全力で取り組もうと思えるようになる。実際のところ、変化が起きるのは、変わらない痛みの方が、変わる痛みより耐え難くなったときだ。

1つの経験を捉え直せるまでに、何年、ひょっとしたら何十年もかかるかもしれない。あるいは、一瞬にして変化が起きる可能性もある。生きる力を与えてくれるパワーは、あなたのなかにある。限界的練習によって、過去のどんな経験でも、自分の糧になるようポジティブに捉え直せるのだ。練習することで、痛みをもっとうまく、もっと速く、成長と目的に転換できるようになっていく。

痛みは、目的に向かう燃料にもなるし、人助けするよう導いてもくれる。これは心理学者が「**心的外傷後成長**」と呼ぶもので、人が積極的に痛みと向き合い、感謝をもって痛みを見るときに起きる〈21〉。いかなる経験もポジティブに捉え、そのように語ろうと**選択する力を、あなたは持っている**のだ。

一番つらかった経験を味わえて、心の底から良かったと思えるだろうか？　その経験がなかったら、今あなたが知っていることを知ることなどなかっただろうし、今のあなたはいなかっただろう。起業家向けにコーチングを提供する「ストラテジックコーチ」の共同創設者であるダン・サリヴァンと私は、1冊まるまるこのテーマだけを取り上げた本『*The Gap and the Gain*』（「ギャップとゲイン」、未邦訳）を書いた〈22〉。ここでいうギャップとは、自分自身や自分の経験を、理想と照らし合わせたときのギャップを意味する。

何かひどい経験をしたとき、それをギャップとして捉える。すると、人生とは単に自分の身に降りかかってくるもので、自分はその経験から生まれる副産物になってしまう。自分は、起きたことをただ力なく受けとめる犠牲者になるのだ。ギャップは、不健全な比較や、経験から学ばない状態を招く。

ゲインとは、あらゆる**経験を人間的な成長へと転換すること**だ。何が起ころうと、その経験をゲイン（利益）と捉えるのだ。経験から積極的かつ意識的に学び、その結果、苦しむのではなく成長する。何かひどい経験をしても、それをゲインとして捉えると、人生に起きる物事は、自分のために**なる**。自分が経験の副産物になるのではなく、意識的にした選択の副産物として、経験が生まれる。その**経験がどんな意味を持つかは、自分が決める**のだ。

経験の主《ぬし》はあなただ。あなたの主《ぬし》が経験なわけではない。あまりにもつらいからといって、その経験の価値を低く評価するのではなく、そこからもっと多くを学ぶことで、その価値を高めるのだ。自分の経験に感謝できるようにもなる。過去についてゲインの状態にあるとき、経験一つひとつのおかげで、「未来の自分」はさらに大きく、さらに優れた存在へと成長を続けられる。

ゲインの状態にあるとき、これまでより多くの情報を受け取るようになる。視界が広がり、目的や共感力も高まる。「未来の自分」は、過去のおかげで多くを身につけられるのだ。

あの恐ろしい事故のあと、母は数週間、昏睡状態に陥った。そして、なんとか一命を取り留めた。

母は1年以上も、全身ギプスをはめたままだった。頭皮からガラスを除去するために、髪は短く刈られた。脊椎には後遺症が残り、10年以上経った今でもまだ、体が激しく痛むことがある。昏睡状態にいたとき、母は自分が死んだのだと思った。3人の息子を育てるために自分の体に戻りたい、と神に言った。意識が戻ったとき、生きていることに、深い目的意識を抱いた。母の世話をしてくれた看護師たちは、母のポジティブな態度に常に驚きっぱなしだった。耐え難いほどの痛みが続いていたにもかかわらず、母は生きていることに感謝していたのだ。

長い間、私たち家族はこの事故について、なかなか言葉にできないでいた。それでも母はこの出来事を、人生の目的をはっきりさせてくれた、ポジティブなものと捉えることにしている。たいていの人が当たり前だと感じるような、人生のちょっとしたことにも感謝している。あなたが誰であれ、どんな立場の人であれ、これまでの経験が何であれ、母はあなたを受け入れるだろう。母はすべての人に対し、徹底的な慈悲の心と思いやりを実践している。自分の身に起きたことで苦しむのではなく、成長したのだ。

脅威その2は、**自分の過去を、受け身的な物語として捉えること**だ。

それだと未来を制限してしまう。

過去は、単なる意味づけにすぎない。そして過去は、物語だ。

その物語をどう捉えて意味づけするかは、「未来の自分」に大きく影響する。

自分の環境に無自覚だと一貫した進化ができない

脅威その3

周りの人の
期待に対し、
奮起するか、
ダメになるか
ピグ
マリオン
効果

あなたは、
一番長く一緒に過ごす5人を
平均した人物だ

——**ジム・ローン**

ある有名な実験で、２年生と３年生〔訳注：日本の小学校2年生と3年生に相当〕の教師に対し、担任する児童の学習について、１学年にわたり研究したい旨が伝えられた。さらに、研究者が児童に行ったＩＱテストの結果をもとに、どの児童がギフテッドであり、どの児童がそうでないかが、学年が始まる際、内密に教師たちに教えられた〈23]。

予想したとおり、その学年が終わるころまでには、ギフテッドの子はそうでない子と比較して、極めて高い学習能力と全体的な発達度合いを示した。

ところが研究者たちは、学年の始めにＩＱテストを行ってはいなかった。ギフテッドだとする児童とそうでないとする児童とを無作為に選び、学習に影響するか否かを調べたのだ。

教師たちは無意識のうちに、ギフテッドの子をそうでない子とは違う扱い方をしていた。ギフテッドの子に多くを期待し、その期待が自己成就予言になったのだ〈24〉。

誰も認めたくはないが、人のパフォーマンスと結果は多くの場合、周りの人の期待に基づいている。心理学で**「ピグマリオン効果」**と呼ばれるものだ〈25〉。あなたにそこまで期待していない人に囲まれていたら、あなたは相手が求める基準を満たしはしないだろう。しかし期待を寄せてくれる人に囲まれていたら、その期待に向けて奮起するはずだ。

私たちは誰もが、自分の目標に駆り立てられている。しかしそうした目標は、実は無意識のうちに環境から与えられたものだということが、多くないだろうか？　私の義理の弟は、母方の親戚に歯科医が7人いるが、本人も歯科医になったのは偶然だろうか？　子どものころドラッグに囲まれて育った女性が、痛みからの逃避としてドラッグに走るのを責められるだろうか？

人は成熟すればするほど、目標を積極的かつ意識的に選ぶようになる。未熟なままでいると、受け身的かつ無意識な目標になる。

脅威その3は、**自分の環境が目標にどんな影響を与えているかに気づかないこと**だ。

ペンシルベニア大学ウォートン校でマーケティングを教えるジョーナ・バーガー博士は、著書『インビジブル・インフルエンス』（東洋館出版社）のなかで、「私たちの人となりや行動は、ちょうど弾き合う原子のように社会でのやり取りによって、常に形づくられている」と説明している〈26〉。

興味深いことに、人が何かを好むのは、自分なりの理由があるからではなく、単に何度もそれに触れてきたからだということが、心理学者によって明らかになった。これは、**「単純接触効果」**として知られている〈27、28、29〉。あなたの欲求は、単に何かに触れたからであることが多いのだ。例えば研究によると、たばこの広告を頻繁に目にした人は、喫煙に対しポジティブな意見を抱いたという結果が出ている〈30〉。

仲間集団でも同じことが言える。教室で隣に座っている人との方が、2列前に座っている人とよりも仲良くなる可能性が高いことが、こうした近接効果から予測できる。

講演家であり作家でもあるジグ・ジグラーは、「自分に何を取り込むかで、未来の展望が決まる。その未来の展望で、何を発信するかが決まる。何を発信するかで未来が決まる」と述べている。いいものを取り込めばいい思考につながり、最終的にはいい発信へとつながる。ガラクタを入れれば、出てくるのもまたガラクタだ。

今よりももっといい、もっと大きな目標が欲しいだろうか？　もっと優れた「未来の自分」になりたいだろうか？　それなら、今よりも優れた視点に触れ、もっと進歩した人たちに触れよう。ビジネス戦略家のチャーリー・ジョーンズは、こう述べている。「人と出会い、本を読まなければ、5年後のあなたは今日のあなたと同じだ」。取り入れる情報、経験、人を積極的に変えることで、これまで知らなかったことに気づくようになる。これまで気づかなかったものを目にするようになる。これまで欲しくなかったものを求めるようになる。これまでとは違う行動を取るようになる。

自分のなかに
何を取り込むかが、
未来の
展望を形づくる

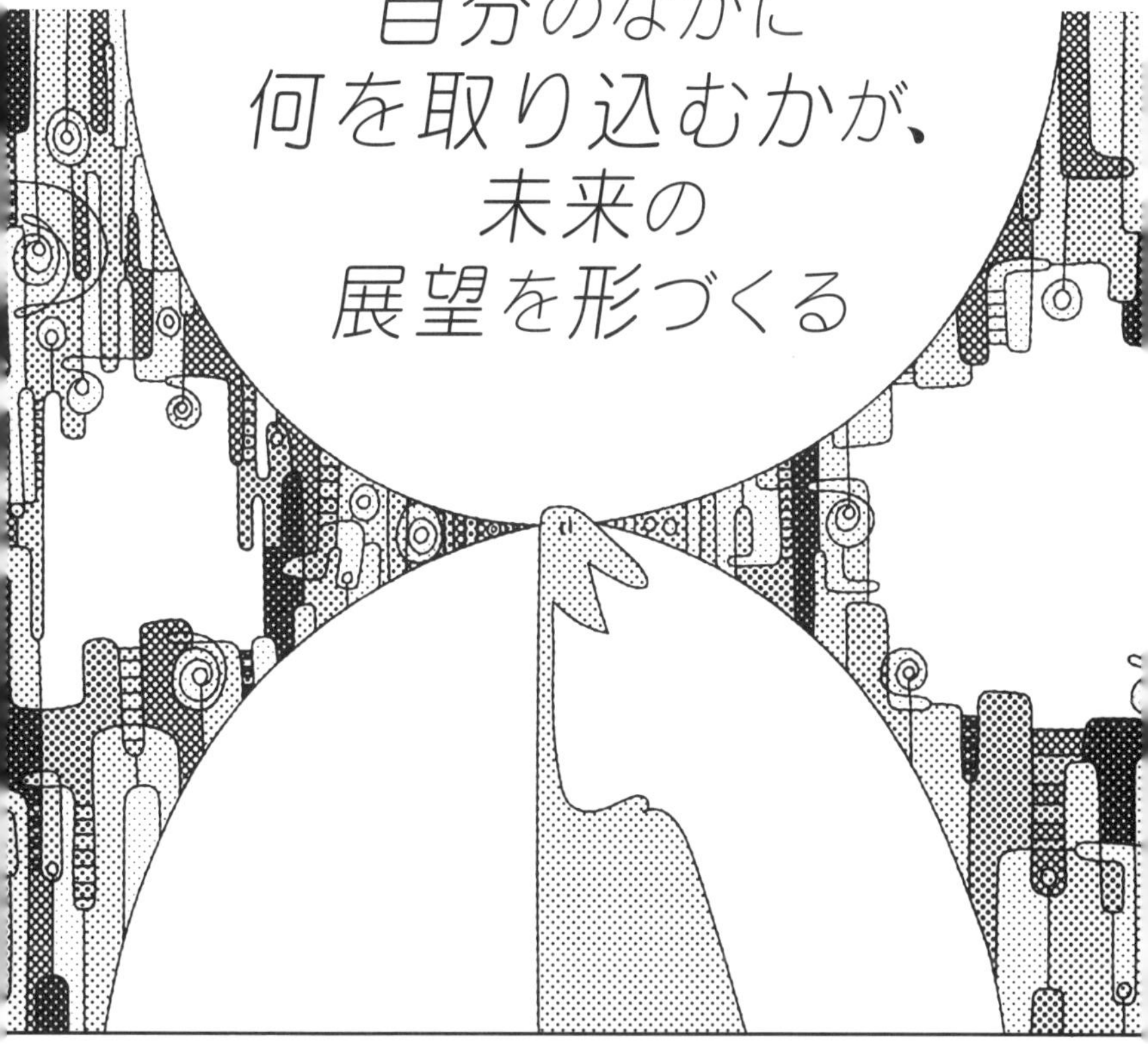

マインドフルネス**は、自分が置かれた状況や、それが自分にどう影響するかに気づけるようになるスキル**だ〈31〉。あなたは今、どのような状況にいるだろうか？

その状況は、自分にどう影響しているだろうか？

あなたが今追いかけている目標は何だろうか？

今の人生はどんなだろうか？

あなたはその人生をどう選んだのだろうか？

あなたの人生は、意識的に選んできた結果だろうか？　それとも、単に自分が置かれた環境に受け身的に存在しているだけだろうか？　自分の環境に振り回されているだろうか？　それとも、自分が環境に影響を与えているだろうか？　パフォーマンス心理学者のマーシャル・ゴールドスミス博士は、著書『トリガー』（日本経済新聞出版社）のなかで、「環境を自分でつくり、コントロールしないと、環境につくられ、コントロールされてしまう」と説明している〈32〉。

私たちは今、無意識のうちに人々の行動、欲求、アイデンティティ、関心に影響を与え、動かすよう設計されたSNSの世界に生きている。自分の外にある環境が、内なる目標にどう影響しているかを気づける力を培えば、特定の方向に向かうような刺激を受けたとき、それに気づき、「未来の自分」に向かうよう意識的に再調整できるようになる。

ヴィクトール・フランクルは次のように書いている：

刺激と反応の間には、間隔《スペース》がある。その間隔《スペース》に、自分で反応を選べるパワーが存在する。反応のなかには、成長と自由がある〈33〉。

自由は、環境に受け身的に反応しないことで得られる。反応する代わりに、自分の環境に気づき、ほかの視点や選択肢がないか、外側を見渡すことだ。もっと新しい、もっと優れたふるまい方、あり方、見方、考え方に触れよう。自分が過去にどんな行動を取ったにせよ、あらゆる状況において、それとは違う行動を取れる可能性は常にある。意識的に選べる可能性は常にあるのだ。

あなたは、どんな人物になりたいだろうか？　この質問への答えは当然、あなたが今いる状況に影響される。とはいえ、この答えはまた、今の状況とは離れた別のところにあるべきだ。想像力は、知識より重要だ。

自分の今の状況や過去とは関係なく、どんな人物になりたいだろうか？ 今の状況に応じた目標を受け身的に持つよりも、今の状況とはまったく違う、自分が求める状況を頭のなかでつくり出し、未来のビジョンを使って行動を駆り立てた方が、ずっとパワフルだ。

ハーバード大学の心理学者、エレン・ランガー博士はこう述べる：

社会心理学者は、あるときのある人物の人となりとは、その人がいる状況によるものが大きいと主張する。しかしその状況は、誰がつくっているのだろうか？ 意識を向ければ向けるほど、自分がいる状況をつくり出せる。自分がいる状況をつくるとき、人は自分に対して正直である可能性が高い。意識《マインドフルネス》を向けることによって、物事を新たな観点で見られるようになり、変化の可能性を信じられるようになる[34]。

今いる状況を超越した「未来の自分」を積極的に想像したら、自分をその方向へと引っ張ってくれる環境を整えよう。脳は本能的に、すぐにそのように動き始めるものだ。東洋の神秘主義者ルーミーは言う。「あなたが探し求めているものは、あなたを探し求めている」。

　自分が欲しいのは何かをいったん決めてしまえば、自分の環境にある「欲しいもの」に心が気づきやすくなる。以前からそこかしこにあったのにまったく見えていなかったものが、「選択的注意」によって見えるようになるのだ〈35、36〉。この気づきのおかげで、自分が行きたいところに続く道とプロセスを、戦略的に見つけられるようになる。


　なりたい自分になるための環境を、自ら設計できるようになる。例えば起業家になりたいなら、起業家の卵ではなく、すでに成功した起業家のなかに身を置こう。健康になりたいなら、健康な人に囲まれよう。裕福になりたいなら、豊かでいるのが当たり前な場に行こう。自分の周りの人たちを平均した人物になろう。

　前述の「グリット」はかなり個人の性格に依存するが、それを研究しているアンジェラ・ダックワース博士でさえ、グリットは、高いパフォーマンスが当然とされる環境のなかでの方が、ずっと楽に伸ばして活用できると認めている〈37〉。なりたい「未来の自分」になるには、それを実現できるよう力を貸してくれる人たちに、自分を合わせることだ。

　単純接触効果とピグマリオン効果の合わせ技だ。

　人間は、驚くほどすぐに順応する。自分を誰に合わせるかには、かなり大きな影響力がある。コンピューター・ゲーム三昧、ジャンク・フード三昧の人と一緒にいたら、あなたもすぐにこうした行動を気に入り、ずっとしていたいとさえ感じるようになるだろう。反対に、活発で生産的な人たちに囲まれていれば、すぐに同じ特質を身に着けるようになる。真の友達は、「未来の自分」をもっと大きな存在にしてくれるのだ。

プライベートでも仕事でも、他者に合わせると、そうした人間関係はある方向へと向かうようになる。生涯続く関係になるものもあるが、ほとんどの人間関係は、状況に依存したものだ。例えば、ある期間、手を貸してくれるメンターやビジネス・パートナーがいるかもしれない。しかしあるときが来たら、その人間関係よりも成長したあなたは、新たな先生やパートナーを見つける必要が出てくる可能性があるのだ。

あなたをここまで連れて来てくれた人間関係が、さらに先へと連れて行ってくれるわけではない。気づきだけでなく、勇気も必要だ。これまで深くつながってきた人たちから離れるのは、つらいし怖いかもしれない。しかしまた、簡単かもしれないし、それが敬意を示すことになるかもしれない。離れるからといって、相手が間違っているとか、悪い人という意味ではない。多くの場合、あなたのビジョンが進化したために、その人間関係と同じ方向に向かわなくなっただけのことだ。

自分を誰かに合わせるとき、取り引きを目的とした関係ではなく、変容することを目的とした関係を目指すといい。

だからといって、その人とは取り引きや経済活動をしない、という意味ではない。一般的にはするだろう。また、だからといって戦略的にはならないという意味でもない。結婚相手でさえ、単なる恋愛感情以上の理由で選ぶべきとされているくらいだ。結婚は、共通のビジョンと未来への目的をもとにするべきだ。

お互いに変容することを目的とした関係は、損得を気にしない。お互いに手を貸し、サポートし合いたいという純粋な思いがそこにはある。この人間関係が目的として取り組むのは変容することであり、その変容は、与えること、感謝、成長にフォーカスしたものだ。

「自分にとっての得」ばかり考えるのではなく、「相手にとっての得」を考えよう。その人との関係は、**相手が目標を達成できるよう手を貸すことから始めよう。**

変容を目的とした人間関係は、思いがけないところへ連れて行ってくれる可能性がある。「未来の自分」は、予想外に大きくてすばらしいかもしれない。取り引きを目的とした人間関係は、ある程度までしか先が見えない。かなり限定された「未来の自分」にしかなれないのだ。

脅威その3は、**「未来の自分」が、自分の環境の副産物であるということ**だ。注意を払うことで、意識的に環境を選べるようになる。うまく選ぼう。

「未来の自分」とつながっていないと近視眼的な決定をしてしまう

脅威その4

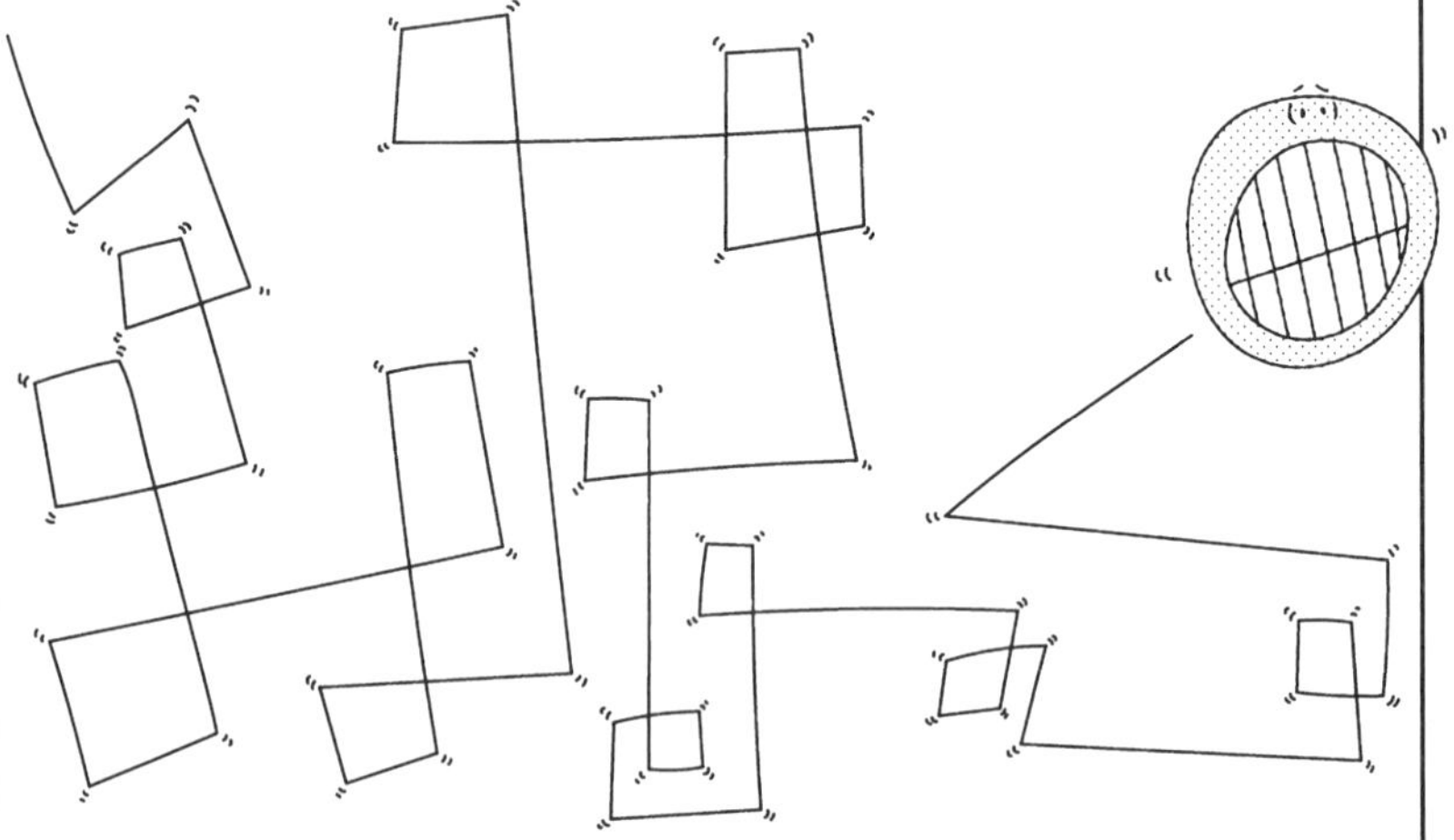

「未来の自分」とつながっていないと、今愚かな決断を下してしまう

人間の進化という観点から見ると、長期的に計画を立てるという考えは、比較的新しいコンセプトだ。人間は、ここまで長生きして、遠い未来を計画しなければならないようには進化してこなかった。1、2カ月先まで食べ物を保管する、ならもちろんある。しかし退職後の生活が30年に及ぶ可能性に備えて貯蓄する、というのは比較的異質な考えだ。そこで、この〝計画する〟という新しい考え方と、〝人は今起きているあらゆることから影響されている〟という考え方を、結びつける。ずっと先の未来はいとも簡単に無視できるのに、今意識が向くおもしろそうなものを無視するのは、本当に難しい。今もっとお金を使う、今おいしいものを食べる――これは魅力的だ。〝報酬〟が今すぐ手に入るから。でも、遠い未来の自分のためにこうしたことを我慢する――お金も使わないし、不健康なものも食べない――これは多くの人にとって、難しい。なぜなら、今という時間はあまりにもパワフルだから

――**ハル・ハーシュフィールド**〈38〉

種として人間は、20年も先の未来を計画するように進化してきてはいない。基本的に、人の意思決定は近視的で、目先しか見えておらず、想像力に欠ける。人は、今すぐ報酬が手に入ることには非常にやる気になるが、そのせいで「長期的な未来の自分」が、大きな代償を払うことになりかねない。

カリフォルニア大学ロサンゼルス校（UCLA）の心理学者で、15年間にわたり「未来の自分」のコンセプトを研究してきたハル・ハーシュフィールド博士によると、将来を見越した意思決定を下すための最初のステップは、「未来の自分」とつながることだ。つながるにはまず、他人にするのと同じように、「未来の自分」に共感する[39]。共感するには、相手の視点が何かを考える。相手がなぜそう考えるのか、相手にとって何が大切なのかを理解しようと務める。

重要なのは、「未来の自分」とのつながりを構築するために、**「未来の自分」を今の自分とは別人として捉える必要がある**点だ。

自然にできることではない。ほとんどの人は概して、「未来の自分」が基本的に今の自分と同じ人物だと思い込んでいる（**真実その2**参照）。

「未来の自分」を違う人として見ることで、その人物が今の自分とは違うものの見方をすると理解するようになる。今の自分とは違うものを気にかける。行動も、今の自分とは異なるだろう。

共感のもう1つのステップは、自分がした行動あるいはしなかった行動が、相手にどう影響したかをきちんと理解することだ。このケースでいうと、今のあなたの行動は、「未来の自分」にどう影響しているだろうか? 今の行動すべてが、将来の自分にどう影響しているかを意識すればするほど、今の行動は思慮深く、適切なものとなる。

ハーシュフィールド博士の研究では、「未来の自分」とのつながりの強さと、いま下す意思決定の質との間には、直接的な相関関係があることがわかっている。共感以外で、深いつながりを構築するには、相手を心の底から好きになることだ。相手を友人として、互いに思いやる大切な人として見る〈40〉。

自分以外の誰かを心の底から大切に思うとき、相手のために時間やエネルギー、リソースを犠牲にすることをいとわない。あとで「未来の自分」がもっとお金を持てるように、お金という犠牲をいま払う。教育、健康、人間関係に投じるために、束の間の喜びをいま犠牲にする。

「未来の自分」を単に「好き」でいるのと「愛する」の違いは、誰かのために「犠牲を払う」のと「投資する」の違いと同じだ。何か、あるいは誰かを心の底から大切に思うとき、私なら喜んでその何かのため、あるいはその人との関係のために投資する。

例えばもしピアノが大切なら、ピアノの弾き方を習うためにもっと投資する。誰かを大切に思うなら、その人間関係を育てるために投資する。

もし自分を大切に思うなら、自分の考え方やチャンス、スキルを常にアップグレードできるように、自分に投資する。「未来の自分」を大切に思うとき、**「未来の自分」の幸せ、状況、自由、特徴のために喜んで投資する。**

こうした投資を私はまったくいとわない。なぜなら、「未来の自分」に投資するたびに、自分の人生が良くなるとわかっているからだ。

「未来の自分」に投資すると、「未来の自分」ともっとつながれるようになる。

それが何であれ、自らを投じるものには心から夢中になれる。

それが何であれ、自らを投じるものには全力で取り組むようになる。

投資したものはやがて成長し、複利的に大きくなっていく。

「未来の自分」に投資すると、成長した自分の姿であるその人物との距離が縮まる。その人物を愛せば愛するほど、「未来の自分」は飛躍的に大きくなる。「未来の自分」のビジョンの成長に伴い、今の幸せとモチベーションも高まる。ダン・サリヴァンは、こう述べる。「今をもっとよくする唯一の方法は、未来をもっと大きくすることだ」

「未来の自分」にとって明らかな脅威とは、「未来の自分」につながらないことだ。ハーシュフィールド博士が調べたところによると、ほとんどの人は、「未来の自分」についてあまり時間をかけて考えない。適当にSNSで時間を潰したり、ドカ食いしたり、浪費したりなど、今現在にある短期的なドーパミンに夢中になっているのだ。こうした短期的な報酬の追求は、長期的なコストを生む。つまり、長期的にはネガティブな結果を生むような、短期的な報酬を探し求めるとき、「未来の自分」にコストがかかることになるのだ。

ずっと将来にまで恩恵が続くような、長期的な報酬に向けて行動するときはいつでも、「未来の自分」に投資していることになる。

あらゆる行動は、「未来の自分」にとっての損失か投資だ。

コストをかけると、「未来の自分」は多額の負債を抱えてしまう。一方で投資は、「未来の自分」を豊かにしてくれる。

一文なしで不健康な「未来の自分」か、自由で健康な「未来の自分」、どちらを見たいだろうか？

短期的な報酬を求める行為をすればするほど、長期的な「未来の自分」の姿は不明瞭になる。数日後、数週間後、あるいは数カ月後しか思い描くことはできなくなる。

長期的な報酬に投資すればするほど、「未来の自分」の姿ははっきりしてくる。そのおかげで、ハーシュフィールド博士が「ビビッドネス」（鮮明さ）と呼ぶ、「未来の自分」と極めて強くつながっている状態になる。「未来の自分」が鮮明かつ詳細であればあるほど、そこへ到達するプロセスは、より直接的だ。

鮮明な未来は、心奪われる未来だ。

「未来の自分」に投じ、小さな成功を収めるよう実践していると、「未来の自分」の人物、環境、背景、日常生活に至る極めて細かいところまで思い描けるようになる。

さらに、ハーシュフィールド博士は、自分が「未来の自分」へ向かうよりも、「未来の自分」を自分のところへ持ってくる方が、実は楽であることを発見した。

ビジョンが詳細であればあるほど、
実現しやすくなる

「未来の自分」から今の自分へ手紙を書いて、「未来の自分」をより鮮明で詳細にしよう。

どのくらい未来かは、あなたが好きに選んでいい。

例えば、今から5年後の「未来の自分」の立場に立ってみよう。その人物はどんな人生を生きているかを想像し、「未来の自分」として、今のあなたに語りかける手紙を書く。「未来の自分」に、どんな人生かを描写してもらおう。

難しく考えてはいけない。考えすぎてもいけない。

ざっと5分でもたっぷり1時間でも好きなだけ時間を使って、柔軟性と想像力を駆使して、とにかく書いてみよう。

「未来の自分」の想像を何度も続けていくと、「未来の自分」にはっきりとうまくつながれるようになる。もし初めのうち違和感や難しさを覚えるようなら、何か当たり障りのない一般的なことを書いてみよう。でもまた、遊び心も持ってほしい。これは単に、あなたと「未来の自分」との会話なのだ。誰かがいるわけじゃない。誰に見られるわけでもない。楽しもう。

私はこのエクササイズを通じて、「未来の自分」が住む家を細かいところまで見ることができた。「未来の自分」がどう過ごし、いくら稼ぎ、どれだけ幸せを感じているかも想像できる。

「未来の自分」に投資すればするほど、最高にパワフルな人生をつくるために「未来の自分」と協力できるようになる。


「未来の自分」の **4つめの脅威** は、**「未来の自分」とつながらないこと**だ。

「未来の自分」とつながっていないと、手に入れたい人生を積極的につくることはできない。


長期的に考えて戦略を立てることもできない。

一日中、終わりのない気晴らしに集中力を持っていかれてしまう。

決断は近視眼的になる。

「未来の自分」に大きなコストをかけ、

「未来の自分」はあらゆる点で多額の負債を抱えることになるのだ。

目先の闘いと小さな目標で前に進めない

脅威その5

目先の闘いに囚われると、ハムスターの回し車で

走り続けることになる

意識を持った理性的な生き物である人間は本質的に、未来を考えずにはいられない。しかしほとんどの人は恐怖心から、明日や数週間先のこと、あるいは数カ月先のぼんやりした計画程度の狭い範囲だけに、未来の視界を制限してしまう。私たちはたいてい、目先の闘いばかりに取り組み、その瞬間より先に視線を向けることができない。しかしながら、未来をより遠く、より深く考えれば考えるほど、願望を形にする力が大きくなるのが、力の法則だ。

――**50セント、ロバート・グリーン、『恐怖を克服すれば野望は現実のものとなる』**〈38〉

2011年公開の「タイム」というサイエンス・フィクション映画で、ジャスティン・ティンバーレイクは、スラム街で暮らすウィル・サラスという人物を演じている。お金ではなく時間が唯一の通貨となっており、その人の残り時間を刻むデジタル時計が、すべての人の腕に埋め込まれている。例えば、コーヒー1杯は4ドルではなく4分という具合だ。ちょうどクレジットカードを使うときのような小さなデバイスを使い、腕時計をスキャンすると、時間を加えたり引いたりできる。腕時計は、25歳になるまで時を刻み始めることはない。25歳の誕生日になると同時に、1年分の時間が入った腕時計がカウントダウンを始める。25歳以降は、身体的な老化は止まる。そのため28歳だろうが、49歳だろうが、はたまた302歳だろうが、時計が時を刻み始めたときと同じ外見のままだ。残り時間がある限り、生き続けることになる。

スラム街で生きる人たちはその日暮らしである一方で、もっとも高い「タイムゾーン」に暮らす人たちは、時計に何十年、何百年と刻まれており、恐らく永遠に生きられる。スラム街では、仕事のシフトが終わるたびに、腕時計に時間を加えてもらうのが頼りだ。自分の取り分がもらえる翌日のシフト終わりまでなんとか間に合う程度にしか、時間を持っていないのだ。

腕時計に24時間以上ある人など、スラム街にはほぼおらず、仕事あるいは危険で捨て鉢な方法で生計を立てることに縛られ、身動きが取れない。多忙な日々から一歩下がり、もっといい未来のために戦略を立てたり考えたりする時間などないのだ。

この映画の根本的なポイントは、時間がなくなると死ぬという点だ。スラム街では、常に誰かしらが、そのへんで野垂れ死んでいる。生き延びるのに必死で、大忙しの日々だ。いきいきした生活などありえない。

映画のなかで、経済状態はタイムゾーンの高低で表されており、高いゾーンでは、仕事や生活環境も質の高いものとなる。

・スラム街から下位中産階級へのタイムゾーンの移動コストは1カ月分の時間
・下位中産階級から中産階級へのタイムゾーンの移動コストは2カ月分の時間
・中産階級から上位中産階級へのタイムゾーンの移動コストは6カ月分の時間
・上位中産階級から、全体の1パーセントである超富裕層のさらに1パーセントを占める「ニューグリニッジ」への、タイムゾーンの移動コストは1年分の時間

生活費もまた、タイムゾーンをまたぐたびに劇的に高くなる。ニューグリニッジのレストランでは、1回の食事に1カ月以上の時間を払う。住宅の代金は数年あるいは数十年。高いタイ

ムゾーンへ移るには、そのような高価なライフスタイルを維持できるだけの収入が必要だ。スラム街で暮らす人が1カ月分の時間を貯められる可能性は、ゼロに近い。そして新たに25歳になった人が、高いタイムゾーンへ移ることはほとんどない。なぜなら、家族を置いていかなければならないからだ。ウィルの家族はかなりの負債を抱えているため、彼の時間は25歳になって1週間で、すべてなくなってしまった。

興味深いのは、高いタイムゾーンではすべてが遅く感じる点だ。というのも、そこで暮らす人たちはかなりの時間を手にしているため、急ぐ必要などないからだ。反対に、低いタイムゾーンの人たちは時間がなく、常にあくせく忙しくしている。かなりストレスの多い環境だ。

このSF映画と同じように、人間の行動のほとんどは、非常に短期的な目標に駆り立てられている。食べる、生活費を支払う、仕事に行く、子どもを学校に連れて行く、タイヤの位置交換をする、歯を磨くなどだ。その日暮らしか、せいぜいその月をなんとかしのぐ生活で、ときおりバカンスの予定を入れるくらいだ。

作家のアルフレッド・ヘンリー・ルイスは1906年、「人類は、食事を9回逃したら秩序を失う」と述べた。多くの人は、食事を9回も逃したら飢餓状態になってしまう。ほとんどの人が、半年分の備蓄食糧も持っていない。緊急時に備えた1年分の現金もない。

人がその日暮らしである理由は、その日の目標しか持っていないからだ。仕事に取りかかる。ランチを食べる。その日を終わらせる。週末になる。生活費を払う。多くの人は、たった一歩先の未来を追いかけ、この世はサバイバルモードで生きるものなのだと感じている。

その日暮らしをしている人は、常に急いでいる。

目先の目標に取り組んでいると、時間はどんどん過ぎてしまう。何年も生きて多くのエネルギーを消費しているのに、回し車に乗るハムスターのように、一向に前進しない。

その日暮らしという考え方から来る多忙な日々を抜け出すには、**焦点を変える必要**がある。**もっと大きな未来とつながろう。真剣に投資や学びを始めたら、5年後、どこにいられるだろうか？**

ミスタービーストは5年で、お金も大したスキルもない17歳の少年から、数千万ドル稼ぐ世界的な有名人になった。

時間の進みを遅らせてしっかりと前進するには、視線を上げ、もっと未来のことを大きく考えることだ。第34代アメリカ大統領のドワイト・D・アイゼンハワーは、こう言ったことで知られている。「私には2種類の問題がある。緊急な問題と重要な問題だ。緊急な問題は重要ではなく、重要な問題が緊急であることも決してない」

ビジネス戦略家のスティーブン・R・コヴィー博士は、時間管理について、石、小石、バケツを使って教えた。このアクティビティでコヴィー博士は、小石をバケツに入れ、そこに中くらいの石と大きな石を加えた。ところが、バケツの下半分には小石が入っているため、中くらいの石と大きな石は入りきらない。

バケツを空にしてやり直す際、今度は中くらいの石と大きな石を先に入れ、次にその隙間を埋めるように小石を注ぎ込んだ。「最初に入れるべきものを最初に入れる」ことで、まるで魔法のように、同じ空間にすべてが収まる。最初に小石を入れるとはつまり、小さなことに捉われることだ。

コヴィー博士によると、バケツは時間を象徴している。中くらいの石と大きな石は、重要な活動、例えば人間関係、計画、学び、健康だ。小石は、メールのチェックや会議への出席など、緊急の活動を表している。

緊急なものを重要なものより先に入れてしまうと、重要なものには絶対たどり着けない。劇作家のメレディス・ウィルソンは、こう書いた。「たくさんの明日を積み重ねたら、残っているのはただ、空っぽの昨日ばかりだと気づくだろう」

その日暮らしの「ハムスターの回し車」から降りる唯一の方法は、重要なものを優先させることだ。今の状況よりももっと先を考えるための余裕を自分に与え、自己投資を始める。緊急性よりも重要性を優先させる。

目線を上げて、長期的な「未来の自分」とつながろう。

5年先の目標をつくり、急を要する日々の闘いよりも、大きな目標を優先させよう。

脅威その5 は、**短期的で緊急な目標ばかり考え、未来をあまりにも軽視しすぎること**だ。このやり方では、どんなに努力しても枯渇するばかりで、前には進めない。

実業界の大物グラント・カードンは、人生最初の50年をコツコツと生き、あることに気づいた。自分の労働倫理は揺るぎないものだったが、目標があまりにも小さかったのだ。週80時間働いて、数十万ドルの収入を目指すこともできるが、数百万ドル、数千万ドルの収入を目指すこともできる。何時間働くかは、実は大して重要ではない。重要なのは、何に向かって働くかだ。

カードンは、書籍『The 10X Rule』（『10倍の法則』、未邦訳）**のなかでこう説明する：**

個人的に、これまでの最大の過ちは、プライベートでも仕事でも、目標をそこまで高くしなかったことだ。結婚生活をすばらしいものにするには、平均的な結婚生活にするのと同じエネルギーが必要だし、1000万ドル稼ぐには、1万ドル稼ぐのと同じエネルギーが必要になる〈42〉。

グラント・カードンは1959年3月28日、ルイジアナ州レイクチャールズで生まれた。2011年、52歳のときに『The 10X Rule』を刊行。この本の発表は、カードンのキャリアで運命の分かれ道となった。比較的成功した金持ちだった彼は、1980年代後半から販売会社や不動産会社を経営していた。

ところが『The 10X Rule』を刊行し、もっと大きなビジョンを持って生きることに全力で

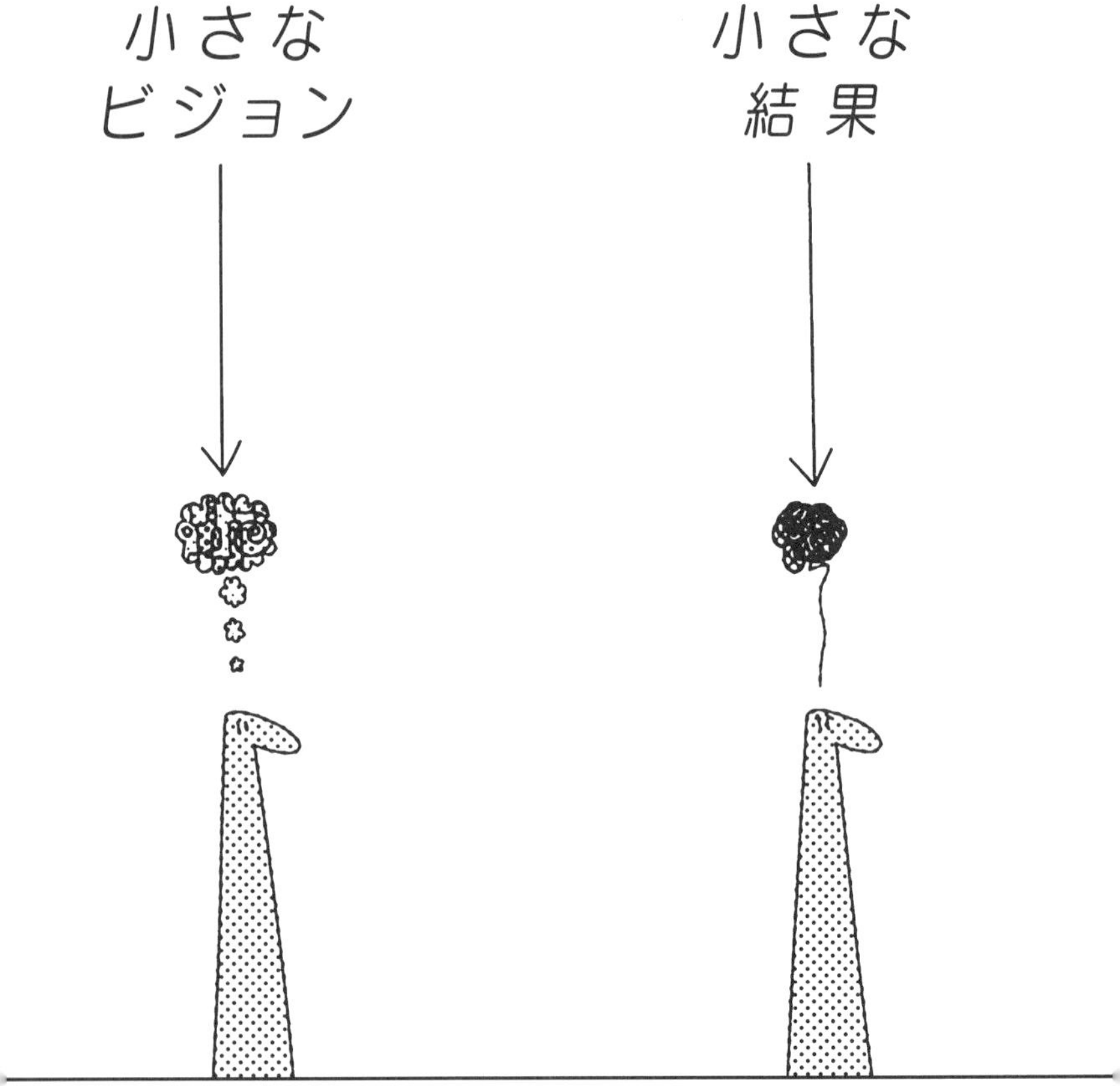

(たとえものすごい労力をつぎ込んでも)

取り組むようになると、これまでよりも勇敢かつ大胆になった。2012年、5つの大規模不動産を取得。これは、未公開株としてはフロリダ州最大の株式取得となった。2011年から2021年まで、カードンは純資産額を約2000万ドルから3億ドル以上へと10倍に膨らませ、数十億ドル相当のポートフォリオを形成した。カードンは、自分のビジョンを劇的に引き上げたのだ。

あなたは今、急を要する小さな目標にフォーカスしているというだけで、いったいどんなチャンスを見逃しているだろうか？[43,44]「非注意性盲目」（訳注：視野には入っているが意識を向けていないために見落とすこと）のせいで、人は忙しく銅貨を探しまわり、そこらじゅうにある金貨をすべて見落としてしまう。

人は、探しているものしか手に入れない。人は、今自分が測っているものしか見ない。目の前にはずっと、人生が変わるほどの信じられないチャンス、金貨が今まさに転がっているのに。

あなたや私にとっての**問題は、こうしたチャンスが見えないこと**だ。世界を違う目で見るには、これまでとは違う質問を自分に投げかけなくてはいけない。「どうすれば、今年10万ドルを稼げるか？」ではなく、「どうすれば、今年1000万ドルを稼げるか？」と聞いてみよう。

これまでとは違う質問は、革新的な思考と新たな観点の閃きをもたらしてくれる。心理学者であり精神的指導者でもあるウエイン・ダイアー博士は、こう述べていた。「ものの見方を変えると、目に入るものが変わる」〈45〉。探しているものが変われば、見るものが変わるのだ。

「非注意性盲目」を、「選択的注意」に変えよう。自分が何を探しているのかを明確にすれば、あらゆるところにそれが見えるようになる。目立つところにありながらまったく見えていなかったものが、ものすごくはっきり見えるようになる。探しているものが目に入るようになる。

自分のビジョンをとんでもなく大きくすれば、そこまでの道のりはすぐに見えるようになる。

ダン・サリヴァンは、「私たちの目や耳は、脳が探しているものしか見ないし聞かない」と言っている。「未来の自分」に対する壮大な脅威とは単に、あまりにも小さく考えすぎることだ。ビジョンを10倍あるいは100倍の大きさにしよう。高いレベルで生きるための原則、ルール、戦略を、イヤでも理解するようになる。もっと一生懸命に働く代わりに、自分はもっと高いところへ行けるのだ、と考えよう。

広告業界の伝説的な人物、故ポール・アーデンはこう述べていた：

自分の能力のもっと先を狙わなければいけない。自分の限界をまったく無視できるようにならなければいけない。その業界の最大手企業でなど自分は働けないと思うなら、そこで働くことを目指そう。タイム誌の表紙に載るなんて無理だと思うなら、絶対に表紙に載ろう。実現させたいことをビジョンとして思い描こう。不可能なことなど何もない〈46〉。

「未来の自分」によくある脅威は、目先の小さな目標に夢中になることだ。

闘いの場にいなければ負けは確実だ

脅威その6

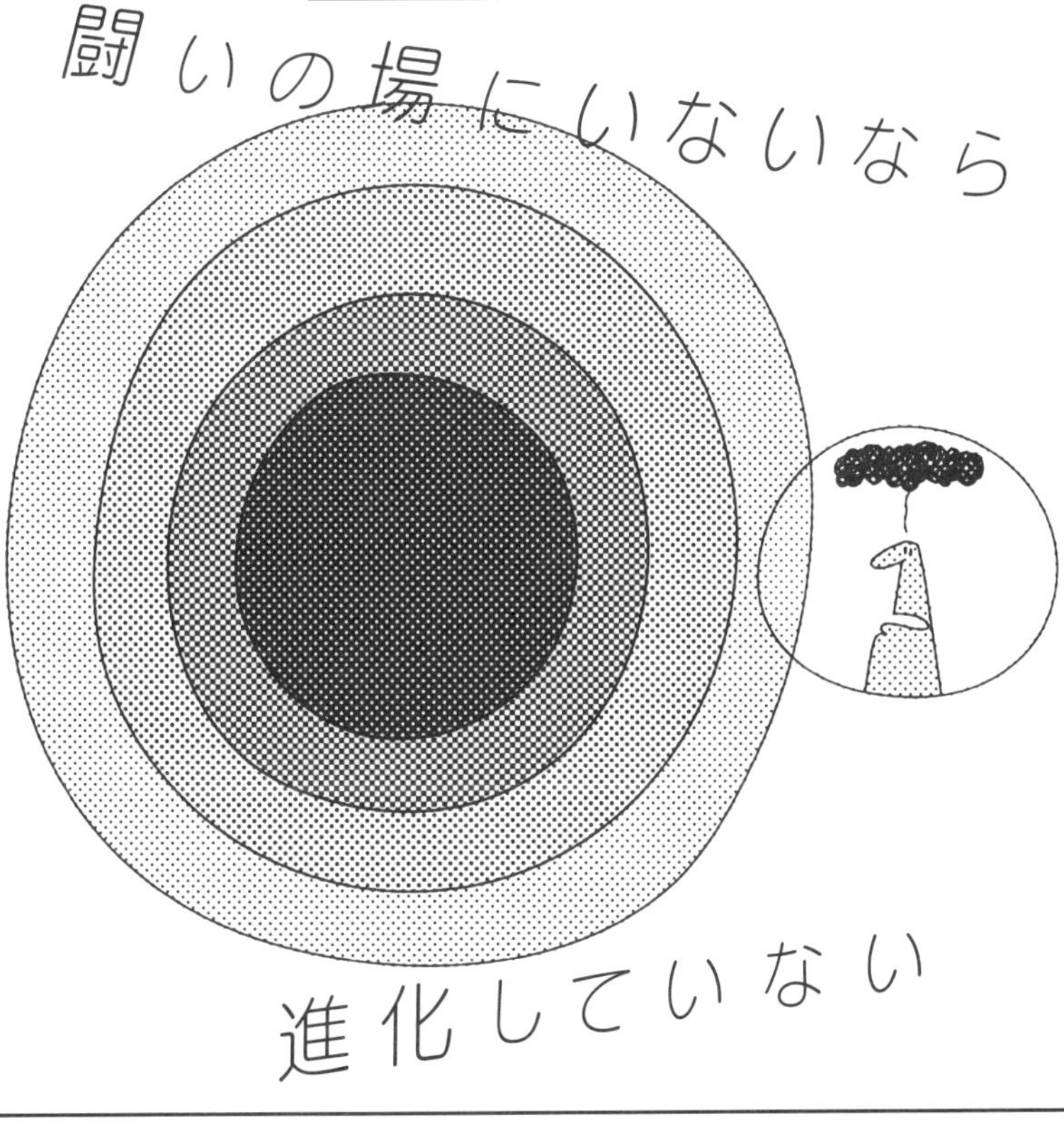

価値があるのは、批評家ではない。強い人がこうよろめいたとか、もっとうまい方法があったなどと指摘する人物ではないのだ。称賛されるべきは、実際に闘いの場にいる人。泥と汗と血にまみれた顔で勇敢に闘い、何度も過ちを犯し、失敗する人——過ちや失敗なくして、努力など存在しないから。実際に行動しようと努力する人。大いなる熱意や献身とは何かを知る人。価値ある目的に自らを投じる人。そして、勝利も敗北も知らない冷淡で臆病な人間とは異なり、うまくいけば大きな成果を勝ち取り、最悪たとえ失敗したとしても、少なくとも大いなる勇気をもって失敗する人だ。

—— **セオドア・ルーズベルト**

ナショナル・フットボール・リーグ（NFL）のクォーターバック、トム・ブレイディは、フットボール、あるいはひょっとするとチームスポーツ全般において、史上最高の選手だと多くの人に思われている。スーパーボウルを7回制覇したほか、多くの記録を保持している。しかし恐らくトムの一番すごいところは、その選手生命の長さだ。本書執筆時点で、年齢は44歳になる。

平均的な体格で、もっとも運動神経のいい選手というわけでは決してなかった。むしろ動きは遅いうえにどこかぎこちない。2000年のNFLドラフトで、6巡目、199番目に選ばれた。特に目立つところもなく、みんながその実力を疑っていた。

「クォーターバックとして成功できないよ」

「運動神経が良くない」

フィールド上で実力を発揮し、彼に疑いの目を向けていた人たちの鼻を明かしてもまだ、年齢を重ねたトムへの疑いの声は続いた。「選手としては歳を取りすぎだ」

スポーツ専門チャンネルESPN制作のドキュメンタリー番組で最近公開されたトムのエピソード「Man in the Arena」（闘いの場に立つ男）のなかでトムは、キャリアを通じてずっと、彼に疑いの目を向けたり批判したりしてきた人たちが、実際には闘いの場にいない点を指摘した。彼らの言動は、フットボール・フィールドでの出来事に一切の影響力を持たないのだ。

元NFL選手のボー・イーソンは、テレビでスポーツを見るとき、解説者が実際の選手でない限り、音声をミュートにすると言う。「テレビのスポーツはファンのためにつくられていて、プロのためじゃない。プロはそんなものは見ない。彼らのためじゃなく、観客のためにつくられているんだ」

興味深いことにアメリカでは、スポーツについて解説することが、スポーツそのものと同じか、それに近いほどの人気だ。そのような解説では、観客席にいる人が、闘いの場にいる人を非難し、批評する。のんびりと椅子に座ってスポーツの批評をするのは、一流の娯楽となった。こぎれいなスーツ姿で不平を言い、場外から雄弁に語るのだ。

あなたが何をしようが、闘いの場の外には、酷評する見物人が必ずいる。そうした人たちは、あなたに疑いの目を向けるだろう。闘いの場の厳しさや危険から、あなたを守ろうとすらするかもしれない。

ビジネス誌「サクセス」の元発行人であるダレン・ハーディは、「その人となら立場が入れ替わってもいい、と思える人以外からのアドバイスは、絶対に聞き入れてはいけない」と述べている[47]。メンターを探すなら、闘いの場にいる人だけにしよう。アドバイスは、あなたが直面している闘いを経験したことがある人からもらうのだ。

闘いの場の外にいる人の意見のせいで、注意力が散漫になることもある。しかし「未来の自分」が直面するそれよりもっと大きな脅威は、自分自身が闘いの場から完全に出たり、出たあとにずっと戻らなかったりすることだ。

闘いの場の外にいるとはつまり、分析しすぎて身動きが取れなくなる「分析麻痺」を起こし、考えすぎているということだ。恐れに負けてしまっている。例えば、起業したい、本を書きたい、外国語を学びたい、あるいは（思いあたるものをこのカッコに入れよう）という夢を持っている人は、数えきれないほどいる。

哲学者カトーは、「ためらう者は機会を逸する」と言った。勝負の場に足を踏み入れるのをためらえばためらうほど、大切な学習曲線が遅れてしまう。場外にいながらにして限界的練習はできない。闘いの場にいないなら、闘わずして負けることになる。

闘いの場の外は安全に感じるかもしれないが、実はもっとも危険な場所だ。外にいては、自分の無知を知ることはできない。のんびりと椅子に腰かけて、興味を持っているテーマについて蘊蓄《うんちく》を語ることはできても、プロにはなれない。場外にい続けると、後悔の人生になる。「勇気」を心理学的に定義すると、崇高で価値ある目標を、リスクを承知で積極的に追いかけることだ〈48、49〉。デヴィッド・R・ホーキンズ博士によると、勇気とは、あらゆるポジティブな変化へと続く道である〈50〉。試合に足を踏み入れるには、勇気が必要だ。というのも、いったん闘いの場に入れば、負けは確実だからだ。自分の無知や行動の結果が、すぐに顔面を襲ってくる。そのときは痛いが、学びと適応はまさにこうして身についていく。

闘いの場の外にいると、自分が負けているようには感じないだろう。しかし場外に座っている限りは、闘わずして負けている。私は、オンラインでの執筆活動を始めるよう自分に言い聞かせるのに5年かかった。２０１０年に教会の布教活動から戻ったとき、自分がライターになりたいことはわかっていた。しかし実際に闘いの場に足を踏み入れ、学び始めて前に進みだしたのは、２０１５年になってからだ。

いったん自分の作品をネットで公開すると、ある程度の応援を得られた。しかし、かなり厳しいフィードバックや批判もあった。記事が人気になると、批判はさらに厳しくなる。とはいえ、闘いの場外にいる人からの批判を受け入れるよりつらかったのは、自分の自信のなさに向き合うことだった。自分のアイデア、考え、感情を公の場で表現するだって？ それをうまくこなす方法を学ぶだって？ 締め切りのプレッシャーを感じつつ、効果的に書く方法を学ぶだって？

つらかった。でも私は、闘いの場にいたのだ。ものすごいスピードで学んだ。闘いの場を奥へと進むにつれ、かつての自分にはまったく見えていなかったものが見えてくる。事業をどう成長させるか、そして適切なメンターやインフルエンサーとどうつながるかを学んだ。人と協力関係を築き、それが出版契約や、その他の信じられないようなチャンスにつながった。

しかし、自分がいる場所にある距離標（キロポスト）の地点からは、別の距離標がある場所で何が起きているのか、まったく見えない。そこの地形を理解するには、闘いの場に実際に足を踏み入れなければいけなかった。私にとって、失敗が親友のような存在となった。そして闘いの場では、私の数歩先を行く人たちから学んだ。


ローレンと私が3人の子どもたちを里親として迎えたときにも、同じことが起きた。里親について書かれた本を何百冊と読むことはできるが、実際の経験と比べると本は色あせてしまう。闘いの場にいると、実際の解決法が今すぐ必要となるため、情報が役に立つ。闘いの場で失敗すると、その結果は非常にリアルだ。

場外にいるなら、のんびりと椅子に座ってあれこれと論じたり批評したりもいいだろう。現実的なリスクもなければ、何かひどい結果が起きるわけでもない。いったん闘いの場に身を置き、リアルな状況に対峙してしまえば、実戦的な学びになる。そこでは、選りすぐって、今すぐ使える情報が手に入る。私は新米の里親として、子どもたちの感情面での問題をなんとかしようと、眠れぬ夜を過ごしたのを覚えている。誰が子どもたちを責められるだろうか？　親から引き離され、知らない人と暮らしているのだ。私は毎日、失敗しているように感じた。7年後の今も、父親としてやることなすこと失敗しているように感じる。

しかし、私は闘いの場にいる。

学んでいるのだ。

今の私は、7年前、あるいは7日前と比べ、子育てにもっとずっと詳しくなった。そして失敗も学びも、肩肘張らずにできるようになった。間違ってもいいのだ。なぜなら、今する間違いは、数年前の間違いよりもずっと重要なのだから。数年前と比べ、今の自分はもっと大きな勝負に臨んでいる。リスクはもっとずっと大きい。愛はもっと深い。どの勝利にも、より大きな褒美が伴う。

闘いの場にいないとき、夢に思い描くような理想のフットボールを楽しめるが、本物の報いはほとんど得られない。自分が思う以上に無知な状態だ。

観客は、分析麻痺、恐れ、決断疲れに陥っている。闘いの場に入るのが遅くなれば遅くなるほど、「未来の自分」を制限してしまう。

闘いの場にいるとはつまり、**ようやく現実と向き合い、受け入れているということ**だ。

闘いの場では、もはや現実を恐れることはない。なぜなら、あなたは今や現実から学べるからだ。

「未来の自分」として、あなたはやがて、

自分の手で現実をつくり出せるようになるだろう。

成功は失敗のカタリスト（誘因）

脅威その7

成功は
「未来の自分」
を壊してしまいがち

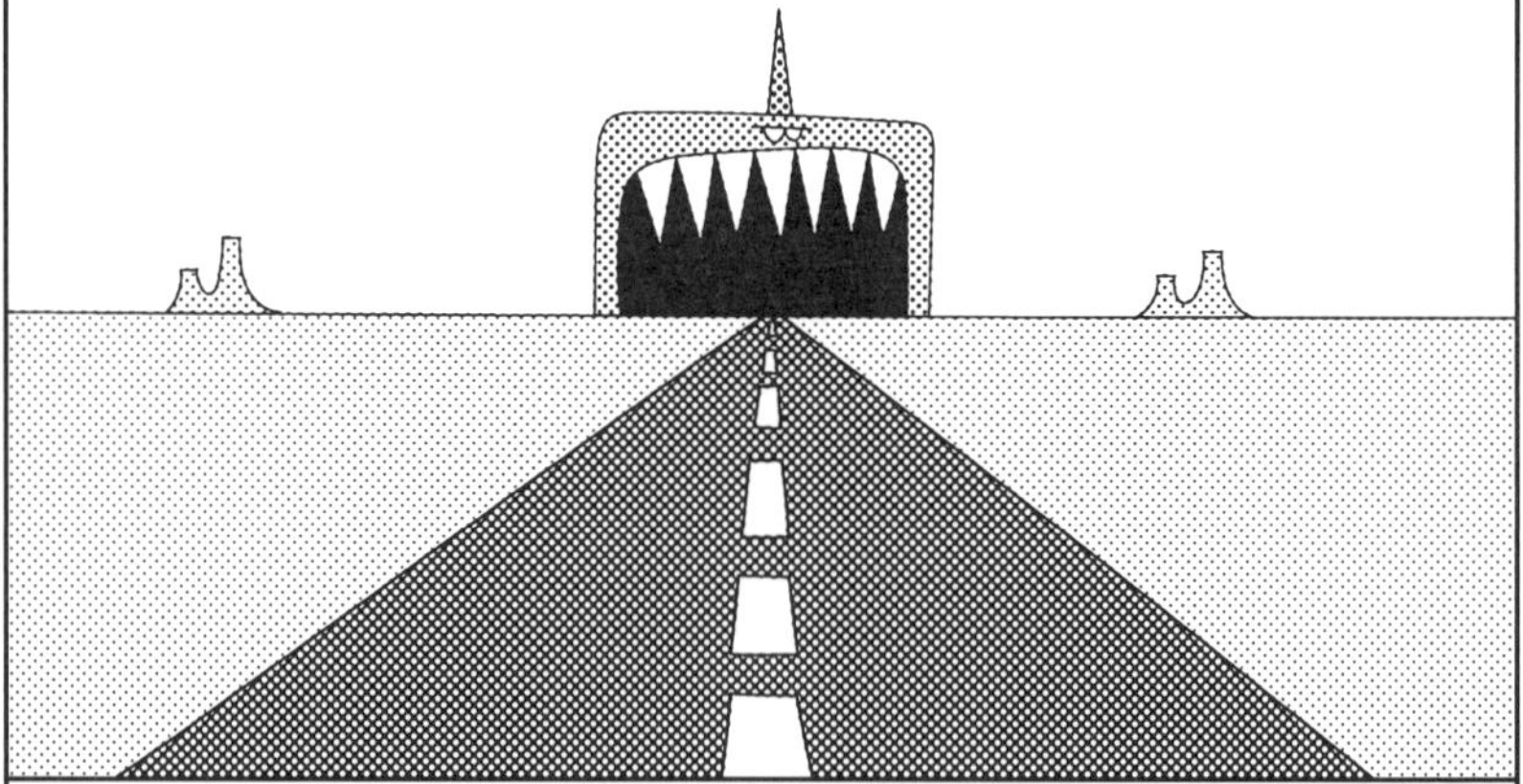

アメリカで２番目に裕福な人物であるウォーレン・バフェットによると、彼にとって非常に難しいのは、雇っている幹部たち――全員、信じられないくらい裕福な人たち――が朝ベッドから飛び起き、貧しかった駆け出しのころと同じ情熱をもって働くほどの関心を、彼らに持ち続けさせることだという。（中略）成功という病のせいで人は、熟練したスキルや成果、成功をもたらした努力、集中力、自制心、指導、チームワーク、学び、こだわりを、発揮しなくなってしまう。

―― **ビル・ウォルシュ** 〈51〉

ザ・ビートルズは、1963年に「プリーズ・プリーズ・ミー」で突如音楽界に登場してから、1969年に最後のアルバム「レット・イット・ビー」と「アビイ・ロード」をレコーディングするまでという比較的短い期間で、音楽を永遠に変えてしまった。

20世紀最大の影響力を誇ったバンドはなぜ、最初のアルバム発売から7年で解散してしまったのだろうか？ ビートルズは驚異的な成功を収め、世界中で人気者になり、とんでもない額を稼いだ。

成功すると、物事が複雑になる。

活動を始めたころ、ビートルズは一緒に曲づくりをして演奏する仲間だった。1カ所だけに焦点を絞り、みんな同じところを目指していた。しかし成功するにつれ、彼らが置かれた状況や目標は複雑になり、そこまで一致団結しなくなっていく。バンド内に亀裂が生まれ、それが大きくなっていった。

ビートルズがすべき活動について、メンバー以外の関係者の発言権が強まった。レノンとマッカートニーは、バンドのマネジメントについて意見が合わず、1967年にマネージャーのブライアン・エプスタインが亡くなると、その傾向はさらに強まる。ほぼ間違いなく史上最高のバンドであったにもかかわらず、自らの成功とそれに伴うすべてが、やがてビートルズの死を招いたのだった。

「未来の自分」についての最後かつ **7つめの脅威** は、**興味深いことに、「成功」**だ。

「成功という病」あるいは「成功が自らを蝕むとき」などと言われるこの現象は、数えきれないほどの事例があり、ビートルズはその1つにすぎない。

成功にうまく対処するのは難しい。ほんとんどの人は、物事がうまくいき始めると自滅してしまう。心理学者のゲイ・ヘンドリックス博士は、「アッパーリミット（上限）問題」というコンセプトを提唱し、成功がいかに裏目に出かねないかを説明した。ヘンドリックスによると、私たちは誰もが、自分が快適にいられるベースライン（基準）を無意識に持っている。何かしらで成功したときに、無意識のうちに自分のベースラインに戻ろうとして、**自己破滅的な行動を取ってしまう**のだ。

ヘンドリックスは次のように書いている：

私たちは誰もが、愛情、成功、創造性を自分がどこまで楽しんでいいかを決める、内なるサーモスタットを持っている。サーモスタットの設定を超えると、安心できる、いつもの慣れ親しんだゾーンに戻るために、何か自己破壊的なことをしてしまうのだ〈52〉。

もしも、これまで大金を手にしたことがないのにかなりの額を稼ぎ始めたら、新たに稼いだ大金をすべて台無しにするようなバカげた行為を、無意識のうちにしてしまうかもしれない。

それが何であれ、自分が選んだ「闘いの場」で成功するには、「未来の自分」をはっきりと持ち、集中して、長期的に取り組む必要がある。「未来の自分」に向けた投資と限界的練習を続けることで、大きな成功を収められる。当初思い描いていたよりもずっと大きな夢をつくり出せるのだ。

とはいえ、成功すればするほど、物事は複雑になる。最初のうちは、単に自分の情熱とスキルだけに集中していれば良かったのに、やがてお金、時間、重要な人間関係の管理など、かつての自分の暮らしにはなかったような、多くの物事を勘定に入れなければならなくなる。分析麻痺を避けるために、決断はすべて、即座に情報を取捨選択したうえで下さなければならない。

集中力や長期的なビジョンが、短期的な成功によって目を奪われてしまうと、当初抱いていた唯一の目標がぼんやりし始め、集中できなくなってしまう。複雑さをうまくさばいて取捨選択できないと、フロー状態も集中力も失われてしまう。さらなる努力をしているのに、かつてのような大きな進展が見られなくなると、本当に大切なものの見定めが難しくなる。時間も注意力も足りなくなり、明確さと集中力の欠如のせいで、破滅は避けられなくなる。

著述家のグレッグ・マキューンはこう説明する：

成功した人や組織はなぜ、自動的にさらに成功するわけではないのか？　重要な説明として、私が「明確性のパラドックス」と呼ぶものがある。これは、予測可能な次のフェーズに要約できる：

フェーズ1：目的が非常に明確なとき、成功につながる。

フェーズ2：成功すると、選択肢やチャンスが増える。

フェーズ3：選択肢やチャンスが増えると、努力が散漫になる。

フェーズ4：努力が散漫になると、当初成功につながったはずの明確さに陰りが出る。

要点をわかりやすくするために誇張するが、奇妙なことに、成功は失敗を促進するカタリスト（誘因、触媒）なのだ〈53〉。

著者であり哲学者でもあるロバート・ブロールトは、「目標に到達できないのは、障害物のせいではなく、重要度の低い目標への道筋の方がはっきりしているからだ」と述べている〈54〉。成功すればするほど、重要度の低い目標が出てくる。チャンスや手軽な成功が手に入れば入るほど、自分のビジョンをアップデートする必要性が大きくなる。エネルギーや集中力にとっては不要な99パーセントのものをふるいにかけるためだ。

成功を維持したり、もっと大きくしようとしたりすることと比べたら、成功そのものはそこまで難しくはない。スポーツの分野では、トップに輝いたチームがチャンピオンとして君臨し続けることはほとんどない。目標を達成した自己満足から、集中力が落ちてしまうのだ。成功はチャンスと注意力散漫をもたらし、選手は、トップにい続けるのに必要な集中した取り組みや限界的練習をやめてしまう。

物事がうまく行っているとき、手を緩めて怠けるのも簡単だ。そこに至るのに必要だった、自分を律する習慣もやめてしまう。

小説『*Those Who Remain:A Postapocalyptic Novel*』（「残された者たち：世界の終わりを描いた小説」、未邦訳）**のなかで、著者のマイケル・ホプフは、こう書いている：**

苦難の時は、強い人間をつくる。強い人間は楽しい時をつくる。楽しい時は、弱い人間をつくる。そして弱い人間は、苦難の時をつくる〈55〉。

楽しくなると、人は集中力を失い、全力で取り組まなくなる。これまでそこに向かって突き進んできた、大きな「未来の自分」を胸に抱くのをやめてしまう。目先だけのドーパミンのループにはまり、不要かつ好ましくない行動を取るようになる。自分の蒔いた種は自分で刈るという、**収穫の法則**だ。

世界規模で見ると、かつて存在した偉大な国家や帝国はすべて、最終的には滅びた。成功は、失敗へと続く。著名な歴史家であるウィルとアリエルのデュラント夫妻は、著作『歴史の大局を見渡す』（パンローリング）のなかで、国家の盛衰の要点をまとめている〈56〉。

人類の文明はこれまで、核となる3つの段階を経てきた：

1. 狩猟

2. 農耕

3. 産業

狩猟の段階は、個人に焦点が当てられていた。残忍かつ野蛮で非常に競争が激しかったので、誰もが自分のことに集中した。

農耕の段階は、家族に焦点を当てるようになる。子どもは農場で働かせるために育てられた。必要な作業を手伝わせるために、人は早くに結婚して子をもうけた。離婚は稀だった。競争は激しかったものの、農家同士で取り引きしたり物々交換したりしたため、協力関係の方が強かった。

産業の段階では、集団に焦点が当てられる。テクノロジーや社会が発展していくにつれ、人は農場を離れ、都市部で暮らすようになる。結婚はそこまで重要でなくなり、子どもの数は減る。政府、教育、テクノロジーが宗教に取って代わる。

とはいえ、デュラント夫妻に言わせると、ここから破綻が始まる。デュラント夫妻の考えによると、社会的な集団のなかでうまくやっていくには、個人の利益よりも集団の利益になるような道徳規範に従う必要がある。しかし個人としての進化が深く身についている人にとって、これに従うのは容易ではない。道徳規範を守るような生き方をする理由となる宗教がなければ、個人が集団のために行動する理由はそこまでない。宗教なきところにやがて共産主義が興隆し、自由と発展が失われる。

デュラント夫妻によると、共産主義は破綻する。なぜなら人間の間に存在する不平等は、自然や社会の基本的な側面だからだ。共産主義は、力ずくで平等を実現しようとするが、それはつまり、自由と自律を破壊する。

自由を奪われた人たちが、社会の向上を自由意思で支えることをしなくなると、社会は崩壊する。

デュラント夫妻は次のように説明する：

天国とユートピアは、井戸にある2杯のバケツのようなものだ。片方が下がれば、他方が上がる。宗教が衰退すれば、共産主義が拡大する。

デュラント夫妻は、現在の世界の超大国であるアメリカはやがて、過去の帝国が滅びたのと同じ理由で崩壊すると予測している。

アメリカの億万長者でありヘッジファンド・マネージャーでもあるレイ・ダリオの見解は、これより若干含みを持たせたものになっている。ダリオは著書『世界秩序の変化に対処するための原則：なぜ国家は興亡するのか』（日経BP日本経済新聞出版）のなかで、社会が滅びる主な理由を説明している〈57〉。ビジネスと同じように、国も過剰な負債を抱え、生産性を失い、内部分裂に苛まれると、崩壊に向かう。

今のところアメリカはかなりの強国だが、ダリオはこうした条件の多くにアメリカが当てはまるとみている。

個人、チーム、組織、さらには国にとって、成功にうまく対処するのは難しい。成功するのと、その成功をさらに拡大するのはまったく別ものだ。物事が順調に行き始めたとたんに、手を緩めてしまう可能性もある。

しかしこれがなぜ、あなたに関係あるのだろうか？

もしはっきりした「未来の自分」を持ち、「未来の自分」に向けて明確に投資をしているなら、かなりの成功を収めるだろう。知識、スキル、お金、人間関係において、複利効果〔訳注：利益が利益を生むこと〕を経験するはずだ。しかしこうした成功により、物事は驚くほど複雑になる。崩壊から身を守るには、成功の各ステージにおける「未来の自分」をはっきりさせる必要がある。成功すると、注意力を散漫にさせるものや重要度の低い目標が次々と現れる。本当に大切なのは何かを意識し続けない限り、全力で取り組む対象が分散することになる。聖書に書かれているとおりだ。「二心ある者は何をしても不安定である」〈58〉。

成功は、「未来の自分」にとって圧倒的な脅威なのだ。

7つの脅威 まとめ

「未来の自分」の脅威

「未来の自分」は、まだ決まっていない。
あなたの人生の方向性には、
無限の可能性がある。
「未来の自分」は必ずやってくる。

死ない限り、2年後、5年後、10年後、あるいは20年後、あなたは誰かしらになる。自分に問いかけるべき質問はこうだ。

「未来の自分」は誰だろうか？

これは恐らく、どんな人にとっても、自分に問いかけるべきもっとも重要な質問だろう。本書のこのセクションでは、「未来の自分」に対する主な**脅威7つ**を取り上げた。こうした脅威をコントロールしなければ、「未来の自分」は、あなたの潜在能力をまったく発揮できていないものになってしまうだろう。

ここから先は、「未来の自分」の中心となる**真実7つ**を取り上げる。「未来の自分」の真実をしっかり把握すれば、「未来の自分」が何者になるかを自分で決める力が身につく。

今の想像を遥かに超える人生をつくり出すパワーを手にするのだ。

PART 2

「未来の自分」の真実

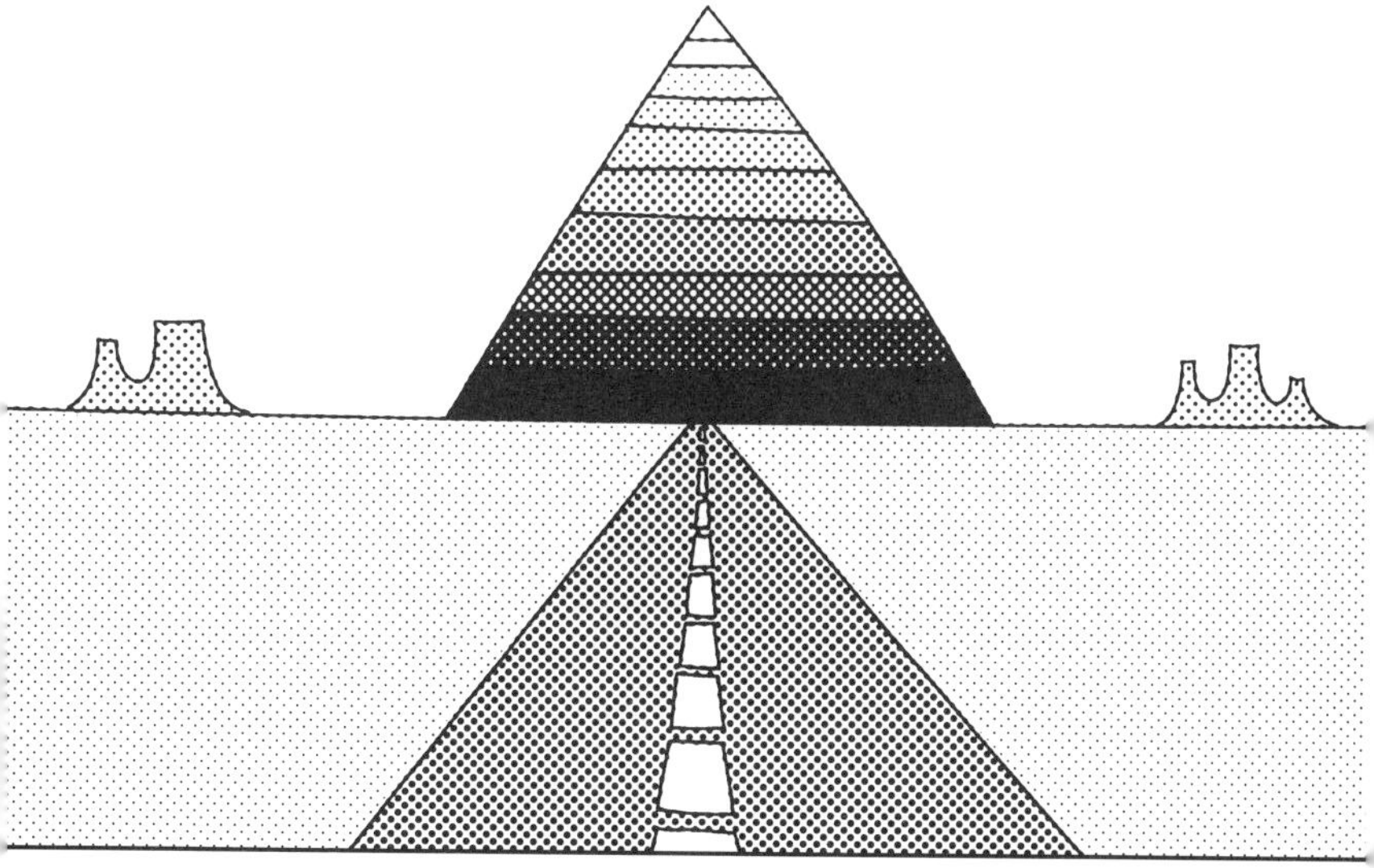

真実その1：「未来の自分」が現在を決める

真実その2：「未来の自分」はあなたの予想を上回る

真実その3：「未来の自分」は現在の自分のツケを払うことになる

真実その4：「未来の自分」が明確で詳細なほど早く進歩する

真実その5：「未来の自分」の失敗の方が「今の自分」の成功よりも重要

真実その6：成功は「真実の自分」に誠実であることでもたらされる

真実その7：世界観が「未来の自分」に大きな影響を与える

「未来の自分」に関する
7つの真実

人が本当に必要としているのは、緊張のない状態ではなく、価値ある目標や自由に選んだタスクに向かう努力や奮闘だ。必要なのは、いかなる犠牲を払ってでも緊張を緩和させることではなく、自分には満たすべき〝意味〟があるという使命感だ。

——**ヴィクトール・フランクル**〈1〉

フェルディナンド・マルコスは、嘘をつくのがかなりうまかった。

1965年12月30日、「フィリピン史上もっとも多くの勲章を受けた戦争の英雄」だと主張して、フィリピンの第10代大統領になった。

就任すると、対外債務を使った積極的なインフラ整備プログラムをフィリピン全土で推進し、道路、学校、その他総合施設を建設。その思い切った支出で、当初は人気を得た。

2期目、マルコスの支出と累積債務は膨れ上がり、インフレ危機へと発展した。フィリピン経済は急速に落ち込み、社会不安が広がる危機が迫った。

しかしマルコスは、国民が苦しんでも気にしなかった。大統領在職中、マルコスと家族は、フィリピン中央銀行から盗んだお金で贅沢な暮らしを満喫した。世界記録で知られるギネスワールドレコーズは、「政府から盗んだ金額世界一」としてマルコス一家を認定しており、その額は、50億〜100億ドルと推定されている〈2〉。

大統領として、マルコスはとんでもない額を軍に投じたが、それは外国勢力の侵攻から国民を守るためではなく、厳しい法律に従わない者は誰であれ罰し、コントロールするためだった。

マルコス政権下で、フィリピンは多額の負債を抱えた。社会的にも道徳的にも腐敗し、内部分裂と衝突で国はバラバラになった。

政府の転覆を望む人は多く、前途有望な若き政治家ベニグノ（"ニノイ"）・アキノ・ジュニアもその1人だった。政治一家に生まれたニノイは1955年、弱冠23歳で市長に当選。5年後、27歳のときにフィリピン史上最年少の副知事に就任した。

家庭的な男性だったニノイは、裕福な家族出身で立派な教育を受けたカトリック信者の女性、コラソン（"コリー"）・スムロン・コファンコと1954年に結婚。ニノイのキャリアが上昇気流に乗っていたころ、コリーは主に、5人の子育てや夫の政治活動のサポート、さらには夫が意思決定する際の助言に専念した。

ニノイは上院議員1年目だった1968年、マルコスを汚職や、軍事に予算をつぎ込み軍事国家を形成したことで非難。大統領とその妻イメルダの、金遣いの荒いライフスタイルや不正行為を勇敢に批判した。

ニノイの支持者は増え、1971年の大統領選では、マルコスに代わる大統領の最有力候補となった。ニノイの動機は揺るぎないものだった。民主主義と自由、道徳律、優れた指導者、団結した国民と豊かさによって特徴づけられたフィリピンを思い描いていたのだ。

1971年8月21日、自由党のキックオフ集会が開かれ、会場では群衆が歓声を上げたり、バンドが演奏したりしていた。突如、爆弾が2つ爆発。8人が死亡、120人が重傷を負った。ニノイは、自由党の候補者ではあったものの集会には参加しておらず、そのためマルコスは、爆破事件はニノイが裏で手を引いていたと主張した。

この事件をきっかけに、その後1年にわたり政治不安、社会不安が広がった。混乱の拡大をチャンスとばかりに、マルコスは狙いを押し進めた。「1935年憲法」により3期目の再選は禁止されていたにもかかわらず、マルコスは1972年9月21日、厳戒令を宣言。その直後に既存の憲法を廃止し、大統領にとどまれるようにした。

マルコスは厳戒令の下、すぐにニノイを逮捕し、死刑を宣告。ニノイはこのあと8年間、裁判を待ちながら刑務所で過ごすことになる。取り残されたコリーは、ひとりで5人の子どもを育てた。


6年間の監獄生活を経ても、自国の民主主義に全力で取り組むニノイの姿勢は変わらなかった。ハンガーストライキをして死にかけたが、1978年には獄中から大統領選に立候補した。

1980年3月中旬、ニノイはひどい心臓発作に見舞われた。そのため刑務所からフィリピン心臓センターへと移送されたが、そこで2度目の心臓発作に襲われる。心電図で動脈閉塞が確認されたものの、フィリピンの外科医らは、冠状動脈バイパス手術を施すのを躊躇した。マルコスに報復されたくなかったのだ。

マルコスに手を出されるのを恐れたニノイも、フィリピンの医師による治療を拒否。家族とアメリカへ渡り手術を受けたいと求め、許可された。回復したら即刻帰国することと、国外にいる間、マルコスを悪く言わないという条件と引き換えだ。

ニノイはすぐに回復し、「悪魔との協定は協定ではない」と言って、マルコスとの合意を反故にした。その後、1980〜1983年の3年間は、コリーや子どもたちとともにボストンで暮らした。ハーバード大学の研究奨学金で生活しながら、家族を養うために2冊の本を書き、全米でレクチャーを行った。

1983年初頭、ニノイは、母国の政局やマルコスの健康状態が悪化していることを知る。過激派に奪われる前に、フィリピンを民主主義国家に戻すようマルコスを説得するために帰国したい、という強い思いに駆られた。しかし帰国は命がけであることもわかっていた。マーティン・ルーサー・キング・ジュニアは、かつてこう言った。「命を投げ出すほどの何かを見つけていないなら、生きるにふさわしくない」

国際航空各社は、ニノイをフィリピンに帰国させようものなら、着陸権を拒否して引き返させると警告された。フィリピン入国を禁じられたニノイは、反マルコスの分離主義組織から偽造パスポートを入手。危険なフライトを何度も乗り継ぎ、1983年8月21日、フィリピンに戻ってきた。

自身の運命を感じ取ったニノイは、防弾チョッキを着用し、フライトに同乗した記者にこ

う告げた：

ハンドカメラをとにかくしっかり準備しておきなさい。かなりすばやい動きになるかもしれないから。わずか3、4分ですべてが終わる可能性もある。そうしたら（笑いながら）、その後あなたとは二度と話せないかもしれない。

マニラ国際空港に飛行機が着陸し、タラップに姿を現わすやいなや、ニノイは頭部を撃たれ殺害された。ニノイの暗殺は、国民にとっての転換点となり、マルコス政権に対する反対、抗議、不満が急激に高まった。

ニノイの死から10日後の1983年8月31日、ケソン市のサンタ・メサ・ハイツにあるサント・ドミンゴ教会で、葬儀のミサが行われた。ニノイの母親オーロラは葬儀場に対し、「やつらが私の息子に何をしたか」みんなにわかるよう、遺体を修復したり腐敗処理したりしないよう指示した。200万人以上の人たちが、沿道で葬列を見送ったという。

陪審員団は、ニノイ殺害に関与したとされた被告人26人全員を無罪とした。それまでずっとスポットライトの外にい続けたコリーにとって、これが決断のきっかけとなった。歴史家ウィル・デュラントの言葉を借りるなら、「必要な状況になれば、平均的な人の能力は倍になる可能性がある」のだ〈3〉。

コリーは、打倒マルコス政権とフィリピンにおける民主主義の回復を誓った。主婦を自称していたコリーは、反マルコス運動の表看板になったのだ。

自分に対する反対運動の機運が高まっているのを感じ取ったマルコスは急に、解散総選挙を発表。1986年に大統領選が行われることになった。コリーに出馬を要請する嘆願書がまたたく間に広まり、署名した数百万人の声に応えて、コリーは1985年12月3日、出馬を発表した。

選挙戦の間、マルコスはコリーを経験のない「単なる女」だと言い、激しく攻撃する。

これに対しコリーは、冷静にこう返した：

不正行為や国民への嘘、政府資金の横領、政敵の殺害の経験は、私にはありません。ですから確かに、あなたがおっしゃるような類の政治については、私は経験が浅いという点には同意します。

1986年2月7日に行われた解散総選挙は、マルコスが勝つように不正操作されていた。2月15日、マルコスは勝利を主張し、コリー支持者を暴力と脅迫で威嚇した。

コリーは200万人以上の人々とともに、平和的な「市民的不服従」で抗議するために集まった。

アメリカを含む各国の指導者も、コリーの支持を表明した。

2月22日、フィリピン軍の将校複数人が、コリーの支持とマルコス政権反対の立場を表明。将校らはフィリピン軍の司令本部に活動拠点を設置した。数百万人という国民が、反政府軍を支持するために集まり、コリーは大統領職を引き継ぐためにマニラへ飛んだ。

「ピープルパワー革命」と呼ばれた、平和的な集団抗議活動が3日間続いた後、コリーは1986年2月25日、第11代フィリピン大統領就任を宣誓。全アジア初の女性大統領となった。

同日、マルコスと妻はフィリピンを脱出して、グアム経由でハワイに向かった。その際、2人は次のものを持って行ったという。

・木箱22箱に入った7億1700万ドル相当の現金
・木箱300箱に入ったさまざまな高級宝飾品
・パンパースの紙おむつが入っていた箱に無造作に入れられた、台にはめられていない400万ドル相当の高級宝石
・セイコーおよびカルティエの腕時計65本

・48平方フィート（約4・5平方メートル）の箱にぎっしり敷き詰められた本真珠
・ダイヤモンドなどの宝石で覆われた、高さ約1メートルの金合金製の像
・20万ドル相当の金塊と100万ドル弱相当のフィリピン・ペソ
・アメリカ、スイス、ケイマン諸島の銀行口座への預入伝票1億2400万ドル相当

ハワイで3年過ごした後、マルコスは腎臓、心臓、肺の病気により、72歳の誕生日の17日後に死去した。

マルコスとイメルダはハワイ滞在中、マキキ・ハイツの豪華な邸宅で暮らした。祖国フィリピンでは、マルコス政権時代に一家がつくった負債で国民があえいでいるにもかかわらず、2人は豪華なパーティを主催していることで世界中に知られていた。

コリー・アキノは1986〜1992年に大統領を務め、1987年憲法の草案を指揮した。この憲法は、大統領の権限を制限し、二院制議会を復活させるもので、それまでの独裁的な行政構造の廃止に成功した。また、国民からは不評だったものの、外国との信頼と関係性を改善するために、マルコス時代の負債のほとんどを返済した。

任期終了後、コリーは静かに市民生活へと戻った。2009年8月1日の逝去を受け、その

功績を称えて、フィリピン全土の記念碑や公的な建造物に、彼女の名が付けられた。フィリピンでは「民主主義の母」として知られるコリー・アキノは、抱いていた目的を達成し、「未来の自分」となった。

「未来の自分」には、**7つの真実**が存在する。

誰もが、先には未来が待っている。10年後、20年後、さらにはもっと先に、私たちは「未来の自分」になる。

ここで疑問が生まれる。

あなたの「未来の自分」はどんな人物だろうか？

どんな人生を生きるだろうか？

そのときあなたが全力で打ち込んでいるのは、何だろうか？

コリーがそうであったように、「未来の自分」は、自分が予想していた人物とはまったく異なることが多い、とあなたもいつか気づくだろう。コリーは、まさか自分が、マルコスの後任として初の女性大統領になるなど、思ってもいなかっただろう。

私たちは誰もが、変化する。人生の出来事によって変わるのだ。

年齢によって変わる。

学習、人間関係、経験、成功、失敗によって変わる。

主な**真実7つ**を学ぶことで、人生で経験する変化に対応できるようになる。また、自分やほかの人たちのために、積極的な変化を選んだりつくったりするスキルも、身に着けられる。

める

のは未来

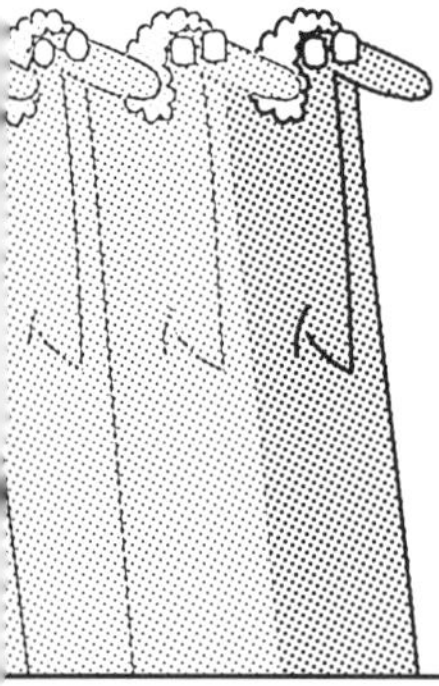

真実その1

「未来の自分」が現在を決

→現在を突き動かす

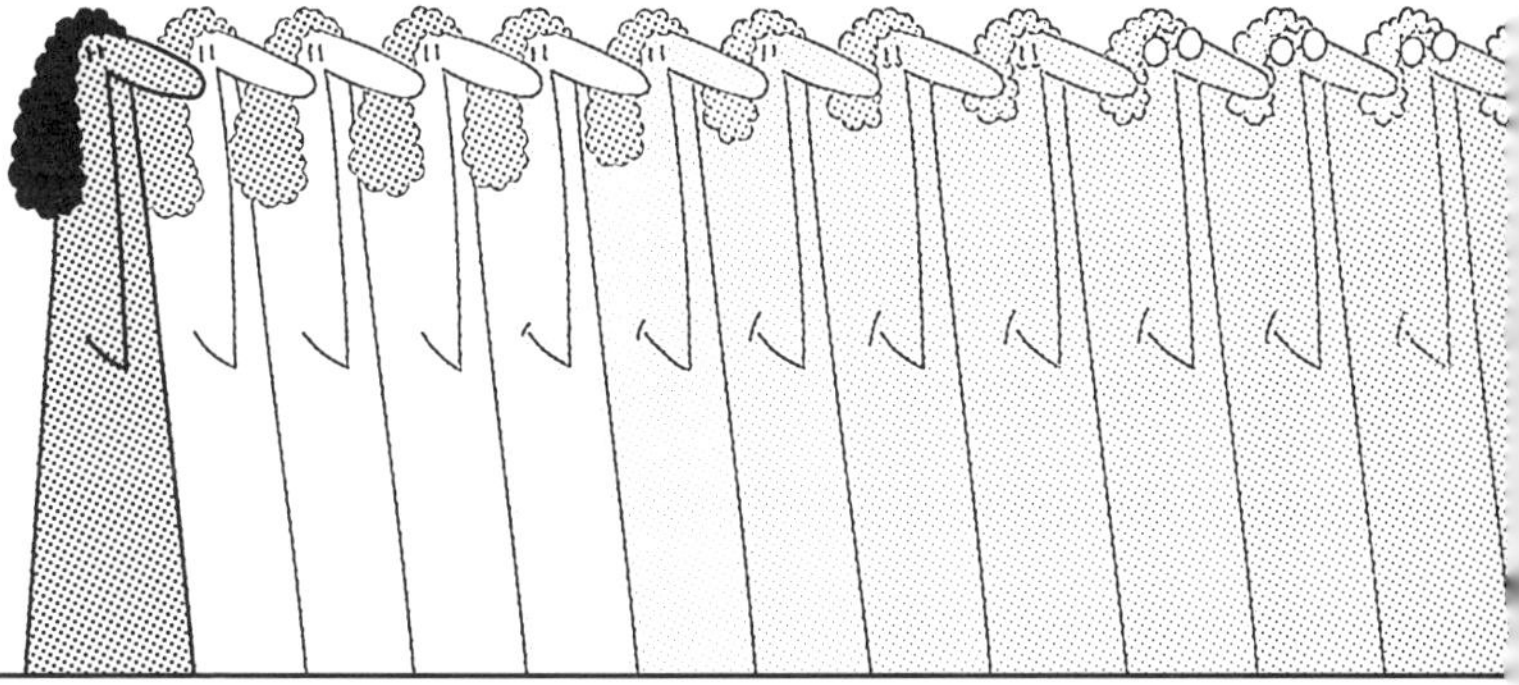

行為者の
意図が見えないからといって、
目的がないと考えるのはバカげている

――アリストテレス〈4〉

哲学者アリストテレスは、世の中をきちんと探求するには、原因の本質を理解することが大切だと考えていた。『パイドン』あるいは『魂について』として知られるプラトンの代表的な対話篇のなかで、プラトンは「本質の探究」とは、「それぞれのものの原因」を探ることだとしている。「それぞれのものは、なぜ存在するに至ったのか。なぜ存在が失われるのか。なぜ存在するのか」〈5〉。

アリストテレスは、今では「四原因説」として知られる説を考案し、世界のあり方を説明した。原因の4番目は目的因と呼ばれ、人間の行為を説明するのに使われている。アリストテレスは目的因を、「目的。そのために物事がなされるもの」と定義した〈6、7、8、9〉。

すべての行為は、目的のために行われる。

目的因は、目的論（テレロジー）に基づいている。「テロス」とは「物事の目的または原因」を意味する〈10〉。目的論によると、人間のすべての行為は、目標や未来、何らかの終わりに向けた手段によって突き動かされている。目標または目的こそが、行為の原因だ。例えば、ウォーキング、減量、通院、良質な食生活の目的は、健康だ。

アリストテレスは、人間とそれ以外の生命体との違いを、目的因を使って説明した。動物の行動は、何かに対する反応あるいは本能によるものであり、環境と衝動から副次的に生まれるものだ。一方で人間は知的であり、どのような目的や結果を求めるかによって、行動を意識的に選べる。

アリストテレスにしてみれば、知的である人間の行為はすべて意図的であり、求める原因または目的に基づいている。私たちは目標を思い描き、選択し、その目標に向けて行動することができる。実際に、目標が私たちの行為の原因なのだ。

知的な行動はすべて、何らかの狙いに向けられている。例えば家は、無作為に建てられるのだろうか、それとも建てるという狙いがあるのだろうか？　さらに、青写真なくして、その家の建設に必要な工程や建材はどうやってわかるだろうか？　この家の目的は何だろうか？　大家族向けだろうか、小家族向けだろうか？　家の目的は、グループホームだろうか、それとも在宅で仕事をするためだろうか？

木材を適当に組み合わせて、家の形になるように願いながら釘を打ち込むだろうか、それとも、そこには知的な設計があるだろうか？　ロレックスの腕時計は、偶然できたものだろうか、それともつくられたものだろうか？　人が大学を修了したり、事業を立ち上げたり、本を書いたり、自転車に乗ったりするとき、どうやるだろうか？　意図して行うのか、それとも偶然の賜物か？

目標こそが、プロセスを決定づけるものではないだろうか？

コヴィー博士が言うように、頭のなかでの創造が、物理的な創造に先んじていないだろうか？

ロケットを組み立てて月にまで飛ばしたいという思いなくして、それができるだろうか？

あなたが目にする、人間がつくったものはすべて、知的な設計から副次的にできたものだ。誰かが、何かをつくろうと思いつき、そのアイデアを物理的な形にした。プロセスは試行錯誤で行われるが、それを突き動かしているのは目標だ。

身の回りを見てみよう。そこにあるものは何であれ、知的な設計からできている。

今あなたが着ている服もそうだ。本書でさえ、私が書き始める前に、まずアイデアから始まった。進めていくなかで、構造を想像し、言葉をページに綴った。どんな本になるだろうかと思い描いたビジョンに合うものになるまで、本書は完成しなかった。こうしたプロセスのどれも、偶発的に起きたわけではない。ある日目覚めたら、書きあがった本があったわけではない。本書のアイデアや構造は、それまでバラバラになっていた考え、引用、研究、物語を意識的にまとめたものなのだ。

創造性は、バラバラになっている素材に、形やまとまりを与えることで起こる。例えば、テーブルは何もないところからつくられるわけではなく、それまでバラバラになっていたり、何のデザインもされていなかったりした素材をまとめることによってできる。木材、石、釘、接着剤が1つにまとめられてテーブルになる。木材の場合、この素材は木として始まり、その形からバラバラにされて材木という新たな形になった。思考と計画を経て、材木は新たに家具として形を変えたのだ。

創造性とは、素材を特定の形へと知的にまとめることだ。創造、あるいは知的な設計は、具体的な目標や狙いなくして存在はしない。ラルフ・ウォルドー・エマソンはこう述べている。

「浅はかな人間は運を信じる。（中略）強い人間は原因と結果を信じる」

ここで、あなたも私も自問しなければならない、根本的な問いが浮かび上がる。つまり、こんな疑問だ。**人生は行き当たりばったりなのか、それとも設計できるものなのか？** 自分の行為や状況は行き当たりばったりなのか、それとも何かに影響され、形づくられているのか？

先日、この質問を妻にしてみた。妻が被っていた野球帽を指差し、こう聞いたのだ。「その帽子を被るって、意図的に決めたの？　それともただそうなっただけ？」

「考えてなかった」と妻は答えた。「家を掃除していたら帽子が目にとまって、髪が顔にかかって邪魔だったから被っただけ」

「でもその帽子、行き当たりばったりで君の頭に乗っかってきたの？　それとも君が自分で被ったの？　たとえほんの一瞬でも、自ら帽子を手に取って被ろうって決めた瞬間はあった？」

「ええ。でも考えたっていうより自動的にしただけだけど」

「そうだね。でももし帽子が頭に乗っているのがイヤだと君が思ったら、帽子は勝手に頭に乗っかったかな？」

たとえそれが小さくてほとんど無意識だったとしても、すべての行為には目的がある。

億万長者のピーター・ティールは、「もし人生はほぼ偶然の賜物だと信じるなら、なぜ本書を読むんだ？」と尋ね、こう述べる：

未来は、確実に何らかの形になると期待することもできるし、ぼんやりと不確かなものとして扱うこともできる。未来を確実なものとして扱うなら、事前に理解して、その形になるよう努力するのは道理にかなっている。しかしもし、未来とは行き当たりばったりに支配されたあやふやなものだと考えるなら、自分でコントロールするのは諦めるだろう〈11〉。

ティールによると、未来に対する態度には、あやふやなものと確固たるものがある：

この世でもっとも機能不全になっているものがなぜそうなのかは、未来へのあやふやな態度で説明できる。プロセスは結果に勝る。実行するための具体的な計画がないとき、人は正式なルールに則り、さまざまな選択肢を取り揃えたポートフォリオをつくる。（中略）対照的に、確固とした展望は、しっかりした確信となる。さまざまなことを平凡なレベルで追いかけて「バランスが取れている」と言う代わりに、確信している人はたった1つの最善策を決め、それを実行する。

現代の自己啓発の世界において、未来への態度は、確固としたものから、あやふやなものへとシフトしている。この精神をよく映し出しているのが、知的な設計や目標設定に反する傾向だ。よくある主張は、「人生に起きることは自分でコントロールなど一切できないため、知的な設計や目標設定などは無視するか忘れるべき」というものだ。

目標を忘れるべきという助言は、善意から来るものであり、知的面で興味深くはあるが、究極的には不誠実だ。このような考えを書く著者たちは、その教えを自分の行動に反映していない。結果をまったく尊重せずに、純粋にプロセスだけに駆り立てられた、系統立った生き方をするのは不可能だ。

例えば、ジェームズ・クリアーはその著書『複利で伸びる1つの習慣』（パンローリング）のなかで、「目標設定は忘れた方がいい」と言い、「本物の長期的思考とは、目標のない思考だ」と述べている〈12〉。にもかかわらず、直接尋ねられたとき、目標が原動力であることを最終的には認めているのだ。ポッドキャスト「スクール・オブ・グレイトネス」のインタビューで、ルイス・ハウズはクリアーにこう尋ねた。「あなたにとって、絶対に譲れない毎日の習慣を5つ挙げるとしたら何ですか？」これに対しクリアーは、「当然ながら、目標が何かによりますよね」と言い、自分が実践しているいくつかの習慣について話した〈13〉。さらに後日、「心の底から目標を達成したいなら、手順にフォーカスしよう」と書いている〈14〉。

人の行為は、目的に向けて意図的につくり上げることで、より知的になる。

アインシュタインは、「異なる結果を期待して、同じことを何度も繰り返し行うのは狂気である」と言った。結果をまったく無視して同じプロセスを続けたら、そのプロセスがうまく機能しているか否かなど、どうしてわかるだろうか？　わからないだろう。

人間の行為はすべて、

目標

に突き動かされている

プロセスに完全に没頭するものとされる「フロー」でさえ、明確な目標を必要とする〈15〉。

フロー研究の第一人者である学者のミハイ・チクセントミハイは、こう述べている。

フローは、取り組んでいる活動に明確な目標があるときに起きやすい。こうした目標は、行為に方向性や目的をもたらす役目を果たす〈16〉。

特定の目標がないと、フローに入るのは非常に困難となる。というのも、目標が制約をつくり出し、人はその制約のなかで焦点を絞るからだ。日々の目標がまったくないのに、いったいどこに焦点を当てればいいか、どうしてわかるだろうか?

明確な目標は、**フローを引き起こすためになくてはならないトリガー**だ。フローの専門家として著名なスティーヴン・コトラーは、こう書いている。「非常に大切なのは、今という時間に意識を向け続けられるよう、今自分が何をし、次に何をするかを理解していることだ」〈17〉

目標は制約を生み、その制約が人を導く。フローがもっとも起きやすいのは、大きな目標を可能な限り小さな塊に分けたときだ。例えば、アメリカンフットボールのチームでプレイしているとしたら、試合に勝つという目標に過剰に集中するのではなく、それぞれのダウンだけ、もっと言えば特定のプレイだけに集中する。その試合に勝とうというより、タッチダウンを取ろう、あるいは次のファーストダウンを取ろうとするのだ。それが、自分がどこまで進んだかを教えてくれる距離標（キロポスト）となる。

目の前にある目標一つひとつが、試合に勝つ、さらには優勝するという全体としての目標に向かう重要なステップだと認識しながら、一つひとつ焦点を当てていく。

例えば作家の場合、本全体を完成させることに焦点を当てるよりも、1つの章、1つの解説、1枚のページ、1つの段落を終わらせるというように、シンプルな目標を設定する。

フローの状態に入るには、1回につき1つの目標にフォーカスすることが非常に大切だ。**マルチタスクは、フローを妨げる。**例えば、会話をしながらメールチェックをしようとしてみるといい。これでは目標が2つあり、フローには入れない。

人間に関する重要な真実は、**人間のあらゆる行為は、目標によって突き動かされている**という点だ。フランクルにとって、それは究極かつ永遠の真実だった。彼はこう書いている。「永遠の相の下に、未来を見ることでのみ生きられるのは、人間ならではの特性である。そしてこれは、その人の人生で一番つらいときの救いとなる[18]。

人間のあらゆる行動は、たとえそれが、私の妻が何の気なしに帽子を被ったようなものであれ、目標によって突き動かされている。ほとんどでないにしても多くの目標は、その人の環境や状況への反応として生じるものだ。自分の行動、目標、思考に意図的かつ積極的になればなるほど、あなたはもっと知的で自由になる。

真実その1は、**あなたの未来があなたの現在を突き動かしていること**だ。

人間とは、自分を突き動かす目標に対して、意図や意識を持ち、正直でいる限り、知的な存在なのだ。

想を上回る

異なる

真実その2

「未来の自分」はあなたの予

「未来の自分」は、想像とはまったく

人間とは、自分は完成したと勘違いしている仕掛品だ。
今のあなたという人物は、これまでのどの時点の
あなたとも同じように、束の間ではかなく一時的だ

—— **ダニエル・ギルバート博士** 〈19〉

ダニエル・ギルバート博士は、「未来の自分」というコンセプトを20年近く研究してきた、ハーバード大学の心理学者だ。２００６年、『明日の幸せを科学する』(早川書房)という本を出版したが、そのなかで自身の研究について説明した際、人は未来の想像がヘタで、自分が何を幸せに感じるかについては、特にそうだと述べている〈20〉。彼は２０１４年、ＴＥＤトークのメインステージで「未来の自分に対する心理」というプレゼンテーションを行った〈21〉。

ギルバート博士は、「未来の自分」に関して人が抱く間違った考え方を、ユニークな方法であぶり出す。「10年前のことを考えてほしい。今日のあなたは、10年前とまったく同じ人物だろうか？」

自分がどんな人物だったか、どんな人生を生きていたか、何に焦点を当てていたかを考え、この10年で自分は大きく変わったと、人はすぐに理解する。

関心の対象も変わった。

視点、価値観、環境も変わった。

焦点を当てる先や目標も変わった。

多くの点で、10年前に大切だったことは、その人物の人となりに、もはや関係なくなっている。

ギルバート博士はTEDトークで観客に対し、今の自分とかつての自分との違いを吟味してもらったあと、「未来の自分」について考えるよう水を向けた。「10年後のあなたは、今日のあなたとかなり違うと思いますか？」

これまでの10年で大きく変わったと認めたにもかかわらず、人は一貫して、これからの10年では大して変わらないと考えるのだ。

ギルバート博士は次のように説明する：

どの年齢においても、自分の性格が今後10年でどれだけ変わるかについて、人は少なく見積もります。そしてそれは、価値観や性格といった一時的なものだけではありません。好きなものや嫌いなもの、基本的な好みについて、ほかの人に聞いてみてください。例えば、親友は誰か、お気に入りのバカンスの過ごし方、趣味、好きな音楽の種類など。(中略)これがどれだけのことか、イメージがしやすいようにお伝えすると、(中略)18歳の人は、50歳の人が実際にする変化と同じ程度の変化しか予測しないのです〈22〉。

人は、今の自分が、ほとんどの面において完成したバージョンだと考えがちだ。今の自分が本当の自分で、これからもほぼこのままだと感じる。少しは変わるかもしれないが、そこまでは変わらないだろう。今の自分が、本来の自分なのだ。

心理学者はこれを、「歴史の終わりの錯覚」と呼んでいる〈23、24〉。自分は過去に大きく変わったが、将来的にはそこまで変わりはしないだろう、という考えだ。「未来の自分」は今の自分とほぼ同じ人物だ、と決めつけるのはよくあることだ。ギルバート博士によるとその主な理由は、「思い出すことは簡単で、想像するのは難しい」からである可能性が高いという。

博士はこう続ける：

ほとんどの人は、10年前の自分がどんな人物だったか思い出せるものの、今後どんな自分になるのかを想像するのは難しいと感じます。そして私たちは、想像するのが難しいから、起きる可能性は低い、と誤って考えてしまう。人が「想像がつかない」と言うとき、それは通常、申し訳ないけれど、想像力が足りないからであって、その出来事が起きる可能性が低いというわけではないのです。

現在の自分と「未来の自分」は実質的には同じ人物である、という考えを表す、また別の言葉がある。名高い心理学者キャロル・ドゥエック博士が、**「固定型マインドセット」**と呼ぶものだ〈25〉。

ドゥエック博士はこう述べる：

固定型マインドセットを持つ人は、知性や才能といったその人の基本的な性質は、単に固定された特徴だと考える。こうした人たちは、自分の知性や才能を伸ばすためではなく、記録することに時間を費やす。

固定型マインドセットの人は、自分についてまったく想像できない。自信がないために、彼らのアイデンティティは壊れやすく、そのためいかなる失敗も執拗に回避する。この人たちの固定された視点からすれば、失敗したら、それによって自分が定義されてしまうと考えるのだ。固定型マインドセットの人は、今の自分こそが本来の自分だと信じ、現在の自分を過度に強調し、定義する。変わらない本質的な存在として、彼らの内なる声はこう述べる。「これが自分であり、今後もずっとこうだ」

固定型
マインドセット ＝ 今の自分に
固執しすぎ

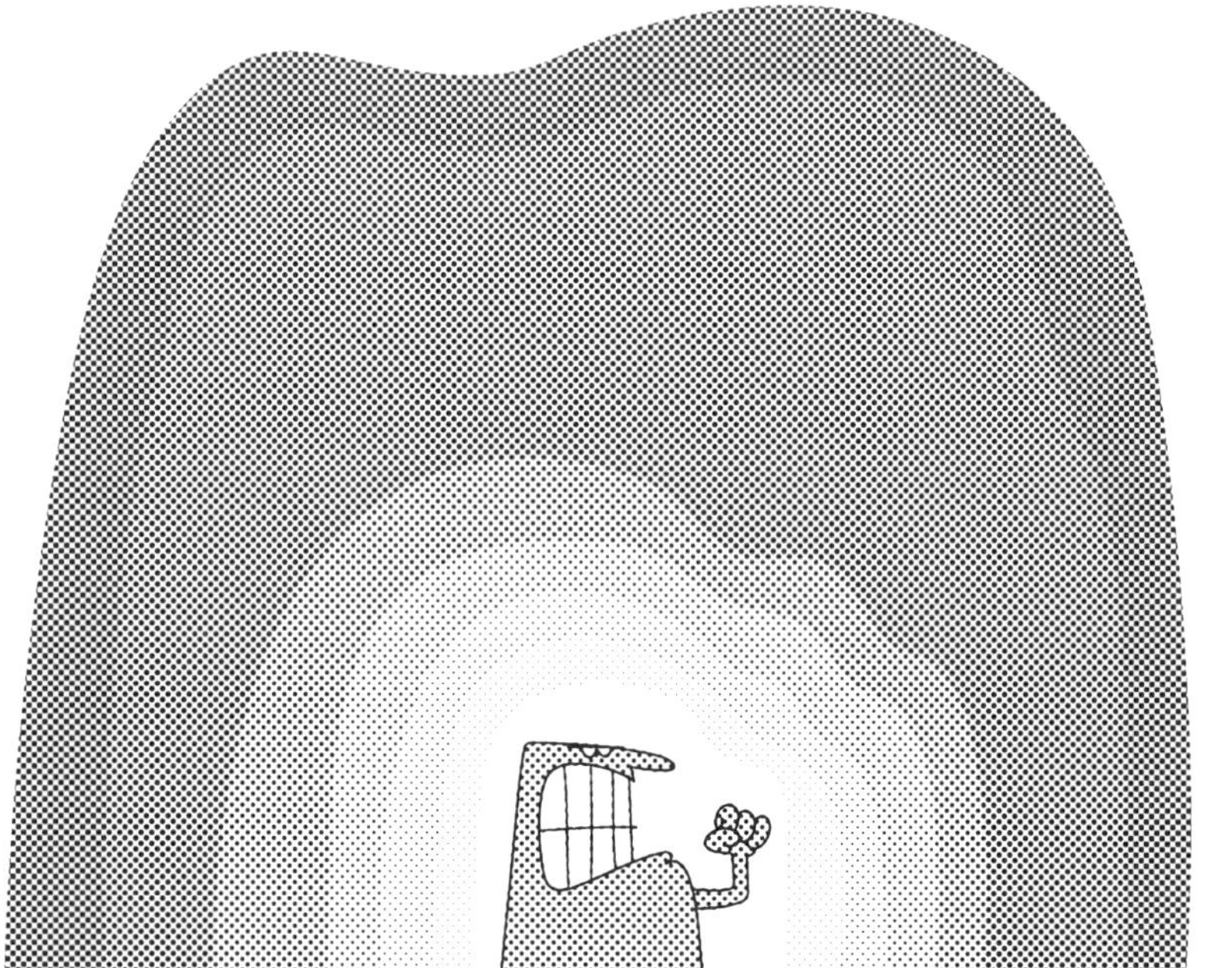

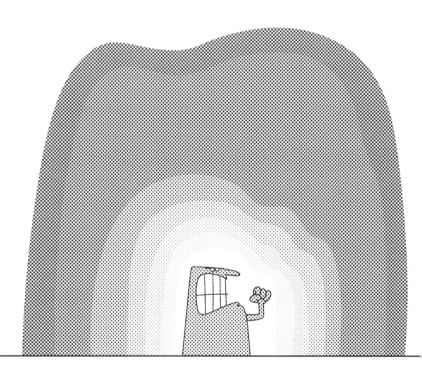

ギルバート博士の研究は、ほとんどの人が、自分についてかなり固定されたマインドセットを持っている、という点に光を当てている。ほとんどの人は、「未来の自分」が今の自分とそこまで変わらないだろうと決めつけているのだ。しかし実際は、見知らぬ人がもし10年前のあなたと今のあなたの両方と会話ができるとしたら、まったく別の2人と話していると感じるだろう。あなたの「未来の自分」も、そのくらい違うだろう。

脅威その4で取り上げたとおり、「未来の自分」とつながる極めて重要な点は、**「未来の自分」を自分とは別人として見ること**だ。ギルバート博士のスピーチは、「未来の自分」が想像とはまったく違う人物になることに気づかせてくれる。たとえ、意識的にそのような努力をしなかったとしてもだ。

- 「未来の自分」は、今日のあなたとはまったくの別人だ。
- その人は、世の中をまったく違う目で見る。
- 今のあなたとは違う目標や心配ごとを抱く。
- 違う状況にいる。

・違う習慣を持つ。
・世の中の見方でさえ違う。
・「未来の自分」は、今のあなたには理解できないような経験をし、物事を学んだ。
・「未来の自分」を別人として見ることは、正確であるどころか、効果的に生きるためには極めて重要だ。
・「未来の自分」を自分とは別人として見るとき、今の考え方に囚われたり、独断的になったりしなくなる。今の自分を愛し、今の自分の視点、態度、状況がいかに一時的なものかを理解する。

あなたはこれから、変化し、進化するだろう。それは、解放されるようなワクワクする感覚だ。自分は変われるし、実際に変わると知ることで、今の自分を愛せるようになる。自分自身をどう見るかについて、そこまで頑《かたく》なでなくなる。今すべての答えを持っていなくていいのだ。今の自分の能力や価値を証明する必要もない。

今のあなたは、一時的な存在だ。

自分探しの旅の終着点は OSHO に行き着く。

こうして禅の樹全体が日本に移植され、そこで花を咲かせた。何千の色合をもった花を咲かせた。

花は開いた！

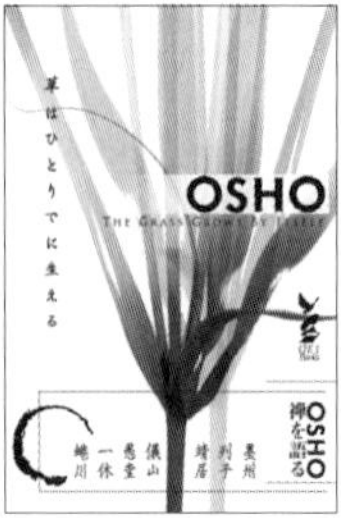

復刊が待ち望まれていたOSHO禅の名著「草はひとりでに生える」。禅の神髄をOSHOが易しくかみ砕いて説いている素晴らしい本です。

草はひとりでに生える

THE GRASS GROWS BY ITSELF

OSHO

四六版並製 384P
定価（本体1,800円＋税）

インドで受け継がれてきたDhyāna〈ディヤーナ〉の伝統のひとつの結実がOSHOの思想です。

苫米地 英人（認知科学者）

男女関係に、美しい愛を作り出す方法。

あなたの内《なか》の男と女

ー愛と自由を手に入れる魔法ー

サガプリヤ・デロング 著

輝くような知性、
しなやかな感受性……
それがサガプリヤさんの印象です
私のなかの男と女、
二つの拮抗するパートを、
彼女は魔法のように
引き出してくれました　吉本ばなな

個人成長センターとして
世界的に有名なエサレン研究所の
マッサージ・プログラムの
第一人者として活躍し、
サイキックマッサージの創始者でもある
サガプリヤが語る
「愛と自由を
手に入れる魔法」

四六版並製 308P
定価（本体1,800円＋税）

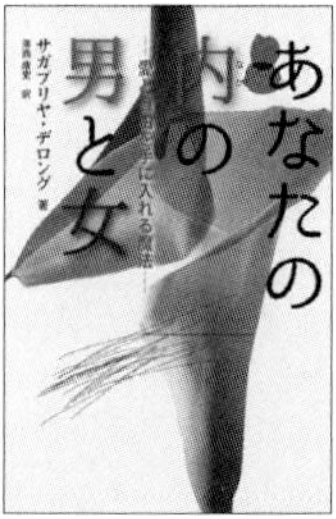

現代インドの覚者OSHOが最後の、そして究極の体験を語る

なぜ世界のトップリーダーたちはOSHOの本を読むのか？

レディ・ガガ、シャーリー・マクレーン、ディーパック・チョプラなど各界の著名人に愛読され、「サンデー・ミッドデー」紙ではインドの運命を変えた10人の一人として、**ガンディー、ネルー、仏陀**とともに選出されている。

時代と文化を問わず、達成幻想に囚われたすべての探究者を打ちのめすこの劇薬が、これほど美しい言葉のダンスに乗せて、これほど多くの人に届けられたのは初めてかもしれない。　星川 淳

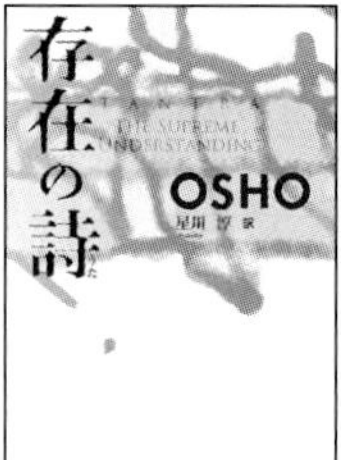

四六版並製 664P
定価（本体2,700円＋税）

存在の詩《うた》

幻の講話録、復刊！

OSHO
星川 淳 訳

気分爽快なこの真実のおかげで、自分の正しさを証明することよりも、学びや成長に関心を持つ**「成長型マインドセット」**を持てるようになる。このマインドセットのおかげで、自分のものの見方を積極的にアップデートして変更し、考え方やものさし、価値観を常にアップグレードする、柔軟なアイデンティティができる。

変化が約束されていると、今の自分に寛容になれる。間違ってもいい。すべての答えを知らなくてもいいのだ。ちょっとぐらいだらしなくて、途中経過が混乱を極めていてもいいのだ。物事は変わる。特定の変化や結果に全力で取り組んでいるなら、なんとかなるだろう。

この真実は、私自身の今の暮らしに役立っている。多くの意味で私は今、混乱の状態に首まで浸かっている。本書の執筆でさえ、かなり長い間、手の施しようがないほどの大惨事だと感じていた。完成した本を頭に描くことはできたものの、現実の創作活動は難しく、つらいときさえあった。父親として、そして健康面や経済面などあまりにも多くの面で、私は今、途中経過の混乱のなかにいる。

今の自分は
今の瞬間と
同じくらい
束の間で
はかない

でも、聞いてほしい。私はこの状態に、心から満足しているのだ！　今の自分とこの状況は一時的なものだと私はわかっている。１週間後には、今とは違うものの見方をしていると自覚している。そのとき、私は今とは違うところにいるのだ。

私は決して、身動きが取れない状態なわけではない。あなたも同じだ。

今どこにいるかよりも、どのような軌道を描くかの方が、ずっと重要だ。

真実その2は、**「未来の自分」は予測した自分とはまったく違うということ**だ。

アルベルト・アインシュタインは、正しくもこう言った。「想像は、知識よりもずっと重要だ」〈26〉。「未来の自分」が今日の自分とはまったく違うと正しく理解できたとき、今の時点で完璧だったり完成していたりする必要性から、自らを解放することになる。

- 今のあなたは、まったくもって一時的であり、はかないのだ。
- 明日のあなたでさえ、違っているだろう。
- この真実をもとに、自由になろう。今の自分、そしてかつての自分や「未来の自分」に対する思いやり、共感、愛を高めよう。

真実その3

分」は現在の自分のツケを
なる
報酬を受ける

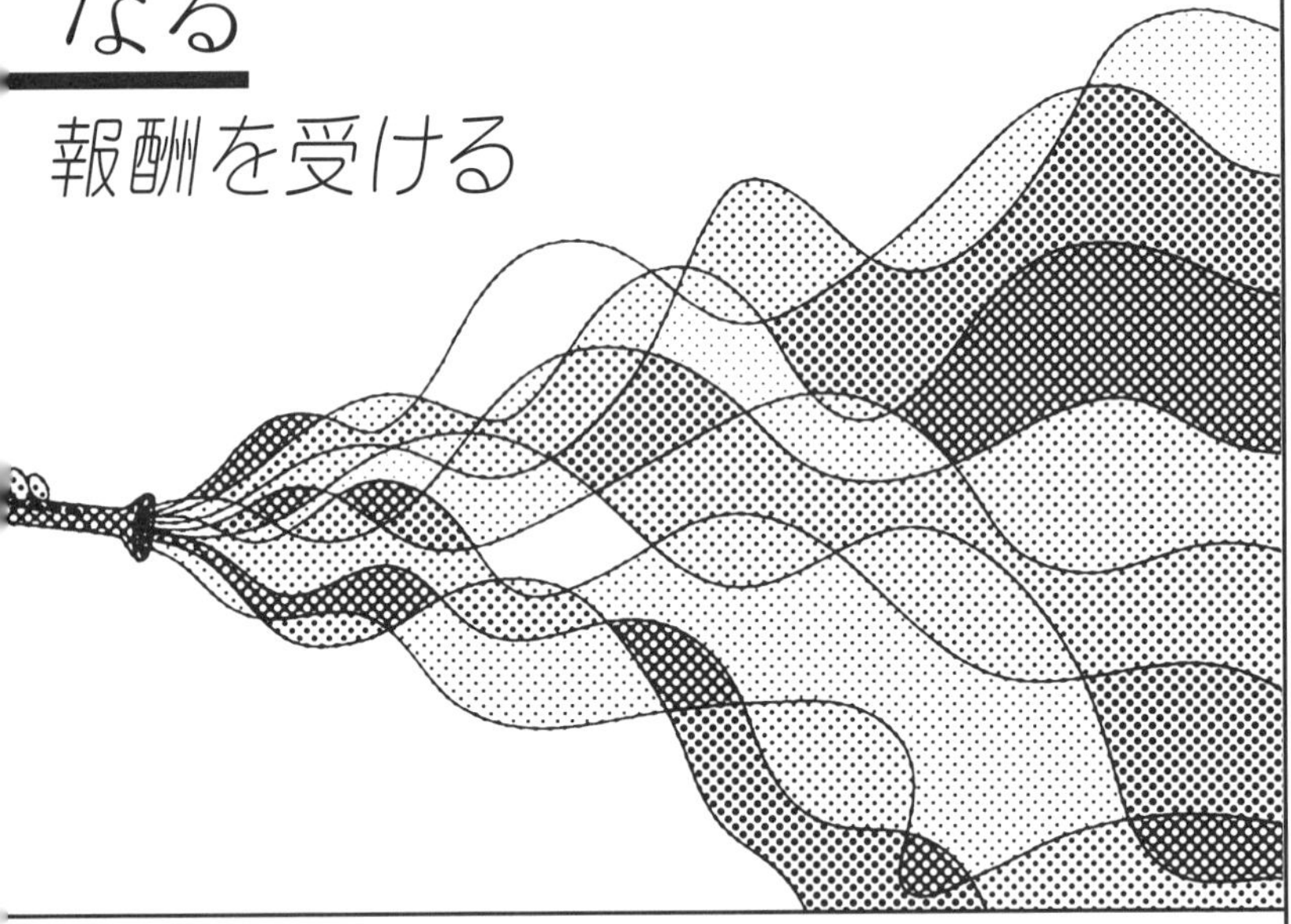

時間は友であり敵でもある。
あなたを売り込んでくれるかもしれないし、
あなたのことを暴露するかもしれない

—— ジェフ・オルソン〈27〉

「未来の自
払うことに
笛吹きは必ず

「Paying the piper」(笛吹きに支払う)という英語の表現は、自分勝手な行動のつけが回ってくるという意味だ。言葉の起源としてもっとも有力な説に、中世の伝説「ハーメルンの笛吹き男」がある。ハーメルンの市民は、大発生したネズミに悩まされていた。笛吹き男が、報酬と引き換えにネズミを退治すると申し出たところ、市民はそれを受け入れた。

笛吹き男は笛を吹いてネズミを連れ去ったが、市民は支払いを拒んだ。そんな市民を懲らしめるために、笛吹き男は音楽で子どもたちを誘惑すると、丘の上に永遠に閉じ込めたのだった。

この寓話が言わんとしているのは何だろうか？　良くも悪くも、行動にはすべて結果が伴うということだ。行動にはすべて、複利的な結果がついて回る。「未来の自分」とは、今下す意思決定の結果が大きくなったものだ。


現実の世界では、笛吹き男こそ「未来の自分」だ。そして笛吹き男は、必ず支払いを受け取る。


「未来の自分」から逃れることはできない。笛吹き男への支払いを逃れることはできないのだ。あなたが手にしている選択肢はただ、笛吹き男に「いつ」「いくら」払うか、それだけだ。

著述家であるジム・ローンは、「自分を律する負荷の重さは数グラムだが、後悔の負荷の重さは数トンだ」と述べている。

自分を律することにかかるコストは数ドルだが、後悔にかかるコストは数百万ドルだ。これと同じ原則が、「未来の自分」への支払いにも当てはまる。

少額ながら一貫した投資として笛吹き男に毎日支払えば、かなりの得になる。「未来の自分」に投資するたびに、その人物に支払っただけでなく、投資したことにもなるのだ。「未来の自分」に投資することで、「未来の自分」はますます大きく、優れた存在になる。

この逆は、「未来の自分」から借金をし続け、未来のどこかのタイミングまで返済しないことだ。「未来の自分」にかかるコストは、それが何であれメリットよりもデメリットの方が大きい。一般的にコストとは、ポジティブな結果をもたらさず、多くはネガティブな結果を引き起こす、短期的な報酬か贅沢だ。

受け身的な行為には通常、高いコストがつく。

健康、学習、金銭、時間の面で「未来の自分」に負債を負わせれば負わせるほど、最終的なコストは大きく、痛みを伴うものとなる。負債が積もり積もれば、支払う利息も多額だ。

人が取る行動はすべて、「未来の自分」に対する「コスト」か「投資」かに分類できる。「未来の自分」にコストがかかるとはつまり、長期的な結果よりも、今現在あるいは短期的に得られる報酬に焦点を当てているという意味だ。「未来の自分」にコストがかかるとは、生産するよりずっと多くを消費しているのだ。

小さな行動でも、塵も積もれば山となる。心理面、感情面、精神面、人間関係面、身体面のいずれにせよ、コストのせいで健全さが損なわれてしまう。もし繰り返せば、コストのせいで太り、怠け者になり、覇気がなくなり、人とのつながりが弱くなる。**コストは、あなたがコントロールするのではなく、あなたをコントロールしてしまうのだ。**

あらゆるものは
「未来の自分」に対する
コストか投資

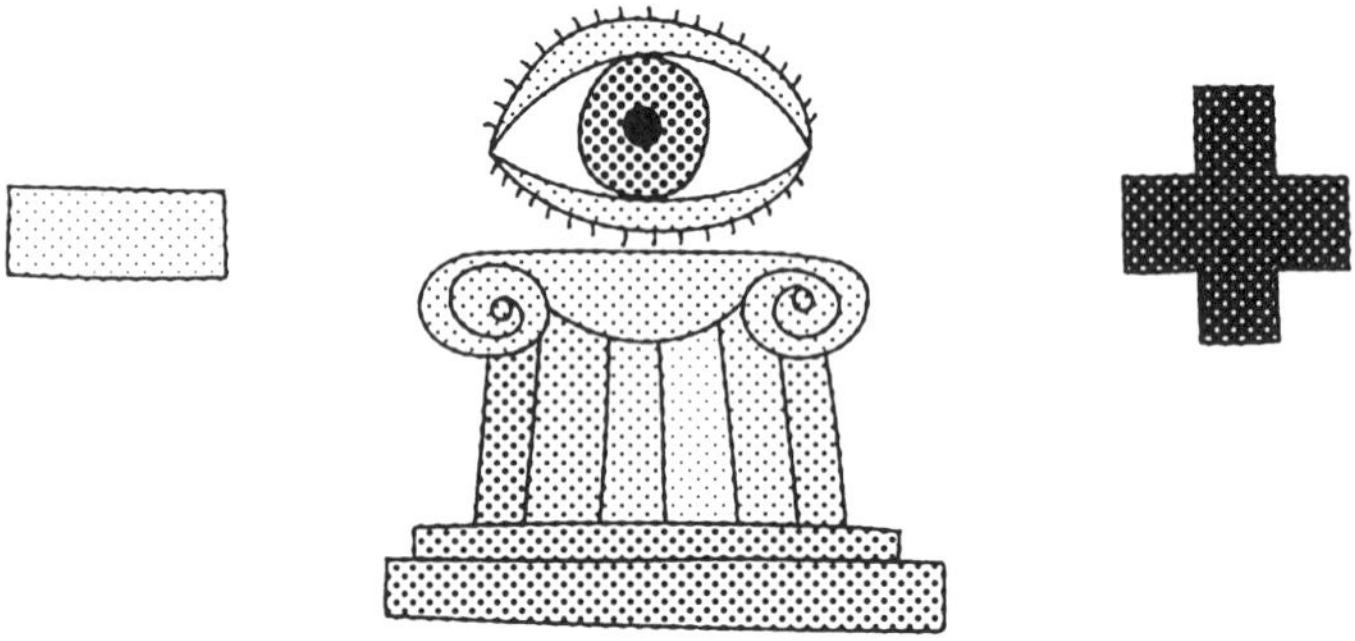

1990年代、ポテトチップスのメーカー「プリングルズ」のキャッチコピーは、ポンと外して開ける蓋にちなみ、「Once you pop, the fun don't stop!」(ポンと開けたら、楽しみは止まらない)だった。

ポテトチップスは、非常に中毒性が高い。ポテトチップスを1枚だけ食べようとしたことはあるだろうか？　そんなのはまるで拷問だ。ほとんどの人は、あの容器を一度ポンと開けて1枚食べてしまったら、もう止めることはできない。

何も考えずにする、コストがかかる行動すべてに、同じことが言える。一度ポンと開けてしまったら、止められないのだ。例えば、何かに反応して、あるいはふと何かを確認しようとしてスマートフォンを開いたら、その日は中毒しているかのように繰り返しスマホをいじり続けてしまうだろう。

ポン、ポン、ポン。
コスト、コスト、コスト。

1日の始まりに何も考えずスマートフォンを開く行為は、1枚目のポテトチップスを手にすることに似ている。自ら消費モードに入るが、報酬の効果があまりにも短いために、消費しても、し足りない状態になる。

これを異なった視点から見るため、このスマホを、「未来の自分」を太らせるポテトチップスだと想像しよう。コストのかかる近視的な考えでスマホに手を伸ばすたびに、1枚のポテトチップスを食べているのだと思い出すのだ。ポンと開けたら、楽しみは止まらない。

短期的な報酬で「未来の自分」にコストをかける反対は、「未来の自分」に投資することだ。「未来の自分」にさらに多額の負債を負わせる代わりに、「未来の自分」をリッチにする。時間、金銭、人間関係、さらには全体的な目的意識を、思うままに自由にできる場所に「未来の自分」を位置づけよう。

自分が選んだ目標に向けて、意識的に行う行動はすべて、**「未来の自分」への投資**となる。それが学びであれ、健康、人間関係、経験であれ、具体的な何かに意識的に投資するたびに、「未来の自分」は今より有能で、自由で、成熟した存在へと成長するのだ。どの投資もやがて大きくなり、「未来の自分」を豊かにしてくれる。投資のタイミングが早ければ早いほど、「未来の自分」は大きくなる。

アルベルト・アインシュタインは、こう言ったとされている：

複利は、世界8番目の不思議だ。それを理解する者は、複利を稼ぎ……理解しない者は……複利を支払うことになる。

複利効果とは、いかに小さな変化であれ、重なり合って劇的な結果を生むという意味である。自分が選んだ選択肢から得られる波及効果なのだ。人生においては、自分で蒔いた種を自分で刈り取るのみならず、蒔いた種以上を刈り取ることだ。

あらゆるものが、時間とともに重なって大きくなっていく。良くも悪くも、小さなものは大きなものになる。良書を1冊読んだだけでは、人生は変わらないかもしれない。しかしその1冊が、次、その次、さらに次の本へと続く可能性がある。知識と視点が重なり合い、予測できない変化と結果を引き起こす。やがてあなたは別人になるが、そのプロセスは1冊の本から始まった。

「未来の自分」は、あなたの今の行動が積もり積もって生まれる複利効果だ。

「未来の自分」は、今の自分が想像する以上に大きい。「未来の自分」の大きさや潜在能力は、恐らくあなたの想像を遥かに凌ぐ。「未来の自分」の可能性に気づけば、すぐに今の自分の価値が高まる。

今日の1ドルは、「未来の自分」にとって、20ドル、50ドル、あるいはそれ以上の価値になっているかもしれない。そして「未来の自分」はそれを投資して、500ドル、1000ドル、あるいはそれ以上にする。今手のなかにある1ドルの価値は、急に無限になる。

今手のなかにある種は、「未来の自分」の裏庭に立つ巨大なナラの木になっているかもしれない。今頭のなかにあるアイデアは、明日の世界を変える企業やムーブメントになっているかもしれない。

しかし、複利効果には、単なる急速な成長以上の意味がある。

種を今日1つ植えれば、「未来の自分」は少なくとも1本の木を手にすることになる。たった1本の木を植えるという行為には、今の自分が決して予測できない多くの恩恵や副産物をもたらす。もしかしたら、その最初の1本を植えたあと、樹木がどれだけ地球のためになるかに気づくかもしれない。そこで数千本もの木を植え、それが果樹園や森林に育つ。果樹園が育っている間に、「未来の自分」は土地や農耕について学び、果樹園は毎年、多くの人たちに食べ物をもたらすようになる。

それはすべて、最初に一粒の種を植えたおかげだ。

株式市場に毎月50ドルずつ投資したら、自分のポートフォリオができあがる。最初は、50ドルなんて大したことないように思える。しかし半年後には、総額300ドルになっている。この額は、人によってはこれまで貯めた最高額かもしれない。

これがさらに、自分のアイデンティティ・キャピタル〔訳注：時間をかけて培う、個人の内面的な資産〕

に影響する。自分のことを、投資して収入を増やせる人間だと認識するようになるのだ。あるメタ分析によると、自信は、それ以前の成功から副次的に生まれる〈28〉。小さな成功を目にして自信がつき、それが、自分は将来何ができるかという想像力を膨らませる。「3000ドル貯められるなら、3000ドルまでいけるかもしれない。3000ドルまでいけるなら、30万ドルまでいけるかもしれない」

自信が育つと、モチベーションも高まる。自分は成功できると信じているうえ、ビジョンがどんどん大きくなるために、モチベーションが刺激されてワクワクするような結果を生む。

ほとんどの人が直面する最初の難題は、投資をしない、あるいは投資を始めるのが遅すぎることだ。

人が直面するもう1つの難題は、小さな一歩から始めたがらないことだ。目標には、壮大なビジョンを持った方がいい。しかし行動するときは、目標を最小サイズにまで分割することだ。

スタンフォード大学の行動科学者であり、『習慣超大全』(ダイヤモンド社)の著者でもあるBJ・フォッグ博士は、習慣をつくるには「小さく」がカギだと気づいた〈29〉。成功するには、最終的には大きく投資する必要がある。しかしそこにたどり着くには、まずは小さく始めよう。

多くの人は、小さな一歩から始めたがらない。初心者や新参者にはなりたくないからだ。

「未来の自分」に少しだけ投資するところから始めよう。「少し」があなたにとってどれくらいでも構わない。例えば、暗号資産を20ドル分投じる。11ドルの本を買う。ジムで体を30分間追い込む。自分が複利的に大きくしたい分野に投じよう。

博士課程1年目だった2015年、私はプロのライターになるための道のりを踏み出した。出版エージェントやプロの作家と話をしたあと、本を出してくれる出版社を見つける前に、まずは読者ベースをつくらなければいけないと悟った。そこで、ブログを書き始めることにした。それから、ジョン・モロウという名の男性がやっている、198ドルのオンライン・コースを見つけた。かつての私たち夫婦にとっては高価な投資だったのだが、妻が賛成してくれたので、コースに申し込んだ。そこで、バズるための見出しの書き方や記事の構成、書いた記事をフォーブスやサイコロジー・トゥデイといったプラットフォームに売り込む方法を学んだ。

とんでもなく高価な投資というわけではなかった。それでも、この投資のおかげで全力で取り組むようになったし、きちんとしたブログを書くための能力と自信を持てるようになった。思い切り打ち込んで、最初の数カ月で50本の記事を書きあげた。ほとんどがだいぶヘタで、あまり閲覧数は稼げなかった。とはいえ、学んだことを継続的に活かし、限界的練習を続けたおかげで、わずか2、3カ月後には初めて記事がバズり、2000万件以上の閲覧数を獲得した。

小さな投資が、大きな投資につながる。
投資すればするほど、それは複利的に大きくなる。

投資のおかげで、真剣に取り組むようになる。
投資するから、結果が出る。

投資こそ、ビジョンと目標を積極的にアップグレードする方法だ。自分に投資すると、より大きなビジョンにもっと真剣に向き合うようになる。取り組み方のこの変化は同時に、自分のアイデンティティをも変える。というのも、アイデンティティとは、自分が一番真剣に取り組んでいるものだからだ〈30〉。

産業・組織心理学の博士課程で私は、単なる起業志望者と、成功した起業家との違いについて調べたことがある。両者の違いは何だろうか？　成功した起業家にとって、単なる憧れが本気に変わった、運命の分かれ道はあったのだろうか？

それ以上進んだらもう戻れない、帰還不能点はあったのだろうか？　もしあったのなら、その点を通りすぎたあとに何が起きただろうか？

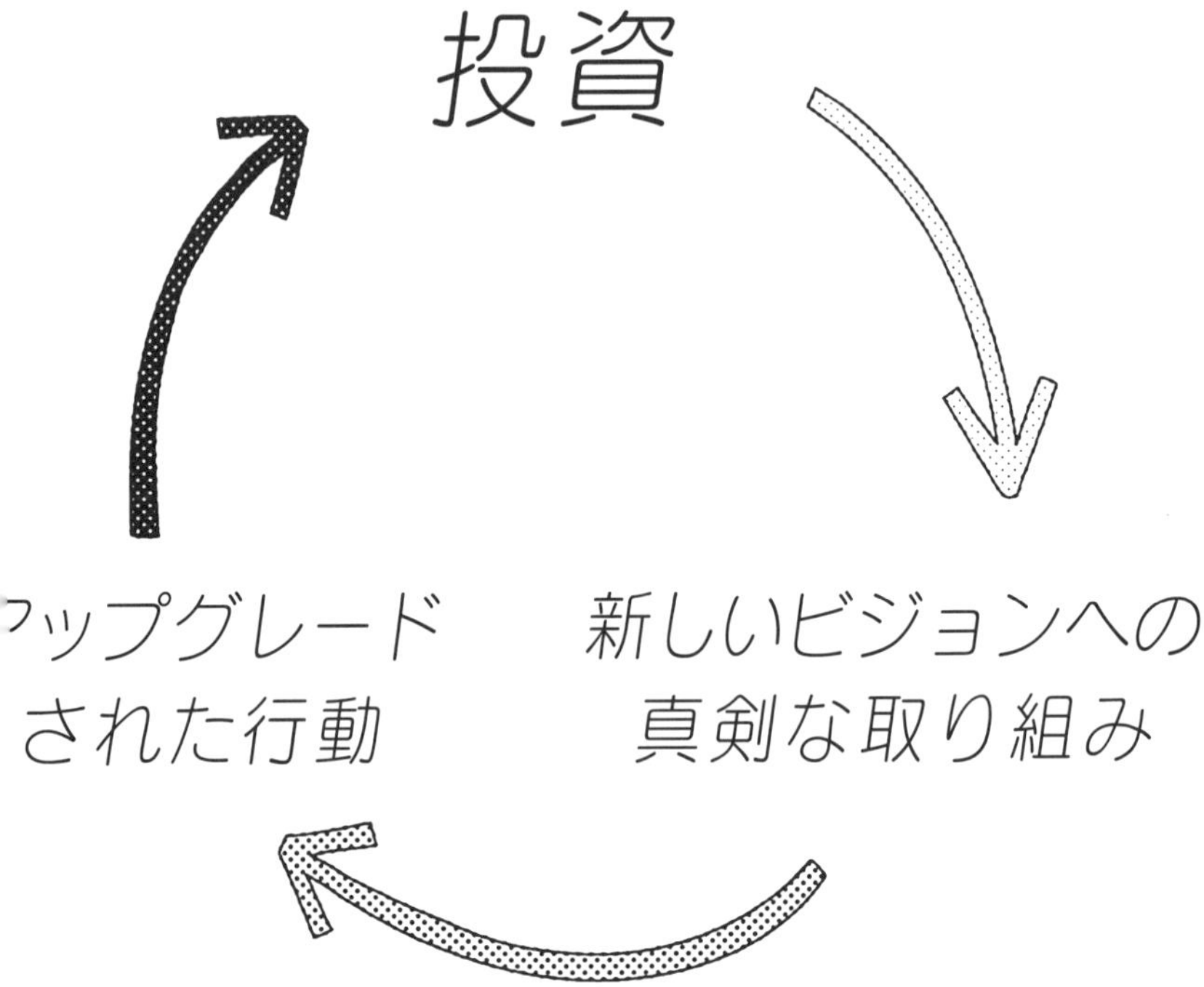

投資
新しいビジョンへの
真剣な取り組み
アップグレード
された行動

これらは、私の修士論文「起業するには勇気が必要か？」における疑問だった〈31〉。私が行った研究で、帰還不能点〔訳注：引き返せなくなるポイント〕があることが証明された。起業にただ憧れている起業志望者でさえも、未来のどこかの時点で、自分も帰還不能点に達するのだろうと考えていた。しかし今のところ雇われの身でいることに注力している彼らは、まだそこには到達していなかった。

それは、起業家になるという目標に向かって、100パーセント全力で取り組んだ瞬間にやってくるものだった。**アイデンティティの転換が起きたのだ。**決意の瞬間は通常、自分の事業に金銭的な投資をすることで訪れた。

私のお気に入りのエピソードは、友達と一緒に靴を売ろうと計画し、長年貯めてきたお金を靴の出荷に投じた、高校生起業家の話だ。投資額は約1万ドルと、彼らにとっては恐ろしい額だった。

配送用トラックから山のような靴が自宅前に降ろされたとき、高校生起業家は、もうあとには引けないと悟った。その直後、彼のアイデンティティは変わり、起業家として成功するという目標に真剣に向き合ったのだ。

彼自身の言葉でお伝えしよう：

そう、僕らが持っていた全額を在庫の靴すべてにつぎ込んでしまったら、オール・オア・ナッシング。生きるか死ぬかのようなものだってわかっていたから、本当に怖かった。とにかく靴を売るしかなかった。後戻りはできない。靴を処分してお金を返してもらうなんてことはできなかったから、前進するしかなかったんだ。

私はこう尋ねた。「その瞬間に何か変わったことはあった？」

その後、会社がすごくうまくいっていることに僕は気づいた。このことが、自分の可能性を広げてくれたんだ。あのとき、こう思ったんだ。オーケー、本当に会社を始めたぞ。投資もした。それで今は、こいつを運営していかなきゃいけない。自分が会社を運営しているんだって本当に理解したのは、このときだったと思う。これがきっかけで、リーダーとしてパートナーを引っ張っていくように僕は変わることができたんだと思う。

投資したことで、全力で取り組むようになった。その後、彼のアイデンティティが変わった。そこから、これまでよりもっと意識が高く勇敢な行動でリーダーシップを発揮するようになり、それが成功へとつながったのだ。

投資する前の彼は、この事業を成功させるために100パーセント全力で取り組んでいたわけではなかった。アイデアを頭のなかで描いて、関心が強くなってはいた。しかし自分のお金を使う前は、そのときにやっていた事業以外のことに、完全に気持ちが向いていた。ところがいったん投資したら、焦点は1つのことにしっかり定まった。改めて全力で取り組み始めたことで、彼のアイデンティティはそれに合ったものとなり、行動も伴うようになった。

これが、ビジョンを積極的に変えて高めていく方法だ。ビジョンをアップグレードすることで、アイデンティティと行動が変わる。

投資すればするほど、より真剣に取り組むようになる。投資すればするほど、ビジョンは大きくなる。時間、お金、才能を投資しよう。

投資こそが、現在のあなたの潜在能力を制限している「ガラスの天井」を壊して、自分は何者になれ、何ができるという感覚を高めてくれる手段なのだ。投資という深遠な行為によって、自分は今のアイデンティティよりももっと多くを手にできるし、大きくなれるというシグナルが潜在意識に送り出される〈32〉。デヴィッド・R・ホーキンズ博士が言うように、「潜在意識は、自分に相応しいと自分で思うところまでしか、手にすることを許してくれない」のだ〈33〉。

真実その3 は、**「未来の自分」は「笛吹き」だというもの**だ。

自分に今支払うか、「未来の自分」に負債を負わせるか。
いずれにせよ、笛吹きは支払いを受け取ることになる。

今すぐ投資を始めよう。
そして、投資をどんどん大きくしていこう。

「未来の自分」はあなたに感謝するだろう。

真実その4

「未来の自分」が明確で詳細なほど早く進歩する

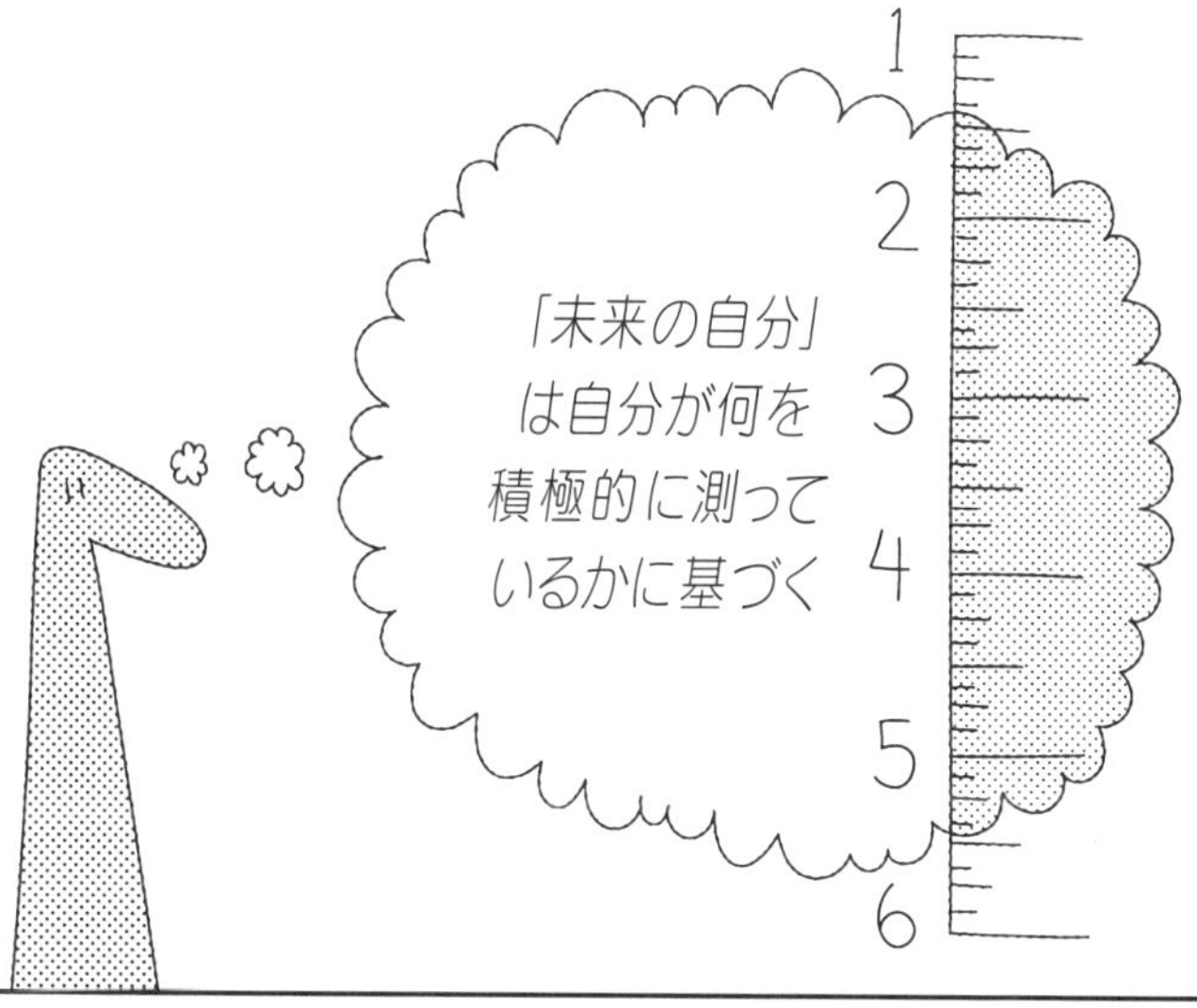
「未来の自分」は自分が何を積極的に測っているかに基づく
1
2
3
4
5
6

人は、自分が夢中になっているもので成功を定義する

―― **アリアナ・ハフィントン** 〈34〉

人は、自分が測っているものに目を向ける

―― **セス・ゴーディン** 〈35〉

私の14歳の息子ケイレブは、真剣にテニスに取り組んでいる。週3〜5回のレッスンに加え、毎月いくつも大会に出ている。ところが、何時間も練習しているうえ、たいていは対戦相手よりずっとスキルがあるにもかかわらず、1年近くほぼ負け通しだ。

最近、コーチがケイレブを呼び出し、今後について聞いてきた。「君に見込みはある。大学でプレイしたいか?」

コーチは、大学でプレイするレベルにまでスキルを伸ばしてくれるであろう、テニス・アカデミーについて教えてくれた。レベルが高いこのアカデミーに参加するには、ユニバーサル・テニス・レーティング（UTR）を3に引き上げる必要があった。UTRとはテニスの評価基準で、1から16・5までである。

ケイレブと私はUTRシステムについて調べ、トップのプロ選手の点数を確認し、進学したい大学の選手を詳しく見てみた。2022年1月4日時点で、UTRの世界1位はノバク・ジョコビッチ選手。UTRは16・26だ。セリーナ・ウィリアムズ選手はアメリカの女子2位で、UTRは12・93となっている。

その後2カ月間で、ケイレブはUTRを1・4から2・8に引き上げた。

ケイレブが希望校に入るには、UTRを9に上げる必要があると、本人は理解している。次に到達すべき目標である距離標（キロポスト）もはっきりしている。アカデミーに入れるように、UTRを3に上げることだ。

明確な目標と測定手段ができたとたん、ケイレブは9試合連続で勝った。勝つための理由ができたのだ。すべての試合が、UTRの数字に影響した。はっきりと測定可能な数字や目標があるおかげで、効果的な練習をしたり、大会で戦略的になったりする大きなモチベーションができた。

それまでケイレブが使っていた自分のテニスを測定する手段は、大会での試合とは関係なく、長期的な「未来の自分」にもつながっていなかった。しかし今は、「UTR10以上に達した状態で、大学でプレイしている」という「未来の自分」を思い描いている。ケイレブの「未来の自分」は鮮明で詳細にわたっており、測定が可能だ。

UTRを3に引き上げるというはっきりした目標や、進歩を評価する測定法、そして大会に真剣に取り組む理由ができたおかげで、まるでスイッチがパチンと入ったようだった。

ケイレブは、勝ちたいと思うようになった。

真実その**4**は、**「未来の自分」が測定可能かつ詳細であればあるほど、目標に向かって速く前進できるようになる。**測定可能な基準、「未来の自分」の鮮明なビジョン、明確なキロポストの組み合わせで、効果的な進歩は実現できる。こうした要素がなければ、人は横道に逸れてしまう。

実際、本や映画では、迷った人がグルグルと円を描くように歩く様子が描写されることが多い。あまりにも多いため、ある研究者らは、テストしてみることにした。人は明確な方向性がないと、グルグルと円を描くように歩くのだろうか？

マックス・プランク生物サイバネティックス研究所の科学者らは、実験参加者を深い森へと連れ出し、シンプルな指示を出した。「まっすぐ歩いて」道しるべになるようなわかりやすい目印はなく、実験参加者は自分の方向感覚と、一歩一歩進む能力のみに頼るしかなかった。

このあとで質問された際、参加者のなかには、自分はまったく横道に逸れていないと自信満々だった人も複数いた。ところがそんな自信をよそに、GPSデータには、直径20メートルほどの小さな円を、グルグル描いている様子が示されていた[36]。結局、「歩く方向について手がかりがないと、人は本当にグルグル円を描いて歩く」ことが明らかになった[37]。

なぜ円を描いて歩くかについて当初は、人間の脚は片方の方が長いに違いない。そのため長時間歩いていると直線から若干ずれてしまうのだろう、という理論があった。しかしこの考えは、間違いであることが証明された。というのも、同じ人物を複数回テストすると、あるときは右回り、またあるときは左回りという結果になることが多かったからだ。円を描いて歩く原因は脚の長さではなく、「まっすぐ前がどこか、どんどんわからなくなるため」だと、研究者らは説明している〈38〉。

研究の結論としては、どこが直線かが明確でないと、いくら前に進んでいると思っていても、グルグルと円を描き始めてしまうというものだった。明確な目標と、道中はっきりしたキロポストがなければ、あなたもグルグルと円を描き始めるだろう。

「未来の自分」が鮮明で詳細、さらには測定可能であればあるほど、「未来の自分」になるのは簡単だ。

詳細で測定可能な「未来の自分」を追いかけた好例として、日本のスケートボード選手である、堀米雄斗選手がいる。堀米は２０１７年から２０２１年にかけて、平均的なプロスケーターから世界的なトップ選手へと変貌を遂げた。

堀米は２０１０年、11歳のときに本格的にスケートボードを始めた。２０１３年までには、日本屈指のスケートボーダーとして認められるようになっていた。しかし日本のスケボーのレベルはアメリカよりかなり遅れているとわかっていたため、15歳だった２０１４年、アメリカの大会にいくつか出場。17歳のとき、プロスケーターになる夢を叶えるために、家族の元を離れて、スケボーの世界的なメッカであるカリフォルニアに拠点を移した。ところが、大きな大

前方に明確な道しるべがないと、
人間は文字どおり堂々巡りをしてしまう

会に出場しながら1年経っても、優勝にはほど遠かった。

堀米は、なぜうまくいかないのかと考えた。そして、アメリカのスケートボーダーと同じトリックをしているからだと気づいた。自分らしいスタイルがなかったのだ。そこで、スケートボードの基本を、誰もしたことがないほどの完璧な精度と一貫性でマスターすると決意。さらに自分だけのスタイルを開発し、大会で目立つことができるよう、誰もしたことがないトリックを考案した。

パブロ・ピカソはかつてこう言った。「プロのようにルールを学べば、芸術家のように壊せる」

2016年から2019年まで、堀米は重要度の低い目標を断ち切り、一点だけに鋭く集中した。あるインタビューで、本人はこう述べている。「やっぱり、本当に日々の積み重ねがすごい良かったんだと思います」〈39〉

堀米は、小学校の文集に「世界で一番うまいスケーターになる」と書いた、あの「未来の自分」のビジョンを思い出す〈40〉。目標を叶えるには、スケートボーダーとして優れた職人になる必要があった。

何時間もかけて革新的なトリックをイメージし、スタイリッシュな技を練習した。堀米のスケートボードはまるで、鍛錬、精度、知的な設計を視覚的に味わえるごちそうだ。技術の高い完成されたトリックが、流れるように繰り出される。

徹底的な集中力をもって限界的練習を積み重ねていた数年間、堀米は試合に出続けた。徐々に勝てるようになり、無名のスケートボーダーから世界的な有名人へと飛躍した。平均的なスケート・スタイルの持ち主から、もっとも個性的で優れた競技選手の1人として成功するまでになった。

2019年にミネソタ州で行われたエックス・ゲームズで優勝を果たし、世界ランキング2位のスケートボーダーになった。次に照準を合わせたのは、2020年東京オリンピックだ。

2020年大会は、スケートボードが初めてオリンピック競技になるはずだった。ところが新型コロナウイルスの世界的大流行で、大会は2021年に延期。堀米は新たにできたこの時間を、練習と新しい技の考案に活用した。

オリンピック目前となった2021年7月、堀米は全スケートボード界の注目を集めていた。アメリカのスケートボーダー、ナイジャ・ヒューストンに次ぐ世界ランク2位であり、彼には勝てないと目されていたものの、いざ大会が始まると、堀米はヒューストンよりもずっと地に足がついているように見えた。

堀米は、まったくブレなかった。

トリックは、ほかのスケートボーダーより何十年も先を行っているように見えた。

スタイルは、精密だった。

そして堀米は優勝。オリンピック金メダルを母国にもたらしたことで、地元のヒーローとなった。このメダルがさらに特別だったのは、堀米は大会会場である有明アーバンスポーツパークの近くで育ったからだ。

堀米は、子どものころの夢を叶えた。

彼の成功は、徹底したこだわりと職人技のおかげだ。自分が世界一になる姿を思い描いたのみならず、スケートボードでもっとも高い技術を要する、難易度の高く美しいパフォーマンスの考案もした。

堀米が抱いていた目標が、プロセスをつくった。そして、オリンピックで金メダルを取るまで、堀米はそのプロセスに全力で取り組んだのだ。

真実その4は、**「未来の自分」を実現する能力は、それをどれだけ詳細かつ鮮明に描けるかによるというもの**だ。

「未来の自分」が詳細であればあるほどいい。

目標と道しるべが測定可能で具体的であればあるほど、プロセスと進歩は効果的になる。

真実その5

自分」の失敗の方が
分」の成功よりも重要

自分」として失敗する方が

分」として成功するよりマシ

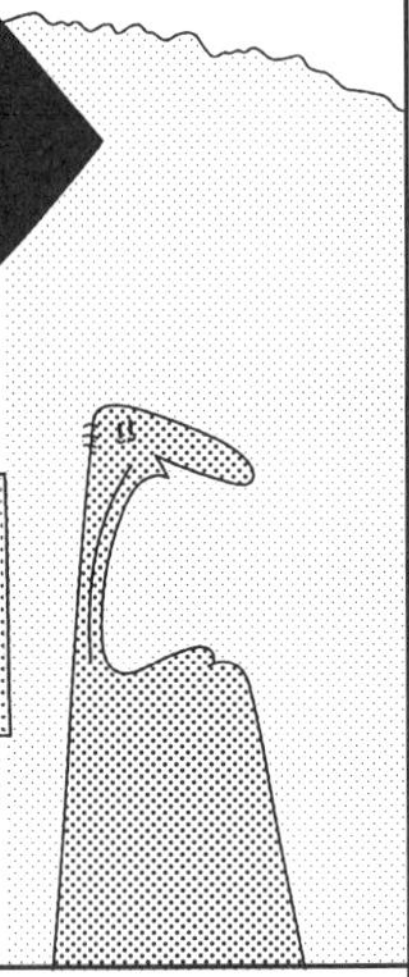

ングをしたり、自ら〝負けに投資〟したり、日常的に何度も
倒されたりを何年もしていると、やがて試合のスピードが
攻撃がスローモーションに見えて、またたく間に反撃できる

ュ・ウェイツキン〈41〉

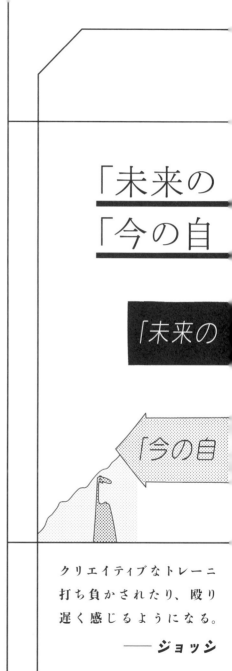

「未来の
「今の自

「未来の

クリエイティブなトレーニ
打ち負かされたり、殴り
遅く感じるようになる。

—— ジョッシ

ジョッシュ・ウェイツキンはある日、母親と一緒にニューヨーク市のワシントン・スクエア公園を歩いていたときに、チェスをしている人たちがいるのに気づいた。わずか6歳のジョッシュは、すぐにチェスに夢中になった。

路上プレーヤー相手に公園でチェスをするようになり、7歳のときに、最初の正式な指導者であるブルース・パンドルフィーニに師事した。10歳のとき、ジョッシュはマスターのランクがついたプレーヤーであるエドワード・フルムキン相手に、クイーンとルークを犠牲にし、その6手あとにチェックメイト。初の勝利を飾った。

15歳のとき、ナショナル・マスターのタイトルを獲得し、16歳にしてインターナショナル・マスターになった。

ジョッシュが12歳だった1988年、父親のフレッド・ウェイツキンは、ジョッシュについて書いた『ボビー・フィッシャーを探して』(みすず書房)という本を出版。ジョシュがチェス界のトップに君臨していた17歳のとき、この本の物語が大作映画となった。チェスは一般的に観客を集める競技ではないが、ジョッシュのプレイには人だかりができた。

ジョッシュにとってファンは集中力の妨げだった。また、名声や勝利へのプレッシャーも高まってしまった。そのため、瞑想、哲学、太極拳を追求するために、ジョッシュはアメリカとチェスから離れることにした。著作『習得への情熱—チェスから武術へ—』(みすず書房)のなかでジョッシュは、「負への投資」について書いている。競技形式の太極拳である推手《すいしゅ》で、2004年に世界チャンピオンになった際に活用した原則だ[42]。

ジョッシュは本格的に推手を始めたころ、自分より数段上の実力の人たちと積極的に組むようにした。ジョッシュにとって、「負への投資」とは「学習プロセスに身を投じること」なのだ。つまり、順応せざるを得ないような難局に自らを追い込むこと。自分の弱さに直面すること。そしてジョッシュの言葉を借りれば、ときには文字どおり、「投げ飛ばされる」ことだ。

ジョッシュにとって、「負への投資」は「限界的練習」の究極の形だ。限界的練習や一流のパフォーマンスに関する研究の第一人者アンダース・エリクソン博士によると、限界的練習とは、人間の生得的な傾向である、物事を習慣や「自動性」、つまり意識的な努力をせずにタスクを行う能力に抗うために行う[43]。

靴紐を結ぶ、運転するといった特定のタスクでは、自動性はすばらしい。というのも、思考が解放され、その分でほかのことができるからだ。ところが、スキルを伸ばしたり学んだりに関しては、自動性のせいで、スキルが特定のレベル以上に伸びなくなり、時間とともにゆっくりと衰えていく[44]。

例えば研究によると、開業20年の医師は通常、医大を出たばかりの医師よりもスキルが劣る。ベテラン医師は、習慣的な思考や行動にはまってしまい、自分の型やアプローチ法を何年もアップデートできていないのだ。20年のキャリアというよりも、1年のキャリアを20回繰り返しているようなケースが多い[45]。

エリクソン博士はこう説明する：

限定的な長さでのトレーニングと経験を重ねると——たいていはスキーやテニス、車の運転といった非常に娯楽的な活動を50時間未満——人のパフォーマンスは、典型的な状況に応じて順応し、加速的に自動化される。そして自分の行動に対する意識的なコントロールを失い、もはや具体的な調整を意図的に行えなくなる。例えば人は、靴紐を結ぶ、椅子から立ち上がる、といった行動を自動化している。パフォーマンスがここまでの自動性に達し、努力せずに行えるようになると、追加的な経験をしたからといって行動の精度が向上するわけでもなく、仲介となるメカニズムの構造が改善されるわけでもない。したがって、経験を積み重ねたところで、高いレベルのパフォーマンスに結びつくわけではない。これと真逆に、意欲的な専門家は、経験の量に応じてパフォーマンスを向上させ続けることができる。なぜなら、限界的練習と組み合わせているからだ。意欲的な専門家にとって主な問題となるのは、自動性に伴う発達遅延を避けることだ。こうした人たちは、積極的に新しい目標を設定したり、行動のスピードや精度、コントロールを高めるようなパフォーマンスの基準を高く設けたりして、自動性に陥る傾向に意図的に抗う。意欲的な専門家は、現在の安定したパフォーマンスのレベルを上回る目標に到達するため、トレーニングの状況を意図的につくったり、探し求めたりする(46)。

限界的練習は、「習慣」や「自動性」の対極にある。習慣とは、自動操縦になっている状態だ。限界的練習は、具体的でやりがいのある目標に向けた、意識的な取り組みや配慮が必要となる。**習慣とは、今の自分だ。**限界的練習は、こうなりたいと思う

「未来の自分」に焦点を当てた努力だ。いつもの習慣や、自分にとっての安全地帯に戻ってしまうようでは、前進はできない。

ジョッシュの「負への投資」戦略は、限界的練習の究極の形といえる。推手を学ぶために、エヴァンという名のかなり攻撃的な男性に対して、どのように「負への投資」を活用したか、ジョッシュは説明している。彼によるとエヴァンは、「身長約188センチ、体重約90キロ、空手2段の黒帯、合気道歴8年、太極拳歴8年」だ。

ジョッシュはこう述べる：

> エヴァンがこちらに向かってきたとき、僕は全身で衝撃に備えた。貨物列車に一晩で50回も殴り倒されているときに、どうすれば肩の力を抜いて対処できるかなんて、まったくわからなかった。まるでサンドバッグになった気分だ。基本的に、僕には2つの選択肢があった。エヴァンを避けるか、稽古のたびに打ちのめされるか。何カ月もエヴァンにボコボコにされ続けていたし、壁に投げつけられているときに負に投資するのは、確かに簡単じゃなかった。稽古が終わると、足を引きずって帰宅したものだ。

こうした非従来的なアプローチにより、ジョッシュは今の自分に合ったレベルに挑んで勝つのではなく、「未来の自分」のレベルに挑んで負けていた。自主練習の時間を与えられると、チェン先生のクラスにいたほかの生徒たちはみんな、実力が自分と同じか、低い相手と積極的に組んでいた。ほかの生徒はジョッシュのように、痛みを伴う絶え間ない失敗に意識的に身を投じていなかった。そのため、ジョッシュは、ほかの生徒よりもずっと早く上達した。稽古の相手をしてくれた人の高いスキルに順応したのだ。

ほかの生徒たちは、ジョッシュのようなレベルで負への投資をしたがらなかった。「未来の自分」のレベルで負けるよりも、今の自分のレベルで勝つ方が良かったのだ。それも当然だ。限界的練習は本気で取り組むと、ものすごい痛みを伴う。

限界的練習に真剣に取り組むとはつまり、なりたい「未来の自分」の姿がどんどん明確になるということだ。

前述した心理学の概念プロスペクションと「未来の自分」に関する研究の権威であるトーマス・ズデンドルフ博士、メリッサ・ブリナムス博士、カナ・イムタ博士は、こう書いている：

上達したスキルを身に着けた「未来の自分」を想像することでのみ、限界的練習によるスキルを磨くモチベーション、計画、実行が可能となる〈47〉。

ジョッシュはまた、自分が何を求めているかを明確にするのも大切だと信じている。学びと優れたパフォーマンスの世界的な権威であると、多くの人から目されているジョッシュは語る。「僕が得意なのは太極拳でもなく、チェスでもない。習得の技法が得意なんだと悟った」〈48〉

チェスの神童だったジョッシュは、世界一になった。太極拳とブラジリアン柔術の世界一でもある。現在は、芸術を含むさまざまな分野で世界レベルにいる人たちを対象に、それぞれの分野において、上位1パーセントのさらに上位1パーセントになれるよう教えている。ジョッシュの手法の土台には、その人の「未来の自分」を実現するためのアプローチ法がある。

2020年と2021年に、ジョッシュは起業家ティモシー・フェリスのインタビューを受けた。そこでは、「未来の自分」と積極的につながり、アドバイスを受け取るプロセスについて、かなり時間を割いて語っている〈49、50〉。

2020年のインタビューでは、こう説明する：

今から20年後の自分以上に、私を理解する人はいません。もし私の目標が、何にも遮られることなく芸術によって自己表現したり自己実現したりすることだとしたら、私は、もっとも私をよく知る人物から学ぶべきです。それは、今から20年後の私です〈51〉。

「未来の自分」とつながっていることで、ジョッシュは負に投資し続けられるのだ。彼は、今よりずっと進化したバージョンの自分とつながっている。今を快適に過ごすことよりも、「未来の自分」に全力で取り組んでいる。「未来の自分」になることに積極的なのだ。

本書で私はずっと、なりたい「未来の自分」になるためにする、意図的な行動を「投資」という言葉で表現してきた。ジョッシュが、限界的練習を「投資」という言葉を使って表現しているのは、決して偶然ではない。ジョッシュにとって負への投資とは、「未来の自分」に向けて加速された限界的学習であり、「未来の自分」に対する全力での取り組みなのだ。

「未来の自分」への全力での取り組みとは、前進を加速させるために、**今ここで負や失敗に投資すること**だ。目標に向けて、束の間の損失や痛みに投資しようと思えば思うほど、「未来の自分」のレベルに早く適応できる。

真実その5は、**今の自分として成功するより、「未来の自分」として失敗した方がマシだというもの**だ。この真実は、**闘いの場の外にいると、学びや進歩ができない**という**脅威その6**と対《つい》になっている。

闘いの場のどこまで奥に入るかは、あなた次第だ。
負や学びへの投資をどこまでするかも、あなた次第だ。

ジョッシュはエヴァンとのエピソードについて、負の投資を続けた結果どうなったかをこんなふうに説明している：

でも、興味深いことが起こり始めた。まず、エヴァンから殴られるのに慣れてくると、衝撃が怖くなくなった。(中略) 次に、火のような攻撃のなかでも肩の力を抜けるようになると、僕の頭のなかでエヴァンがスローモーションに感じた。(中略) そして、明らかに僕とエヴァンの形勢が逆転する瞬間が訪れた。僕の稽古は激しさを増していた。(中略) 僕が上達するにつれ、エヴァンは僕を避けるようになったので、しばらく一緒に組んでいなかった。しかしその日の夜、チェン先生はエヴァンと僕をマットの上で組ませた。まるで闘牛のように向かってくるエヴァンを僕は本能的にかわし、床に投げつけた。立ち上がった彼が再び向かってきたので、また放り投げた。あまりにも楽すぎて、衝撃だった。これを数分繰り返したあと、エヴァンは足の調子が悪いから今夜はここまでにすると言った。僕らは握手をしたが、それ以降、エヴァンが僕と組むことはなかった。

自分が思い描く「未来の自分」になりたいなら、**できるだけ早く、そのレベルで行動すること**だ。

「未来の自分」のレベルに、全力で取り組む。

「未来の自分」のレベルに合わせる。明らかに、今の自分はまだそのレベルに達していない。しかしだからこそ、真剣なトレーニング、謙虚な姿勢、フィードバックが必要となる。

人は自然と、負への投資を避けようとする。すでにできることをした方が快適だからだ。勝つことは気分がいい。しかし**絶対に「未来の自分」になりたいと思うなら、負に投資すること**だ。

真実その6

成功は「真実の自分」に誠実であることでもたらされる

「ウソ偽りのない」成功とは、
「未来の自分」に
「ウソ偽りなくいる」
ことでのみ実現する

未来を追いかけよう。明日の世界に生きよう。（中略）これがもっともワクワクする生き方だ。毎日が驚きの大発見で、まるで子どもの誕生日のようになる。おかげで脳は健康で、若く、活発になる。すべてが常に新しくなるため、思い込みや習慣に頼ることもなくなる。意識をすべて集中させて、毎日学び続ける

―― **デレク・シヴァーズ**〈52〉

何よりもまず、己に忠実であれ

―― **ウィリアム・シェイクスピア**〈53〉

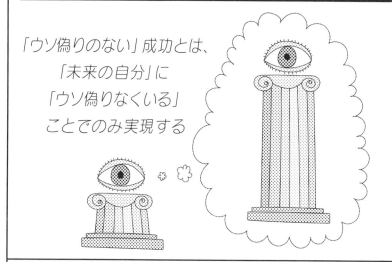

第二次世界大戦の数年前から大戦中までをも含め、アドルフ・ヒトラーは画家だった。1925年発表の自叙伝『わが闘争』のなかでヒトラーは、プロの芸術家になるのが子どものころの夢だったと綴っている〈54〉。1907年、18歳のヒトラーは遺産（700クローネ）を受け取り、芸術家になるために学ぼうとウィーンへ移り住んだ。しかし何年も努力して腕を磨いてきたにもかかわらず、ウィーン美術アカデミーの受験に失敗し、夢は破れた。

アカデミーに挑んだのは、1907年と1908年でどちらも失敗している。最初の受験では、指定された聖像画か聖書の場面を、各3時間のセッション2回で2つ描くという一次試験に合格。しかし、事前に用意したポートフォリオを試験官が審査する二次試験には、不合格だった。アカデミー側は、ヒトラーが絵画よりも建築に才能があるようだと判断した。

ヒトラーは不合格だったことにかなりショックを受け、最終的には違う方向を目指した。

『やりとげる力』（筑摩書房）のスティーヴン・プレスフィールドの言葉を借りるとこうだ：

ヒトラーは、芸術家になりたかった。（中略）彼の絵画を見たことがあるだろうか？

私もない。彼はレジスタンス（抵抗）に屈したのだ［訳注：レジスタンスについては、本書パート3ステップその6参照］。言いすぎだと思われようが構わない。ヒトラーにとっては、第二次世界大戦を始めた方が、空っぽの四角いキャンバスに向き合うより楽だったということだ〈55〉。

もしヒトラーが、芸術家として成功するほかの道を見つけていたらどうなっていただろうか？

もしヒトラーが、なりたい「未来の自分」を諦めていなかったら？

ヒトラーは、拒絶や失敗を受け入れられなかった。

別の道を見つけるだけの希望や道筋思考を持っていなかった。

融通がきかなかった。

ヒトラーは、生涯を通じて芸術作品をつくり続けた。しかしそれは、かつてのような成功に向けた集中的な取り組みというより、単なる娯楽だった。

本当に叶えたい夢を諦め、異なる道を進む人は、「影のキャリア」を進んでいるとされる。しかしロバート・ブロールトの言葉を借りるなら、「目標に到達できないのは、障害物のせいではなく、重要度の低い目標への道筋の方がはっきりしているからだ」。

常識を逸した史上最悪の卑劣な男についての話ではあるが、ヒトラーの物語は、ほとんどとは言わずとも、多くの人の人生を極端に表したバージョンだ。

世界中を旅してきた、哲学者であり起業家であり作家でもあるデレク・シヴァーズは、成功するとはどういうことかについて、強い信念を持っている。どれだけ名声を手にしても、自分が心から求めているものや信じているものに忠実でない限り、それは「成功」とはいえない、と考えているのだ。2015年のインタビューで、ティモシー・フェリスはこう尋ねた。

「『成功』という言葉から、最初に思い浮かべるのは誰で、それはなぜですか?」〈56〉

デレクはこう答える：

どんな質問であれ、最初に浮かぶ答えはあまりおもしろいものではありません。なぜなら、単に自動的な答えだから。最初に思い浮かべる絵画は? モナリザ。天才と言えば? アインシュタイン。作曲家と言えば? モーツァルト。無意識で瞬時で自動的な思考がまずあり、そのあとに、もっとゆっくりした、意識的で合理的で意図的な思考があります。私は、本当に心から、もっとゆっくりした思考が好きです。人生に起きてくる物事に対する自分の自動的な反応を壊して、その代わりに、もっと意図的な反応をしながら、ゆっくり考えたいと思っているんです。

デレクは、ティモシーの質問を次のように言い換えた。

もしもあなたの質問が、「『成功』という言葉から、3番目に思い浮かべるのは誰ですか？　なぜその人が、最初に思い浮かべた人よりも実際はもっと成功していると思うのですか？」だったとしましょう。それなら、最初に思い浮かべる人物はリチャード・ブランソンで、なぜなら、成功者の典型だから。ブランソンは私にとって、成功でいうところの「モナリザ」なんです。正直言って、(ティモシーに向かって話しながら)あなたは2番目にくるかもしれないけど、それは別のときに話しましょう。3番目に思い浮かべる、質問への本当の答えは、じっくり考えるところです。〝その人が何を目標にしているのかを知らなければ、わかりません〟。もしリチャード・ブランソンが、本当は静かな人生を生きたいのに、まるで衝動的なギャンブラーのように起業せずにはいられないのだとしたら、どうでしょう？　そうなら、話がすべて変わってしまいます。もはやリチャード・ブランソンを成功者とは呼べなくなるでしょう。

真実その6 は、**成功を実現する唯一の方法は、なりたい「未来の自分」に忠実でいるというもの**だ。

「未来の自分」に忠実でないものは、すべて失敗だ。

自分が進化すると、「未来の自分」に対する見方も進化する。そこで、古い道をそのまま進むのか、新しい道へ行くのか、選択肢が生まれる。

成功しているように見えるものの、実際は本当に生きたい人生によく似たニセのバージョンを生きている、という人は多い。リチャード・ブランソンでさえ、もし彼が本当にやりたいことをやっているわけでなかったら、成功しているとは言えないだろう。

名声やお金、地位、その他、人が成功と結びつけるものを何も持たない、静かでシンプルな人生を生きている人にも、同じことがいえる。

もしもその人が、本当に生きたい生き方をしていれば、間違いなく成功しているのだ。

ある人が成功しているか否かを決めるのは、外的な要因などではまったくない。

自分の目標と合った生き方をしているか否か、
それだけだ。

真実その7

「未来の自分」に
響を与える

るかは、「運命」をどう見るかに影響する

無力なことではない。最大の恐怖は、計り知れないほどの力を手にしていることだ。私たちを
闇だ。人は、〝私は、優秀で、華やかで、才能豊かで、素敵な存在になどなれるのだろうか?〟
、いのは誰だろう？　あなたは神の子だ。無難な行動を取っても、世の中のためにはならない。
っていても、何にもならないのだ

—— **マリアン・ウイリアムソン**

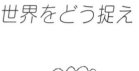

世界観が
大きな影

世界をどう捉え

人間にとっての最大の恐怖は、自分が
脅かすのは、自らの光ではなく暗
と自問する。でもむしろ、あなたがなれな
周りの人が不安にならないようにと縮こま

最初に、はっきりさせておこう。このセクションで私は、神を信じた方がいいとか信じない方がいいなどと、あなたを説得するつもりは一切ない。それは根本的に、あなたが自分で決める選択だ。

そうではなく、このセクションの目的は、神についてあなたが持っている、あるいは持っていない考え方がいかに、あなた自身の「未来の自分」の考えに直接的な影響を与えるかを示すことだ。

あなたが神についてどんな考えを抱くかは主に、あなたが自分自身、自分の本質、潜在能力、さらにはどんな軌道を描いて進むかという考え方に影響する。神をどう捉えるかは、この人生と、もしかしたら死後の世界も含めた、自分自身の未来に関するマクロ的かつミクロ的な考え方に影響するのだ。

例えば、もし神の存在や、この人生での行動が次の人生に影響するという考えを信じているならば、「あの世」以降の未来の展望が、今日の行動に影響する。もし神の存在を信じておらず、この世のあとには何もないと信じているのならば、その未来の展望は同様に、今現在の行動に影響するだろう。

神についての考え方のなかには、ぼんやりした目的意識を抱かせ、自分自身の運命の見方を狭めてしまうものもある。私に言わせれば、「未来の自分」を制限するような考え方は疑問視すべきであり、それが神に関してならなおさらだ。

それ以外の神についての考え方は、「未来の自分」に強烈な自由をもたらしてくれる。実のところ、私が抱いている神についての考えをここでみなさんにシェアし、その視点からだと、私自身の「未来の自分」のみならず、地上にいる全人類の潜在能力までもが、いかによく見渡せるかについてお話ししようと思う。

神、そして神と人間との関係性については、数えきれないほどの考え方が存在する。古典的な枠組みをいくつか詳しく説明するが、ほんの一部だけしか取り上げないことを許してほしい。さまざまな形の信仰について包括的なリストを提供することが目的ではなく、人の信仰が「未来の自分」にどう影響するかをわかりやすく示すことだからだ。ここから、自分が何を信じており、それが自分の進む道にどう影響するかについて、みなさんが自分の内側に向き合うような刺激を与えられればと願っている。

例えば一般的なのは、人間のあらゆる行動やその結果を含め、神がすべてをコントロールして決定するという考えだ。この考え方だと、あなたが何者で、その人生で何をしようとあまり意味がなくなってしまう。神はすでに誰が天国へ行き、誰が地獄へ行くか、あらかじめ運命づけているということだからだ。

この考え方は、人生に起きる物事は自分ではどうすることもできないと信じる、心理学者が「外的統制」と呼ぶものを生み出す〈57〉。自分の行動の責任を負うのを妨げ、人生に起きたことで他者を責め、さらには神さえも責めるようになってしまうのだ〈58〉。

外的統制は、うつと直接的な関係がある〈59〉。

私から見ると、これでは神が独裁者で、とにかく何でもコントロールしたがる存在だと決めつけており、神の捉え方として不健康だ。関係性という観点からすると、一方が他方の身に起きるすべてを支配して左右するのでは、健全な関係を持つのは不可能だろう。この考え方によると、人間は神の操り人形であり、神が私たちの最終的な運命を決めることになる。自分がどんな「未来の自分」になるかに一切口をはさめないため、この考え方が「未来の自分」に及ぼす影響は、究極的には破滅的だ。

「未来の自分」に対する自主性を奪う考え方は、何であれ窮屈だ。

もう1つよくある考え方は、神は創造主であり、私たちは神の創造物であるというものだ。この信念体系だと、神は地球や私たち人間などあらゆるものを無からつくり出したことになる。つまり神は根本的に、私たちとは違うタイプの存在となる。人間にとって不可知であり、不可解なのだ。神についてのこの考え方は、ギリシア哲学に由来することが広く認識されている〈60〉。

この見方を例えるなら、神は陶芸家で、私たちは陶芸作品のようなものだ。この例えをさらに深掘っていくと、陶芸作品と陶芸家はまったく別の存在であり、一見したところ関係性がない。陶芸作品は決して、陶芸家を理解などできない。陶芸作品は、本当に陶芸家とつながりたいと切望することも、ましてや陶芸家のようになりたいと思うことさえもできない。

この考え方の限界は、神と人間との間にできる永遠の分断だ。この見方では、私たち人間が神をきちんと理解することも、つながることもできない。神を崇め、神そのものや神の創造物に感嘆はできても、神がなぜ私たちをつくったのか、神とは何者なのか、あるいは私たちは何者なのか、知ることはできない。これでは、アイデンティティが混乱し、自分がどこから来てどこへ向かうのか、はっきりとわからなくなってしまう。

最後にお伝えする枠組みは、私が個人的にもっとも共感するものであり、もっとも誠実でインスピレーションを与えてくれると思うものだ。この考え方では、神は人類の親であり、どの人もすべて、文字どおり神の子であり〈61〉後継者だ〈62〉。

この考え方では、すべての人は地球に来る前に神の御前で生きていた。この地上の誰もが、それぞれ確固とした意志を持って、命が有限である人間の経験をしようと自ら選択した。有限の命を経験することは、人間の進化における向上であり前進なのだ。人生はちょうど、学校、インキュベーター、あるいはシミュレーションのようなもので、純粋に経験と発展をする場となる〈63〉。私たちは誰もが、自分の経験と学びを選んできたのだ。

著書『小さなことから自分が変わる』(三笠書房)のなかでシェリー・カーター＝スコットは、人生に関する10のルールを示している〈64〉。

1．体を受け取る。

2. 学びを受け取る――「人生」と呼ばれる、ノンフォーマル教育を施す全日制の学校に入学。

3. 間違いは存在せず、学びだけがある。

4. 学び取るまで、レッスンは何度も繰り返される。

5. 学びは終わらない――生きているということは、まだ学ぶべきものがあるということ。

6. 「あっち」が「ここ」よりも良いわけではない。

7. 他者は単に、あなたを映し出す鏡にすぎない。誰かの何かを好いたり嫌ったりするとはつまり、それがあなた自身の好きなところや嫌いなところを反映しているということ。

8. どんな人生にするかは自分次第。必要なツールもリソースもすでに持っている。それをどうするかはあなた次第。

9. 人生の疑問に対する答えは、自分のなかにある。ただ目を向け、耳を傾け、信頼すればいい。

10. このことは、生まれるときにすべて忘れる。

この10のルールは、18世紀を生きたイギリスのロマン派詩人ウィリアム・ワーズワースの言葉を反映したものだ。ワーズワースはこう書いていた。

誕生はただ、睡眠であり忘却である：

我々とともにある魂、人生の星はほかの場所にあった
そして遠方からやってきた。完全なる忘却ではなく、完全にむき出しでもない
栄光の雲を手にして我々はやってくる
我々のふるさとである神から
幼年期、天国は身近にある

ワーズワースの言葉によると、私たちは神からやって来た。
神が私たちのふるさとなのだ。
この人生とは、自分がどこからやってきて、なぜここにいて、どこへ向かっているのかを忘却した状態だ。

しかし答えは自分のなかにある。

文字どおり神の子であるとはつまり、ここにいる理由があるということだ。人生は偶然ではない。私たちは成長、教育、経験を得るために自ら選んで、神のもとからやってきた。さらに、文字どおり神の子であるとはつまり、私たちの内側には、あらゆる点で神のようになれる能力が生まれながらにして備わっているということだ。もし私たちが神の子なら、ひよこが成長して牛になりはしないように、人間としての自然な進化は、神のようになることだ。

このような考え方は危険だといって不安がる人もいる。神を人間と同じレベルにしているからだ。もしも私たち人間が文字どおり神の子であるならば、神とは何だろうか？　19世紀の宗教的指導者ロレンゾ・スノーは、こう述べた。「神はかつて、人が今そうであるようにあった。人はいつか、神が今あるようになるであろう」

子どもの親のように、あるいはどんぐりのナラの木のように、神は私たち人間が発展した存在だ。もし神の姿を見ることができたなら、進化した人の姿を見ることになるだろう。だからこそ、人は「神のかたちに似せてつくられた」のだ〈65〉。神を人間の親として捉えるこの考え方は、これまで私が出会ってきたどの見方とも異なり、人間性を高め、神と結びつけてくれる。私たちは神からやってきた、聖なる無限の可能性を秘めた神の子なのだ。

19世紀の詩人であり作家のエライザ・スノーはこう書いている：

天国の親はひとり親だろうか？
いいや、そのような考えは驚きだ！
真実は道理であり永遠
つまりそこには母がいる
このはかない存在を去るとき

限りあるこの命を終えるとき

父よ、母よ、天国で

あなたにお会いできるでしょうか？〈66〉

あらゆる点で神のようになれる可能性を生まれつき秘めているとして、それはあなた自身の「未来の自分」について、何を物語っているだろうか？　それはつまり、神がどのような存在であれ、あなたはそのすべてになれるし、そのすべてを手にできることを意味する。すべてだ。ワーズワースやスノーの視点は、新しいわけでも、独特なわけでもない。神をこのように見る哲学的な表現は、「神化」（神格化）という意味である「テオーシス」として知られている〈67、68、69〉。神化思想は、早くも2世紀には見られていた。

例えば、115～202年に生きたギリシア人司教のエイレナイオスは、次のように述べている：

私たちは最初から神としてつくられていたわけではなく、最初は単なる人間で、その

後、時間をかけて神になった。（中略）天使を追い越し、神のかたちに似せて神のように
つくられた〈70、71〉

20世紀の著名な作家であり神学者でもあったC・S・ルイスは、神と人間に関する神化思想の熱心な信仰者であり擁護者だった。

こう述べている：

神や女神の可能性を秘めた者たちの社会に生きるとは、大変なことである。もっとも退屈でおもしろみのない話し相手がある日、崇拝せずにはいられない存在になるかもしれないのだ。（中略）普通の人など存在しない〈72〉

私にとって、神と人間の捉え方としてはこれが一番直感的で、説得力があり、パワフルだ。また、ルイスが使った「普通の人など存在しない」という言葉も好きだ。神をこうして捉えることで、すべての人を畏敬と驚きをもって見られるようになる。
どの人も、神のようになれる能力を生まれながらにして持っている。この人生は、進化のなかの小さな一歩なのだ。無限性は私たちの背後にも目前にも広がっている。ある人物が描く軌

道は、その人の「今の自分」よりももっとずっとパワフルでリアルだ。

この考え方に内在しているのは、私たちは自分自身の進化における重要なステップとして、この地上で経験することを自ら選んだという信念だ。この経験のなかに、「未来の自分」の姿を見たのだ。もし進化を続けるなら、それはつまり、そうすることを自ら選んだからだ。神の子ではあるが、自分が何になり誰になるかを決める自由を、神は人に与えている。強要や無理強いはない。

エライアス・スミスとアブナー・ジョーンズが1805年に発表した、作者不明の讃美歌を引用しよう：

あらゆる魂は自由であると理解しなさい
人生や何者になるかを選べると
そのために永遠の真実が与えられる
その神は誰にも天国を強要しない

神は呼びかけ、説き伏せ、正しく導く
知恵と愛、光を授け
言葉にできないほど善良で親切
しかし人に決して強要しない(73)

私たちが何を選ぼうとも、神は私たちを愛し尊重している。

真実その7は、**神や世界についてどう考えるかが、「未来の自分」に影響するということ**だ。運命の捉え方とアイデンティティは、切り離すことができない。

誰であれ、神について、人生について、自分自身について、何を信じようともその信念は無条件で尊重されるべきだ。そしてどんな人であっても、今の視点にとても無知で制限されている。

しかし「未来の自分」は、もっと高い視点からものを見ているだろう。

7つの真実 まとめ

「未来の自分」の真実

「未来の自分」は人生の原動力だ。
「未来の自分」は予想とは異なる。
「未来の自分」は避けられないが、
どんな自分になるかは自分次第だ。

何を測るかで「未来の自分」は決まる。

成功するには、「未来の自分」として失敗することだ。

成功は、「未来の自分」にウソ偽りなくいることで初めて可能となる。

神や世界をどう考えるかが、「未来の自分」をどう捉えるかを左右する。

本書のこのセクションでは、「未来の自分」の核となる**7つの真実**について取り上げた。こうした真実をきちんと理解すれば、ずっと大胆でパワフルな「未来の自分」を実現できるだろう。今の自分から身動きが取れない、**固定されたマインドセットから解放**されるのだ。

次は、今すぐ「未来の自分」になるための**7つのステップ**へと進む。

このステップを使えば、「未来の自分」を明確にしたり優先したりできるようになり、ほかの重要でないものは取り除けるようになる。

PART 3

「未来の自分」のステップ

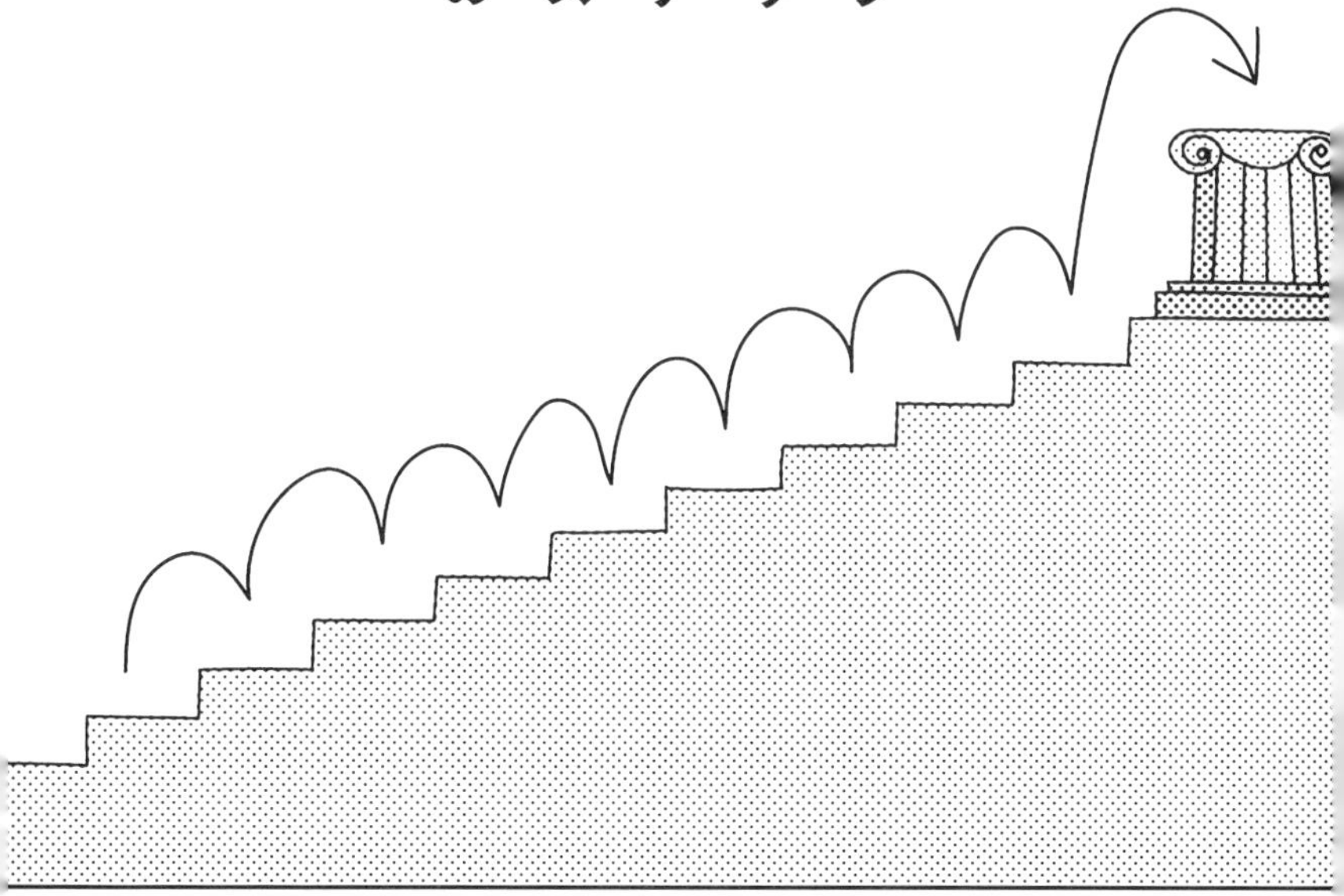

ステップその1：現状に即した目的を決めよう

ステップその2：重要度の低い目標は排除しよう

ステップその3：「必要」から「欲求」、さらに「確信」へと高めよう

ステップその4：欲しいものははっきりお願いしよう

ステップその5：「未来の自分」を自動化・体系化しよう

ステップその6：「未来の自分」のスケジュールを決めよう

ステップその7：不完全な作業は積極的に完成させよう

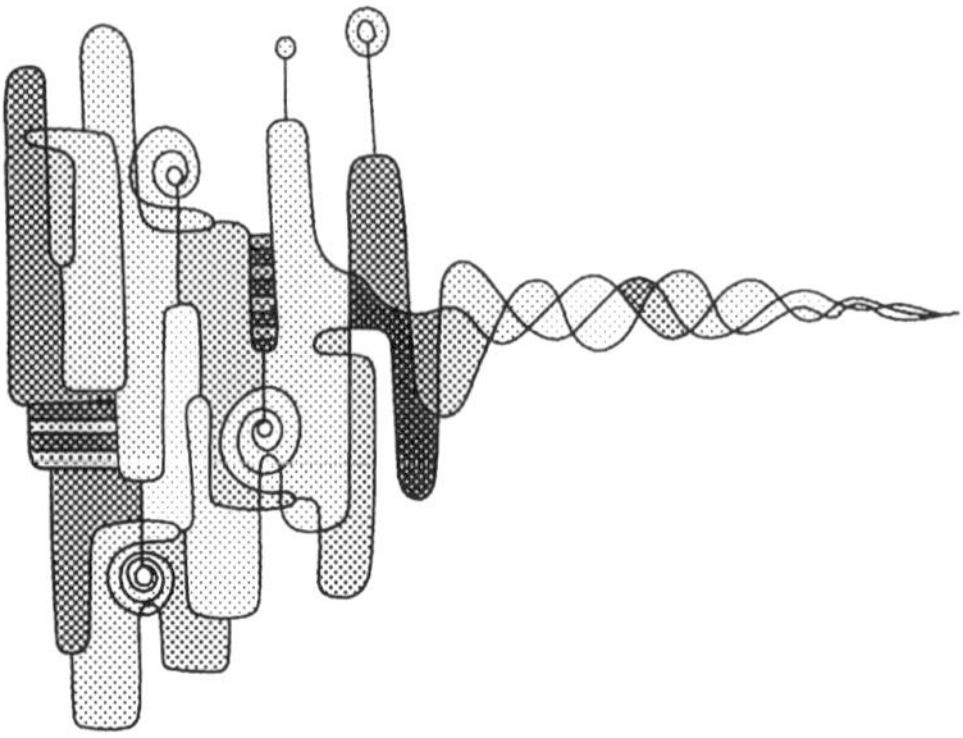

「結果」とは単に、
全力の取り組み《コミットメント》
が形になったもの

「未来の自分」を実現するための

7つのステップ

物事をシンプルにするのは、複雑にするより難しいこともある。思考をシンプルにするには、クリーンな思考になるよう努力しなければならない。でもそれだけの価値はある。というのも、いったん実現してしまえば、山をも動かせるのだから

—— **スティーブ・ジョブズ**〈1〉

スティーブ・ジョブズが1997年にアップルに戻ったとき、同社は倒産の瀬戸際にあった。1996年の第4四半期で、アップルの売り上げは30パーセントも急落。株価は12年ぶりの最安値をつけた一方で、マイクロソフトは市場でコンピューター会社最大手となっていた。

ジョブズは、アップルがつくり出したわかりにくい製品の数々に圧倒された。同じ製品なのに、何十というバージョン違いがあるものもあったのだ。

「友達に買うよう勧めるならどれだ?」とジョブズは尋ねた。

経営陣がシンプルに答えられなかったことを受け、ジョブズはすぐに製品の数を7割減らし、会社も従業員数約8000人から5000人へと縮小した。

「しないことを決めるのは、することを決めるのと同じくらい重要だ」とジョブズは述べている。「企業にも、製品にも当てはまる」〈2〉。

その後、アップルは4製品だけを製作した。

プロ仕様では、デスクトップ型のパワーマッキントッシュG3とノートブック型のパワーブックG3。一般消費者向けには、デスクトップ型のiMacとノートブック型のiBookだ。

ジョブズの戦略はシンプルだった。少ない製品に焦点を当てて、その品質とイノベーションを劇的に改善する。

ジョブズが戻った事業年度の1年目、アップルはわずか90日後には支払い不能に陥る状態までになり、10億ドル以上の赤字を抱えていた。それでも、紛らわしい製品をなくし、絶対に必要なものだけに鋭くフォーカスするというジョブズの戦略を通じ、アップルはジョブズ復帰2年目に、3億9000万ドルの黒字に転じた。

ジョブズのマスタープランは常に、世界全体に影響を与えてきた。ジョブズは「世界」という言葉を、1983年にジョン・スカリーをペプシのトップから引き抜いたときに使ったくらいだ。「残りの人生、砂糖水を売り続けたいか、それとも私と一緒に来て、世界を変えたいか？」

アップルのチームをまとめ、そのチームが数少ないながらも世界を変えるほどのコンセプトをつくるよう手助けすることで、ジョブズはアップルの継続的なイノベーションの土台を築いた。同社は、2001年にiPod、2003年にiTunes Store、2007年にiPhone、2010年にiPadなど、革新的な製品をこの世に送り出した。

ジョブズ本人は、どんな自伝作家や心理学者をもってしても完全には理解できないであろうほどに複雑な天才だったが、成功に向けた彼の戦略はシンプルだった。どんな未来であるべきかに揺るぎない姿勢を維持し、その信念を貫くために勇敢に闘った。量よりも、「少数ながら高品質」にこだわった本質主義者だったのだ〈3〉。

キャリア初期のころのジョブズはかなりぶっきらぼうで、リーダーのスキルは持ち合わせていなかった。そのせいで、自分自身の会社からクビになったほどだ。アップルを離れていた11年間で、謙虚さとリーダーシップ、さらにはイノベーションを起こし世界を変えるスキルを学んだ。

アップルから離れていたこの期間、ジョブズはピクサー・アニメーション・スタジオに投資し、ピクサーにとって初の大型映画「トイ・ストーリー」に力を貸した。この作品のおかげで、ジョブズはアップルに戻る前に億万長者になっていた。

アップルに戻ったジョブズは、以前のジョブズではなかった。

当然、才能と熱意は変わらずだ。

そして前と同じような壮大なビジョンも持っていた。

しかし無作法だったかつてのジョブズは、経験と知恵のおかげで穏やかになっていた。失意や挫折はあったが、世界を変えようという「未来の自分」に全力で取り組んだおかげで、倒産寸前だった会社を、地上でもっとも時価総額の高い会社に転換できた。

ジョブズの物語は、なりたい「未来の自分」になる7つのステップの揺るぎない土台となる。すべての学びがそうであるように、そのプロセスは混乱をきたすかもしれず、暗闇に包まれる瞬間もあるだろう。

しかし「未来の自分」が導いてくれるはずだ。

「未来の自分」は、そこまでの道のりであなたが間違いを犯しても、思いやりを持って受け入れてくれる。今の私たちよりもずっと高く、広い視点を持っているのは確実だ。

ここまでで脅威や真実を学び終えた今のあなたは、「未来の自分」への具体的なステップの準備が整った。

もはや待つ時間は終わりだ。

「未来の自分」も、あなたを迎える準備は万端だ。

現状に即した目的を決めよう

ステップその1

目標は、自らが持つイメージで
目標へ至る過程をつくる

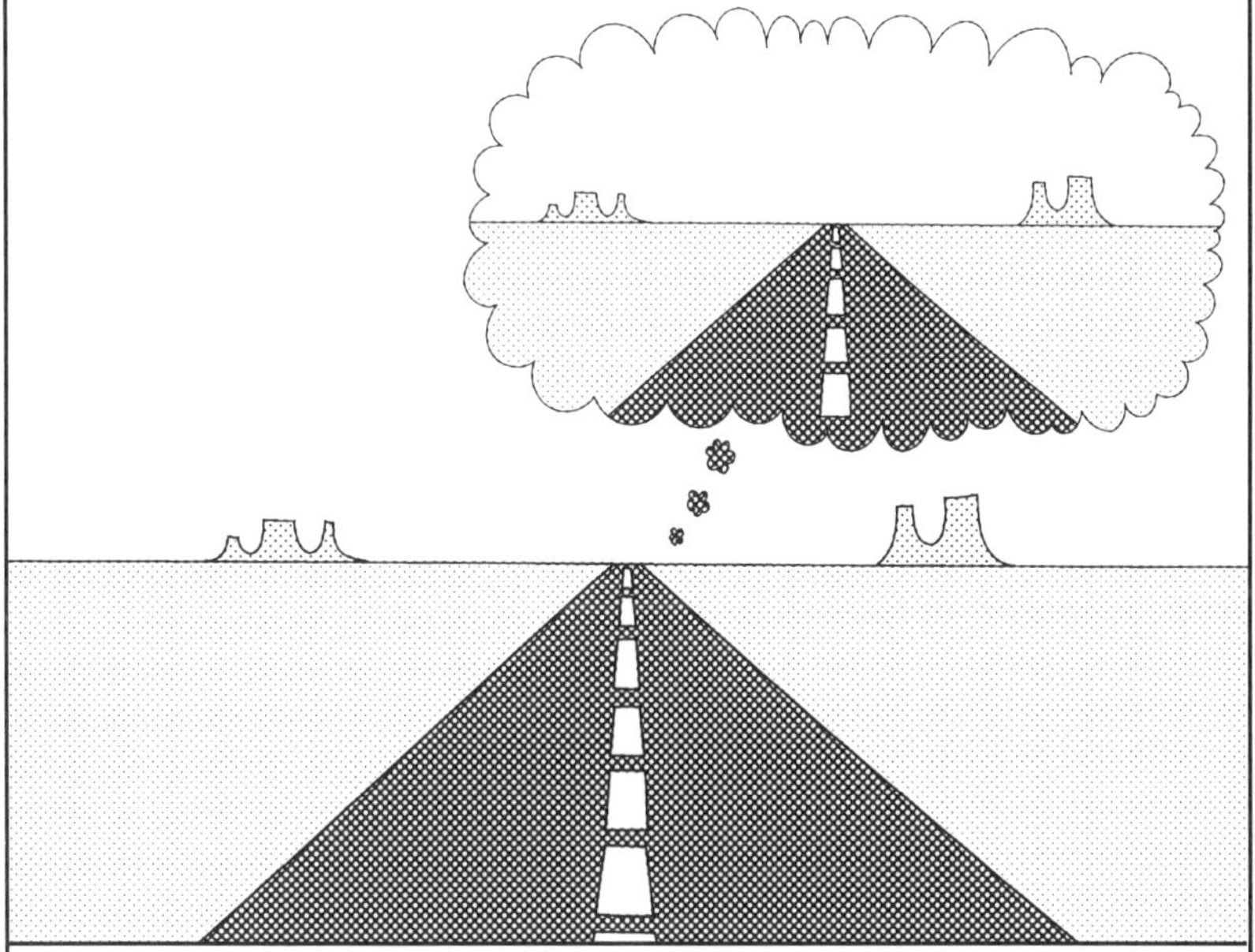

洗練の極みはシンプルさだ

―― クレア・ブース・ルース〈4〉

強制収容所の捕虜だったころ、ヴィクトール・フランクルは、仲間の捕虜が正気と希望を保てるように、「(彼らが) 楽しみにできるような未来の目標を指し示すことで、内なる強さを与えた」という〈5〉。

フランクルは、捕虜が人生の壮大な目的を見つけられるように手を貸そうとしていたわけではない。その時点の人生における具体的な目標または目的を明確にできるよう、手を貸したかった。彼らは、その瞬間にいる場所に合った、現状に即した目的が必要だったのだ。

フランクルにとって、強制収容所から生きて出るとはつまり、書籍『死と愛』を元通りに書き直すことだった。

これが、フランクルにとっての目的だ。この非常に具体的な未来の目標によって、フランクルは人生に意味を見出し、おかげで苦境に耐えられた。

「未来の自分」が、生き延びるためのパワーをフランクルに与えたのだ。

強制収容所から解放されると、『死と愛』は刊行された。フランクルの目的は、人生に意味と方向性を与えてくれる、また別のものへとシフトした。

未来を思い描こうとしても、なかなかうまく描けないことは多い。なぜなら、人はどうしても、自分の人生全体における壮大な目的を見つけようとしてしまうからだ。結局のところ、未来になったら本来の自分になっており、人生はもっと生きやすく、もっと理解できるものになっているだろう、と思うのだ。

もちろん、自分が究極的に人生に何を求めているかをはっきりさせるのはいいことだ。しかし、自分の価値観、考え方、状況変化にオープンでいることも非常に重要だ。「未来の自分」は、今の自分とは違うものの見方をするだろう。数年後の「未来の自分」は、今とは違う視点を持っているだろうし、今の自分とは違う目標を持っている可能性もある。

人生全体の目的を決めようとするよりも、フランクルの英知に従おう。今この瞬間に、自分にとってもっとも重要だと思う、「今の状況に合った目的」を決めよう。

その目的は、10年以内のものにしよう。5年先でも先すぎるかもしれない。

ジョブズにとって何よりも大切な目的とは、世界を変えることだった。しかし当面は、彼の状況に合った目的とは、とりわけiPodの制作と販売だった。的を絞って意図的に取り組んだ目的を達成したら、ジョブズは次の状況に応じた目的へと移った。

現状を考えて、あなたが今すぐ達成できる、あるいは実現できる、間違いなく一番重要なものは何だろうか？

実現できたらすごく喜ばしいであろう、自分よりも一歩先のレベルにあるものは何だろうか？

ステップその1　現状に即した目的を明確にするには、次の3つを行う：

1. 遠い先の「未来の自分」とつながる
2. 3つの最優先事項を使って、現状に即した目的を明確にする
3. 3つの最優先事項に基づき、今後1年の大きな

目標を立てる

優れた決断を今下すには、遠い先の「未来の自分」とつながることが非常に重要だ。想像してつながる未来が先であればあるほど、より詳しい情報に基づいて戦略的になれる。もちろん、「未来の自分」は状況に応じて順応し変化するだろうが、だからといってつながることの重要性が下がるわけではない。

遠い先の「未来の自分」とつながったら、次のステップは、今すぐにでも実現できる、もっとも重要な目標を明確にすることだ。これが、あなたにとっての「現状に即した目的」となる。現状に即した目的は、目標から不純物を取り除くことではっきりする。ここで出た答えが、自分自身そして「未来の自分」にとって確実に一番重要だと、あなたが考える優先事項だ。

ほとんどの人は、はっきりした優先事項がないという難問に直面する。

人気のビジネス書『ビジョナリーカンパニー2』(日経BP)のなかでジム・コリンズは、たいていの優良企業と、大成功を収めた数少ない企業との違いが何かを説明する。コリンズは、ほとんどの企業や個人が、目標を多く持ちすぎていることに気づいた。焦点を絞らず、手を広げすぎているのだ。

大成功を収めた企業は、達成したい目標を3つまでしか掲げていない。

コリンズはこう指摘する：

優先事項が3つより多いなら、それは1つもないに等しい〈6〉。

互いに矛盾するほどたくさんの目標を持つというのは、誰もがやりがちだ。

コリンズと同様に、ジーノ・ウィックマンもまた、クライアントである起業家たちの間にこの問題が当てはまると気づいた。ウィックマンは、世界で数万人という勝ち組起業家が活用しているツール「起業家のための経営システム」（EOS）を生み出した人物だ。ウィックマンは、起業家が自分の行動を自覚し、プロセスと目標を簡素化し、最終的には大きなトラクション（実行力）を得るために支援している。

優先事項が3つより多いなら、
それは1つもないに等しい
――ジム・コリンズ

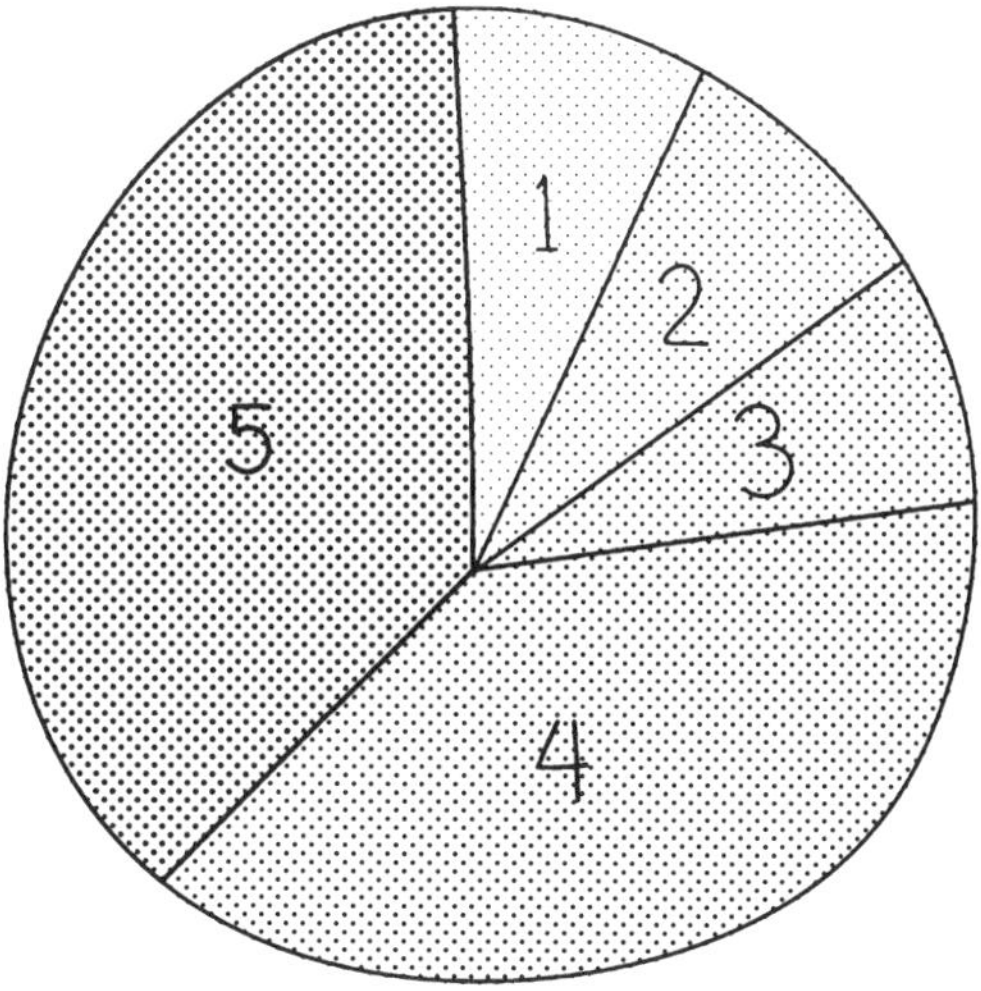

書籍『トラクション』（ビジネス教育出版社）**のなかで、ウィックマンこう述べている：**

ほとんどの企業は、1年であまりにも多くの目標を達成しようとする間違いを犯す。すべてを一気にやろうとして、結局はほとんどやり遂げられずに不満を抱くのだ。私のクライアントの1人は最初の数年、この点をまったく譲らなかった。（中略）毎年、私たちは一緒に目標を立てたが、彼はどんどん目標を増やすのだった。立て終えるころには、この会社の年間目標は、12〜15個になっていた。年度末にほとんど達成できておらず、不満を抱くのがお決まりのパターンだった。3年目に入るとき、彼はようやく気づいた――目標を盛り込みすぎているのだ。この悟りをもって、その年の目標は3つに絞ることに合意した。実際に目標を3つ立て、年度の終わりまでにはすべてを達成。売り上げは19パーセント増加し、過去5年間での最高益を計上した。

人生は、庭園のようなものだ。きちんと意識しないと、雑草ばかりで雑然としてしまう。矛盾するような目標や優先事項をあまりにも持ちすぎていると、この状態になる。「未来の自分」を育てるには、「未来の自分」に投資する必要がある。「未来の自分」に投資するとは、種を蒔き、最終的に実がなるように育てるのに似ている。どの種を蒔くかを決めるにはまず、「未来の自分」のためには、どの実、つまり成果が欲しいかを決めることだ。将来的にサルサが食べたいのなら、庭園に蒔くのはトマト、唐辛子、玉ねぎ、コリアンダーにして、さつまいもはやめておこう。

こう自問することが大切だ。

「何に向けて庭園を整えたいのだろうか？」

どんな「未来の自分」になりたいのだろうか？

10倍複利的な成果を生むために、優先的に思い切った投資をする分野を絞るとしたら何だろうか？

最高のリターンを生み出すには、どんな種を蒔きたい、あるいは投資をしたいだろうか？

例えば、もし「未来の自分」に今よりもっと健康になってほしいと本気で思うなら、焦点を絞って大きく投資すべき分野はウェルネスだ。「未来の自分」には、不労所得を生み出すような不動産をたくさん持ってほしいなら、ファイナンスが最優先事項となる。

「未来の自分」のために何を最大限に活用するかを決められるのは、自分しかいない。

どの種を蒔くか、どんな人生にしたいかを決められるのは、自分しかいない。

「未来の自分」を明確にする2つ目のカギは、3つの優先事項を使い、目的をはっきりさせることだ。

もし実現したら人生がガラリと変わるような、**3つの優先事項**は何だろうか？

これが、10倍に膨れ上がる複利的な結果を出すために、的を絞って思い切り投資すべき3つの分野だ。これら優先事項は、今のこのタイミングで的を絞るべき、もっとも重要な分野である。将来的には、また違った優先事項になるだろう。

私がティーンエイジャーだったころに抱いていたたった1つの目的は、高校卒業後に教会の布教活動に参加することだった。その後の人生がどんなかは、想像すらできなかった。しかし布教活動に出ることは、「未来の自分」にとって間違いなく一番重要なことだと確信していた。

大学に行くことではなかった。

どんな人生を生きるかを決めることでもなかった。

キャリアを始めることでもなかった。

ただ布教活動に出る、それだけだったのだ。

その距離標（キロポスト）に到達さえすれば、次に何をするかはそこで考えられる。

ちょうどフランクルが持っていた目的が彼の人生を救ったように、私の人生は、恐らくこの目的のおかげで救われた。十代のころの私は、たくさんのトラウマや混乱を味わった。両親の暴力的なまでの離婚に加え、父親はひどい薬物依存症に苦しんでおり、家庭内に安定などほとんどなかったのだ。

布教の使命を果たすという北極星がなかったら、私は恐らく周りの混乱に飲み込まれていただろう。布教活動をするには、高校の卒業証書が必要なことはわかっていた。布教活動という目標があったおかげで、なんとか高校を卒業できた。宣教師になるには、さまざまな基準を満たさなければならなかったが、そのおかげで、身の回りにあった薬物などの罠にかからずにすんだ。

2010年、22歳のときに布教活動から戻り、次の5年に向けた「現状に即した目的」は次の3点となった：

1. 結婚する
2. 大学を卒業する
3. 博士課程に進む

大学の経験も単位も一切何も持っていなかったが、ブリガム・ヤング大学（BYU）に行きたかった。BYUは、アイビーリーグのいくつかの大学と同じくらい難関で競争率が高い。しかし私の明確な目標は変わらなかった。ソルトレイク・コミュニティ・カレッジ（訳注：コミュニティ・カレッジは2年制の公立大学で、4年制の大学に編入が可能）でオールAを取り、BYUへの入学が許可された。ローレンとは大学の後期に出会い、8カ月後には結婚した。博士課程に初めて挑戦したときは、15校に願書を出し、すべて不合格。しかしそのおかげで、その後大きな収穫を得た。というのも、おかげで私にとって恐らく人生最良のメンター、ネイト・ランバート博士に出会えたからだ。ネイトと私は、出版してもらうための論文を20本近く一緒に書いて提出した。この経験をもって、行きたい大学に願書を出し、最終的にはクレムソン大学で組織心理学の博士号取得を目指すことになった。

2014年に博士課程を始めるにあたり、それから5年間の「現状に即した目的」は、次の3点になった：

1. 家族を増やす
2. 博士課程を修了する
3. 執筆のキャリアを始め、プロのライターになる

クレムソンに入って間もなくして、ローレンと私は、3人の子どもの養育里親〔訳注：一時的な育ての親〕になった。その後の3年間は里親制度を相手に格闘し、2018年2月、奇跡的に養

子縁組が成立した。それから1カ月後、何年もの不妊治療を経て、ローレンが体外受精で双子を妊娠。2018年12月に双子が誕生した。

クレムソン大学の博士課程後期だった2015年初頭、オンラインでブログを書き始めた。それから2年間、数百に上るブログ記事を書き、購読者数はかなりの数になった。2017年1月、初めての出版契約を獲得し、2018年3月に『Willpower Doesn't Work』（日本語版：『FULL POWER：科学が証明した自分を変える最強戦略』、サンマーク出版2020年刊）を刊行。2019年に博士課程を修了し、2冊分の出版契約を締結。2020年に『Personality Isn't Permanent』（「性格は変えられる」、未邦訳）と『Who Not How』（日本語版：『WHO NOT HOW：「どうやるか」ではなく「誰とやるか」』、ダン・サリヴァンとの共著、ディスカヴァー・トゥエンティワン2022年刊）の2冊を出版した。

こうして現在に至る。末っ子のレックスが2020年11月に生まれ、ローレンと私は現在、6人の子持ちだ。上の子3人の年齢は14歳、12歳、10歳で、私たちはフロリダ州オーランドで暮らしている。

ライフステージを考えると、私たちの今の目的と優先事項は、クレムソンで学び始めた5年前とは異なる。

私たちは当時と同じ人間ではない。

同じ状況にいない。現状に即した目的は同じではない。

ローレンと最近、今後2〜3年の間で、私たちがフォーカスすべきもっとも重要なエリアは何だろうと話し合った。最優先は、ティーンになり大人になっていく上の子3人にしようということになった。

2021年現在で、今後5年に向けた現状に即した目的は、次の3点だ：

1. 家族——上の子3人に大きく重点を置く
2. 書籍——ライターとしてのキャリアを、刊行する本の質と販売部数の面で10倍にする

3．金銭面——自分自身と家族のために、純資産を10倍にして金銭面での長期的な安定を目指す

これが、「未来の自分」のために最大限に伸ばしたいエリア。「未来の自分」に経験してほしい成果だ。確実に成長して大きくなるよう、私は今後このエリアに的を絞り、思い切った投資をしていく。

こうして私の優先事項をここでお教えするのは、事例として示すためにすぎない。今の私の優先事項や、何に焦点を絞るかの詳細が大切なわけではない。

3つの優先事項

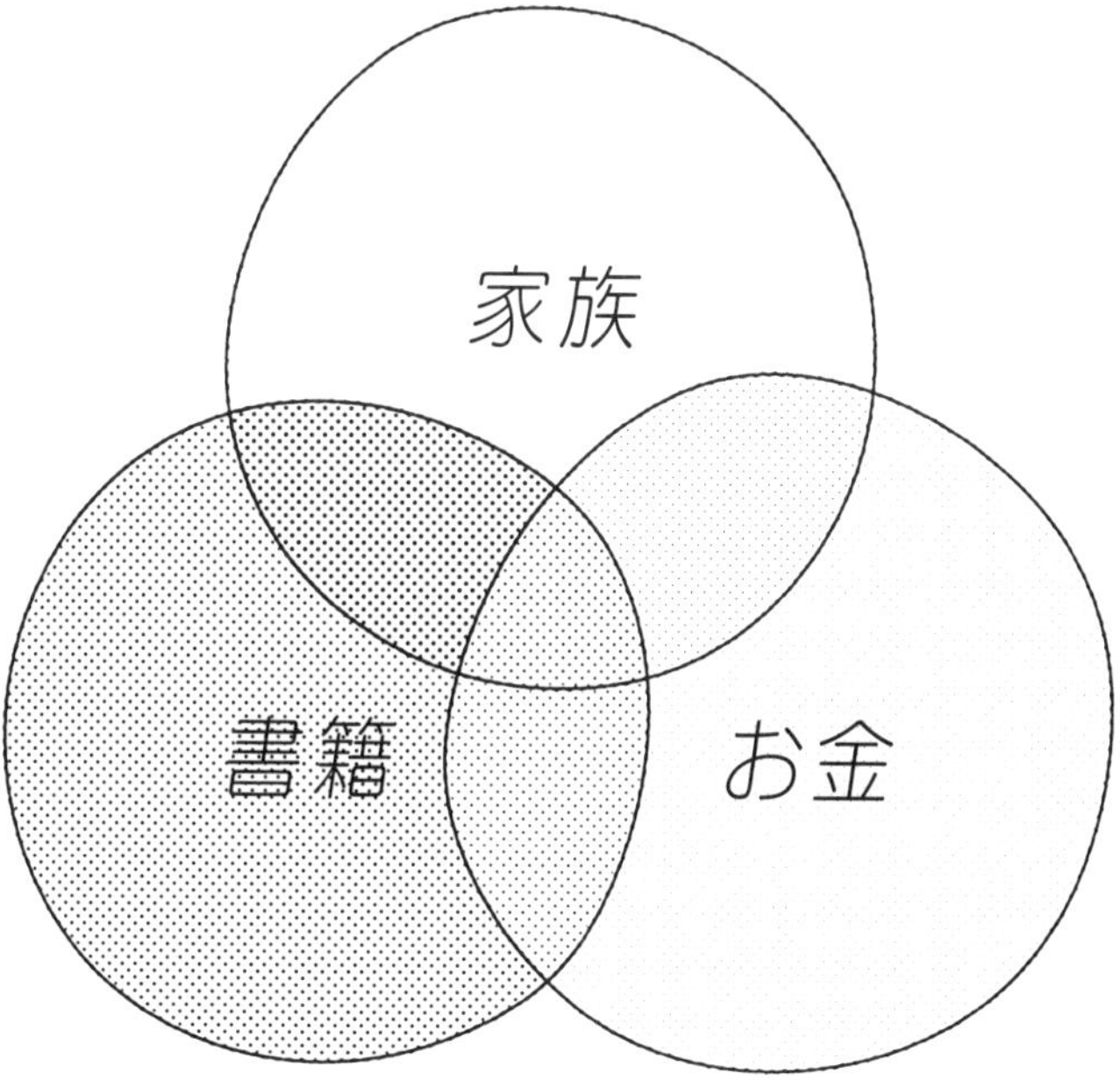

あなたが自問すべき質問は、こうだ。「私の今の目的は何だろう?」

あなたにとって、1つ上のレベルの「未来の自分」はどんな人物だろうか?

「未来の自分」がどんな状況にいるか想像して、鮮明で詳細で自分らしいビジョンとして描けるだろうか?

今の自分にとって、もっとも重要で外すことのできない、フォーカスすべき3つの優先事項は何だろうか?

その3つの優先事項は、自分が達成すべきもっとも重要な目的を具現化しているだろうか?

そしてあなたが深く共感でき、ワクワクできるものだろうか?

FUTURESELF.COM/PRIORITIESにアクセスして、「3つの優先事項チェックリスト」を含む、さらなるトレーニングやリソースとなる資料を入手してほしい。あなたにとってもっとも重要な3つの優先事項をはっきりさせて確定したら、それぞれの優先事項について、今後1年に向けた、具体的かつ測定可能な目標を立てよう。


私が2022年に向けて立てた目標は次のとおりだ:

1. 家族

a. 2022年中は150日の休日を取り(水、土、日)、その日は家族に投資し、至高

体験をする

b. 6週間の夏のヨーロッパ旅行

c. 上の子たちと毎月1対1の時間をつくる

d. 上の子たちのスポーツや趣味に思い切りフォーカスする

2. 書籍

a. 本書と『10倍成長　2倍より10倍が簡単だ』（ディスカヴァー・トゥエンティワン）を出版

b. 刊行済みの全自著を合わせて100万部以上売る

c. 2023年の書籍に向けて次のコラボレーションを決める

3. お金

a. 経済的に自由になれる目標を達成する（現在成長している純資産が生むお金で余裕のある生活ができるよう資産額を引き上げる）

核となる3つの優先事項を明確にしたら、それぞれの優先事項について、今後1年で達成させる具体的な目標を立てよう。その目標を、重要なものから順番にランクづけする。1年の目標のうち、達成したら「未来の自分」にとって長期的に一番影響するのはどれだろうか？

私の2022年の目標トップ3：

1．家族とのつながり、リカバリー、ただ存在する、ゆっくりするための150日の休日

2．書籍を2冊出版

3．経済的自由を手に入れる目標額を達成

1年の目標のトップ3をランクづけしたら、今後1年のうちにどれを10倍にできるか、自問してみよう。

目標が決まれば、プロセスが決まる。

希望とは根本的に、**「道筋思考」**だ。何であれ目標を10倍にするとしたら、現在のプロセスあるいは道筋を真剣に再検討しなくてはいけなくなる。

ダン・サリヴァンは、「10倍のものさしで測るようになると、みんながして

いることを自分はどう飛び越えて先へ行けるか、すぐに見えるようになる」と述べる。例えば、もし私が2022年の経済的目標を10倍に設定するなら、現在の計画やプロセスをすべて考え直さなければならなくなる。明らかに、今のアプローチや戦略では、10倍に到達できないからだ。そのため、もし特定のエリアを10倍にしたいと本気で考えるなら、もっと強力で直接的な道筋を見つけなくてはいけない。これは、試行錯誤によって可能となる。「未来の自分」はたとえ来週であれ、今週の私が知っていることよりもずっと多くを知っている。10倍にするには、集中力とシンプルな取り組みが必要だ。

あなたが立てた1年の目標のうち、10倍の飛躍に向けて一番準備が整っているのはどれだろうか？

「未来の自分」になるための ステップその1 は、**現状に即した目的を明確にすること**だ。「未来の自分」を明確にして、その状況をはっきりと思い描くことで、ステップその2 へ移行できる。

ステップその2 では、**自分がつくった目的と優先事項に矛盾するものはすべて排除**する。

重要度の低い目標は排除しよう

ステップその2

目標は、自らが持つイメージで
目標へ至る過程をつくる

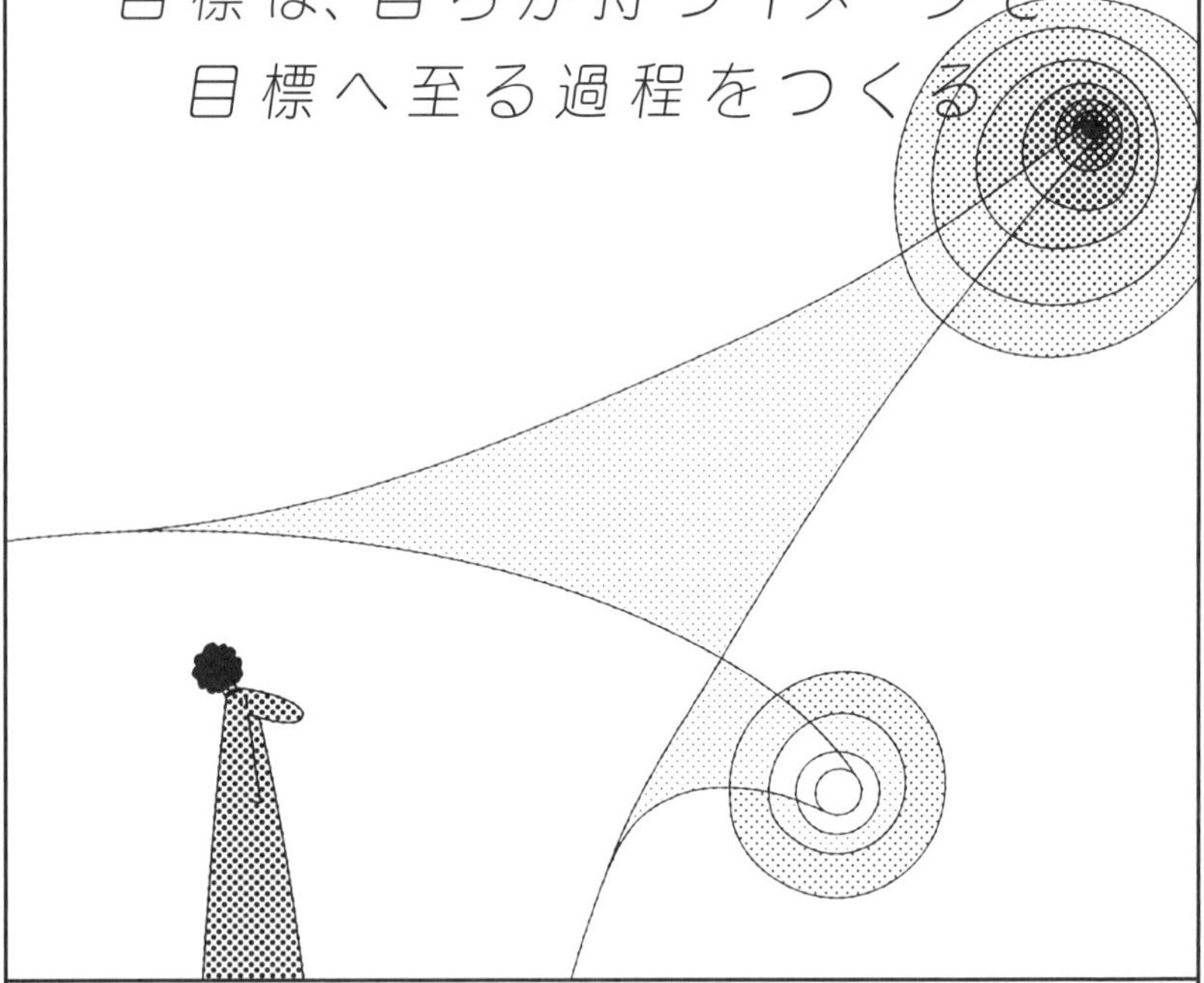

目標に到達できないのは、障害物のせいではなく、重要度の低い目標への道筋の方がはっきりしているからだ
——ロバート・ブロールト

1975年、コミック本が大好きで常に本を持ち歩いていたイギリスの青年が、「未来の自分」に達成してもらいたいあれこれをリストアップした。「大人向けの小説や、児童書、コミック本、映画を書く。オーディオブックを録音する。ドクター・フーのエピソードを書く……」。

ニール・ゲイマンが成長するにつれ、リストは長くなっていった。なりたいものは、「作家。主にフィクションの良書をつくり、コミックの良書もつくり、言葉を使って生計を立てること」だった。

目標を実現するためにニールが使った戦略は、「未来の自分」が遠くにある山で、自分はそこに向かって歩いていると想像することだった。仕事のチャンスを手にするたびに、「これをすればあの山に近づけるのか、それとも遠ざかるのか?」と自問した。もし山に近づけないなら、ニールは「ノー」と答えた。

ある大学の卒業式で2012年に行った祝賀スピーチで、ニールはこう述べている:

山に向かって歩き続けている限り、大丈夫だとわかっていました。どうしていいか本当にわからないときは、立ち止まり、果たしてそれで山に近づけるのか、それとも遠ざかってしまうのかを考えればいいのですから。雑誌の編集の仕事には、すべてノーと言いました。きちんとした額を支払ってくれるきちんとした仕事で魅力的ではあったものの、私にとっては、山から遠ざかることになったからです。もしもっと前の段階でこれらの仕事を打診されていたら、受けていたかもしれません。当時の私にしたら、山に近づけることになったからです。

ニールの山の戦略はうまくいった。世界屈指の著名フィクション作家となり、大人向けコミックの先駆者となった。ニールの本はこれまで、ヒューゴー賞、ネビュラ賞、ブラム・ストーカー賞、さらにはニューベリー賞やカーネギー賞などを受賞している。

これまで目指していた山々は遥か昔に通りすぎ、ニールはなりたかった「未来の自分」以上の存在になった。そしてニールの「未来の自分」は、進化を続けている。山に到達したのは、山に焦点を絞り続け、そこに至るまでの道のりで、**矛盾したり重要度が低かったりする目標を取り除いてきたから**だ。

その瞬間に自分がもっとも全力で取り組んだものに、結果はついてくる。

自分が何に全力で取り組んでいるかを見極めるもっとも簡単な方法は、自分自身の行動を観察することだ。あるプロジェクトに取りかかろうとしているのに、ほかの何かに気を取られてばかりいるとしたら、あなたはプロジェクトではなく、集中力を奪うその何かに全力で取り組んでいることになる。その瞬間は、そちらの方が大事な目標になっているのだ。

もし、悠々自適な老後を実現できるよう全力で取り組んでいると口では言いつつ、お金が入るとすぐに使ってしまうのなら、今全力で取り組んでいるのは、投資ではなく浪費だ。

副業を始めるべく真剣に取り組んでいると言いつつ、時間があるとＳＮＳをやったり友達と会ったりしているのなら、全力で取り組んでいるのは副業ではなく、ＳＮＳであり友達である。

ニールは、編集の仕事に「ノー」と言うことで、山にどれだけ真剣に向かっているかを証明した。あなたの行動は、「未来の自分」をあなた自身がどう捉えているかを表す。行動は、何に真剣に取り組んでいるかを表し、つまりは結果も、何に真剣に取り組んでいるかを表す。

ジム・デスマー、ダイアナ・チャップマン、ケイリー・クレンプの言葉を改めて引用しよう：

全力での取り組み《コミットメント》とは、「あり方」に表れる。つまり、人の発する言葉ではなく、出す結果を見れば、その人が何に全力で取り組んでいるかを知ることができる。私たちは誰もが、全力で取り組んでいる。誰もが、結果を出している。その結果が、「全力で取り組んでいる《コミットしている》」

という証拠なのだ[7]。

あなたは今、現在の人生と習慣に全力で取り組んでいる。今出てくる結果にも全力で取り組んでいる。あなたが今本書を読んでいるのは、もっといい結果を出したいからだ。新たな「全力での取り組み」を求めているのだ。

具体的な目標を明確にしたら、こう自問しなければならない。

「今手にしているものを手放せるほど、この目標に全力で取り組む覚悟はあるだろうか？」

今よりもっと新しくていいものに本気で取り組みたいなら、今していることのほとんどをやめてそちらに取り組むはずだ。

「未来の自分」になるための**ステップその2**は、**重要度の低い目標を取り除いて、人生をシンプルにすること**だ。いかなる瞬間にも、人は2つの選択肢に直面している。全力で取り組むべきは、山か、重要度の低い目標か。

重要度の低い目標と言えるものには、メールやSNSのチェックから、デザートを食べることに至るまで、数えきれないほどある。あるいは、違う仕事をしたいとわかっているのに、今の仕事を続けることかもしれない。

「未来の自分」へと連れて行ってくれないものは何であれ、重要度の低い目標だ。

ハーバード・ビジネス・スクールの故クレイトン・クリステンセン教授は、全力で取り組むことについて、「100パーセントは、98パーセントよりも簡単だ」と言っていた。何かに100パーセント全力で取り組む方が、簡単なのだ。というのも、全力で取り組んでいるということは、内なる葛藤を排除したことを意味する。**決断疲れを抑えたということ。重要度の低い目標を追いやったということだ。**

全力で取り組むには、油断は禁物だ。重要度の低い目標はどんなときも、あなたの目の前に現れて来るからだ。

人は、何かに全力で取り組むのを恐れて、習慣や人間関係をそのままにしてしまうことが多い。全力で取り組んだらどうなるのかが怖いのだ。そのため、重要度の低い目標に向かうはっきりした道筋を排除するどころか、その目標を持ち続けてしまう。

モチベーションという観点から見れば、人が目標に相反する行動を取るのは、道理にかなっている。モチベーションを持つとはつまり、絶対に手に入れたい何らかの結果や報酬があり、その結果を手に入れるための道筋があり、その道筋を進むだけの自信があるということだ[8]。

重要度の低い目標は、簡単に実現できるがゆえに、非常に魅力的だ。手軽な報酬やドーパミンによる刺激を与えてくれる。恐らく私たちは、心から望む何かに全力で取り組むよりも、重要度の低い目標に全力で取り組む方がずっと多いだろう。

重要度の低い目標は、人生という庭園の雑草だ。重要度の低い目標に関わるたびに、庭園に雑草を植えているようなものだ。それが何であれ、植えたものは必ず結果を生み出す。

あなたの庭園は、何を生み出しているだろうか？
その庭園は、「未来の自分」に合わせたものになっているだろうか？
それとも、雑草だらけで雑然としているだろうか？

ステップその1では、現状に即した目的をはっきりさせた。3つの最優先事項を決め、それぞれに具体的で測定可能な目標を設定した。山を形づくり、庭園も思い描いた。

これが、あなたがなりたい
「未来の自分」のはずだ。

これがあなたの目的であり、ヴィクトール・フランクルが言うところの、あなたの人生に意味を与えるものだ。

「未来の自分」を実現するには、自分の目的に100パーセント全力で取り組もう。目的とアイデンティティは、密につながっている。アイデンティティとは、あなたが一番全力で取り組んでいるものだ。アイデンティティは、目的に従う。

目的を実現するなら、「未来の自分」になるための**ステップその2**は、**重要度の低い目標に取り組むのをやめ、手放すこと**だ。今の生活のベースや、日々下す決断は、こうした重要度の低い目標によってつくられている。

「生活のベース」とはつまり、**今の習慣、言動、人間関係**だ。人は日々、現状に即した目的とは矛盾することをたくさんしている。

重要度の低い目標とは具体的に何だろうか？

人生で現状に即した目的に反するものは、主に何だろうか？

今の人生で、3つの優先事項に当てはまらないものは何だろうか？　なりたい「未来の自分」なら「ノー」と言うであろうことで、あなたがいまだに「イエス」と言ってしまうものは何だろうか？

自分が向かいたい方向から離れてしまうのに、いまだに全力で取り組み、投資を続けているものは何だろうか？

これを判断するには、残酷なほどに正直になる必要がある。

人の言動はどの瞬間においても、その人が何に全力で取り組んでいるかをはっきりと映し出す。人はいかなるときでも、目的に沿って生きるか、重要度の低い目標に屈するかの選択肢を手にしているのだ。

重要度の低い目標を取り除くのは、継続的なプロセスだ。私は日々、どの瞬間においても、ライターとしての選択肢を手にしている。本を書くか、ほかのことをするか。人生は止まっているわけではなく、常に動いている。ほぼどの瞬間にも、選択肢、注意力を散漫にさせるもの、他人の思惑、そして矛盾する自分の欲求をいくつも抱えている。何が最善の決断かを知るには、その瞬間における注意力と優れた判断力が必要となる。

例えば、自分の子どもが怪我をしたり、緊急事態が起きたりしたのなら、向かうべきは病院というのは明らかだ。しかしほとんどの場合、ゲイマンのように特定の山に向かっているわけでもない限り、向かうべき道筋はそこまではっきりはしていない。

明確な優先事項をもって特定の目的に全力で取り組んで初めて、その瞬間に何が最善かを判断できる。

これをすれば、目標に近づけるだろうか？

物事が完璧になるのは、加えるものがなくなったときではない。

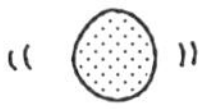

取り除くものがなくなったときだ。

これは、自分が今できるもっとも効果的な行動だろうか？
もし答えが「ノー」なら、自分のビジョンに改めてフォーカスしてみよう。重要度の低い目標を追いかけてしまった場合、すぐに自分のビジョンに戻ろう。

フランス人作家のアントワーヌ・ド・サン＝テグジュペリは、こう述べている。

物事が完璧になるのは、加えるものがなくなったときではなく、取り除くものがなくなったときだ。

重要度の低い目標のうち、すぐにでも取り除けるものは何だろうか？
今後も毎日・毎秒のように、矛盾する目標に直面することになるだろう。そうした瞬間が訪れたら、あなたは何をするだろうか？

何に本気で取り組んでいるかは、行動に表われる。

「未来の自分」になるための ステップその2 は、**重要度の低い目標を取り除くこと**だ。
そしてこれは、**今すぐに「未来の自分」になるための基礎のステップ**となる。

「必要《needing》」から「欲求《wanting》」、さらに「確信《knowing》」へと高めよう

ステップその3

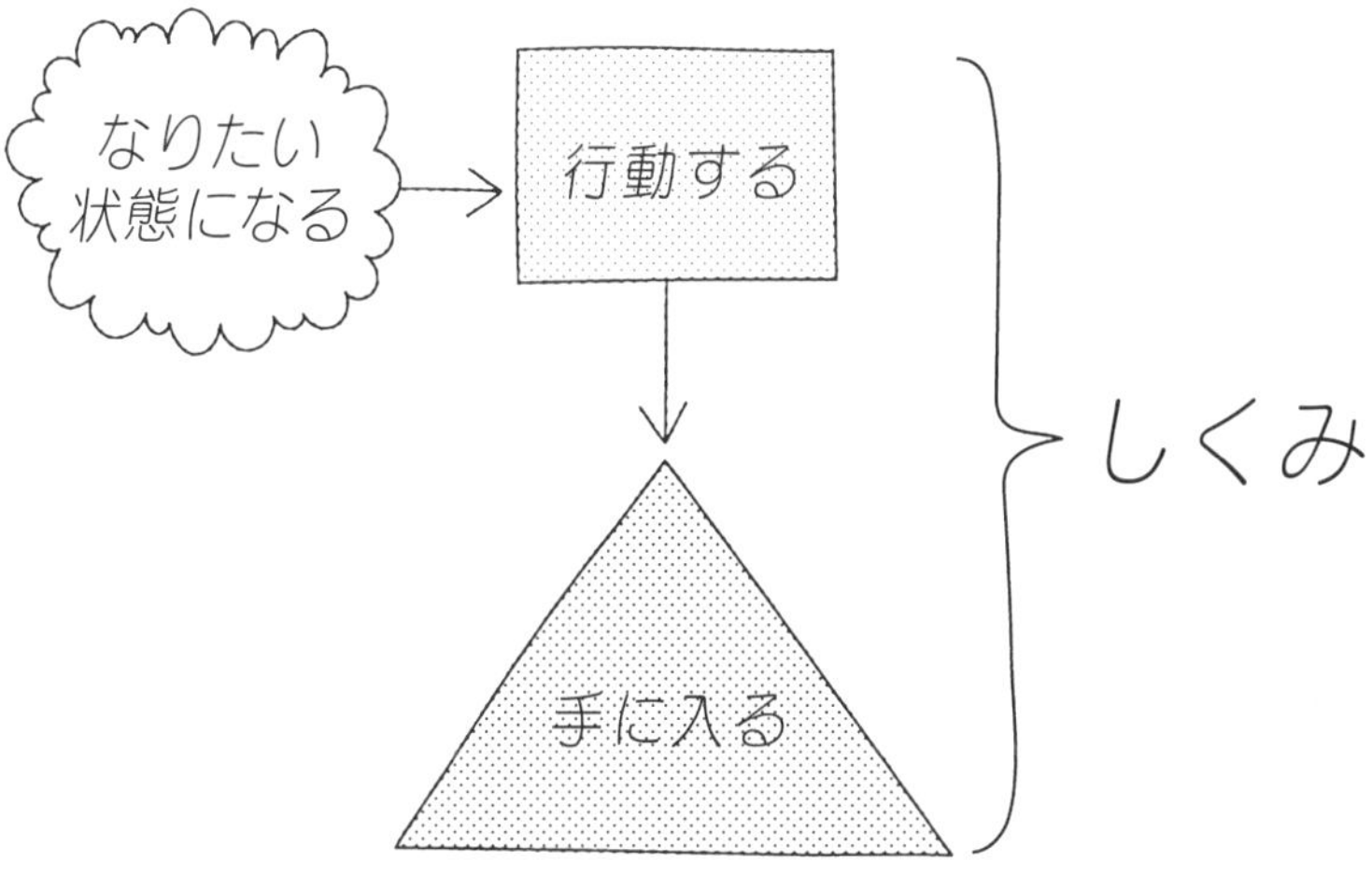

やるかやらないかだ。〝やってみる〟などない

――ヨーダ

デヴィッド・R・ホーキンズ博士は、意識のマップと呼ばれるものを生み出した[9]。恥、恐怖、怒りといった低いレベルの感情から、勇気、受容、愛、悟りといった高いレベルに至るまで、感情の発展レベルを落とし込んだマップだ。

ホーキンズ博士のマップで高いレベルに進めば進むほど、好きな人生を創造しやすくなる。マップの下にいけばいくほど、人生に摩擦、抵抗、痛みが増えていく。こうした感情のレベルを進むとはつまり、何かを「必要とする状態《needing》」から、「求める状態《wanting》」へ、さらには「確信の状態《knowing》」へと進化することだ。

何かを「必要だ」と思うとき、そこには不健全な執着がある。何かを必要としているということはつまり、深刻な「不足」の状態にあり、その必要性が満たされない限り、完全に幸せにはなれないということだからだ。

何かを「欲する」とは、「必要とする」よりも健全だが、やはり不足の状態にある。「欲する」とは、欲しいものを持っていないことが前提だからだ。

何かを「確信する」とは、「欲する」よりも高いレベルにある。何かを確信しているとはつまり、欲しいものはすでに手に入ったと自覚した状態だからだ。受容、平穏、感謝の状態で生きることができる。20世紀初頭に活躍した作家で神秘主義者のフローレンス・スコーヴェル・シンはこう述べていた。「信念とは、自分がすでに受け取っていると確信し、それに応じて行動すること」〈10〉

俳優のデンゼル・ワシントンもまた、「何か良いことを心から欲しいと思うとき、その欲求は、それがすでにあなたのものであるという証拠として、神が事前にあなたに向けて送った合図」だと述べている。

何かがすでに自分のものであると確信しているとき、人はしていないときとは異なる行動を取る。例えば、確実に売れると確信している営業担当者は、売りたいと思っている営業担当者とは違う行動を取る。

翌朝はきちんと起きてジムに行くと確信している人は、朝起きたらジムに行きたいな、とただ思っている人とは違う。何かを「確信する」とは内なる経験であり、受容の状態なのだ。

目を閉じて、「未来の自分」を詳細に想像してみよう。行きたいところにいる自分を想像する。どこか特定の家に住んでいるだろうか？ 恋人と暖炉の前でゆったりと過ごしているだろうか？ 目標のペースでマラソンを完走するところだろうか？

そのビジョンを、すでに手に入れているものと確信して、受け入れよう。受容の感覚とともに深く息を吸い込もう。もし祈りたい気持ちになったら祈り、手に入れていいか神に聞いてみよう。そして魂に平穏が訪れるのを待つ。その平穏を感じ、にっこりと微笑む。ビジョンに心からの感謝を表現しよう。

著者であり指導者でもあるジョー・ディスペンザはこう書いている：

感謝とは、物事を実現させるときに使える、パワフルな感情だ。なぜなら人は通常、何かを受け取ったあとに感謝を抱くからだ。つまり、感謝という感情の特徴が意味するのは、「すでに起きた」ということ。ありがたいと思ったり、感謝の念を抱いたりするとき、「受け取る」という究極の状態にある。感謝の気持ちを受け入れるとき、潜在意識としての体は、それがその瞬間における未来の現実だと信じるようになる。未来の感情を、リアルに感じ取らなければならない。このプロセスは、頭で考えるのではなく体で感じる。あなたは、どんなものを受け取る価値が自分にはあると信じているだろうか？　欲しいものを受け取るとどんな感情を抱くか、それが実際に起きる前に、あなたは自分の体に教えられるだろうか？　実現させるには、これを今という時間のなかでできなければならない。

人が欲しいものを手に入れられない第一の理由は、**それを手にするだけの価値が自分に**

はないと思うからだ。欲しい目標を頭のなかで想像はできるが、その現実を手にすることに対し、感情面で抵抗してしまう。

「未来の自分」を信じていないのだ。

豊かさが手に入るとは感じられない。遮られており、抵抗している。

ナポレオン・ヒルは、「心が思い描き信じられるものは、何でも実現できる」としている。さらに、「祈りを、まだ手にしていないもののリクエストではなく、すでに手にしたものへの感謝の表明とすれば、結果はずっと早く手に入るだろう」とも述べている〈11〉。

感謝は、すでに起きたことに対して表現すると、大きな力を発揮する。将来的に欲しいものに対して先回りして感謝を表現するのも、非常に強力だ。感謝は、「欲する」から「確信する」へと高めてくれる。

何かを心から欲しいと思うとき、私は瞑想し、すでに手に入ったものとして視覚化し、「確信の状態」に入るまで祈り続ける。例えば、目を閉じ、家族で一緒に住みたいと思う家を思い描き、この家を手にしているという受容の感覚とともに深く息を吸い込む。そしてこれが実現することへの感謝とともに、ゆっくりと息を吐く。欲しいものはすでに自分のものだと、一寸の迷いもなく受けとめる。

このとき私は、平穏に包まれる。

そこには、欠如という感覚はない。あるのはただ、無条件の感謝と受容だけだ。名著『原因と結果の法則』のなかでジェームス・アレンは、こう書いている。「人は欲しいものを引き寄せるのではなく、その人のあり方に合ったものを引き寄せる」〈12〉

だからこそ、確信と受容に身を置くことが非常に大切なのだ。だからこそ、今すぐに「未来の自分」にならなければいけないのだ。人の行動は、アイデンティティに従う。アイデンティティの科学的な定義は、「その人物が全力で取り組んでいる価値と信念からなる、自我についてのまとまった概念」とされている〈13〉。

あなたのアイデンティティとは、あなたがもっとも全力で取り組んでいるものだ。

自分のアイデンティティの真実を完全に受け入れ、アイデンティティを「未来の自分」に合わせるとき、「未来の自分」として行動することになる。スティーブン・R・コヴィー博士はこう言っている。「確信しているのに行動しないのは、確信していないのと同じである」〈14〉。

確信しているとき、人は行動する。確信しているのに行動しないのは、確信していないのと同じだ。

フローレンス・スコーヴェル・シンの言葉を繰り返すと、「信念とは、すでに受け取っていると確信し、それに応じて行動すること」。信念とは確信だ。その確信は自動的に、より高い視点に沿った行動へとつながる。

「未来の自分」に向けたちょっとした行動すべてが、**全力での取り組み《コミットメント》と確信を強化**する。

「未来の自分」に向けたちょっとした行動すべてが、**あなたの信念の証拠**となる。

「未来の自分」に向けてちょっとした行動を取るたびに、**今この瞬間に「未来の自分」**になる。

確信しているのに行動しないのは、
確信していないのと同じである
——スティーブン・R・コヴィー博士

何かを手に入れるカギは、実際に手に入る前に「確信する」こと、そして手に入れたいその状態になることだ。ジグ・ジグラーはこう述べる。「その状態にならなければ行動を起こせないし、行動しなければ手には入らない」。ほとんどの人は、欲求に対しこれとは逆のアプローチをしている。だからこそ、求める人生を生きられる人はこれほどまでに少ないのだ。よくあるアプローチは、まずは何かしらを持っていなければならないと考える。そしてそのおかげでやりたいことができ、究極的にはなりたい状態になれる、と考えるのだ。

例えば、起業家になりたいとしよう。まずは資金、あるいはすばらしいアイデア、はたまた何かしらを持っていないといけないと思うかもしれない。そうすれば、やりたいことをできるし、究極的には、なりたい自分になれると考えるのだ。

「まず何かを持っていなければならない」という考えは、行きたいところへたどり着くことのない、重要度の低い目標が際限なく続く道筋へと人を向かわせる。

私の友人を例に挙げよう。彼は、早期退職をして人道支援の仕事を本職にしたいという。ところが、まずは特定の資格や資金、経験が必要だと思い込んでいる。今すぐに「未来の自分」になる代わりに、何十年もかけて資格をいくつも取得している。これらの資格があれば、いつかは自分がやりたいことができ、なりたい人物になれると考えているのだ。

この友人は、今すぐにでも「未来の自分」になれることに気づいていない。「未来の自分」という「状態」になること、つまり**自分が「未来の自分」だと「確信する」**

ところから始めていたら、限界のある今の自分ではなく、「未来の自分」として行動しただろう。欲しいものはすでに手にしていることを受け入れ、そう確信すれば、目標に向かうのではなく、目標をすでに達成した状態となり、そこから行動できるようになる。すでに成功したと確信し、**「未来の自分」の立場とマインドセットから行動を起こす。**目標に向かうのではなく、すでに到達したところから行動しているため、ずっとパワフルで、「未来の自分」に沿った行動となる。

人の行動は、その人のアイデンティティから生まれる。あなたのアイデンティティが「未来の自分」ではなく、今まさに全力で取り組んでいる何かに根ざしているとき、行動は弱く、目標に沿ったものにはならない。「未来の自分」を実現する唯一の方法は、今すぐに「未来の自分」の状態になることだ。

まず「なりたい状態になる」。
そして「行動する」。
すると「手に入る」。

「未来の自分」を事実としていったん受け入れ、すでに自分が手にしていると確信してしまえば、行動はビジョンに沿ったものとなる。状況はすぐに変わる。**それまでには見えなかったものが見えるようになる。目標に沿わない行動は取らなくなる。**

これが、**ステップその4**へと続く。「確信」の状態で、欲しいものを欲しいと直接お願いするのだ。すると、**目標へと続く道筋や人間関係が見えてくるようになる**だろう。

登山家のウィリアム・ハッチソン・マーリはこう述べている：

全力で取り組むようになるまでは、ためらいがあり、引き返す可能性があり、常に効率が悪い。自発性（と創造性）のあらゆる行動に関して、基本原理となる真実が1つある。その真実を知らないと、数えきれないほどのアイデアやすばらしい計画が台無しになる。その真実とは、人が全力で取り組むと決めたとき、神意も動くということだ。とうてい起きなかったようなありとあらゆることが、その人を支援するために起きるようになる。その決意をきっかけに、さまざまなことが次から次へと起こり、夢にも思っていなかったような、ありとあらゆる予期せぬ出来事、出会い、物質的な支援が、その人の有利になるような形で手に入るようになる。

欲しいものははっきりお願いしよう

ステップその4

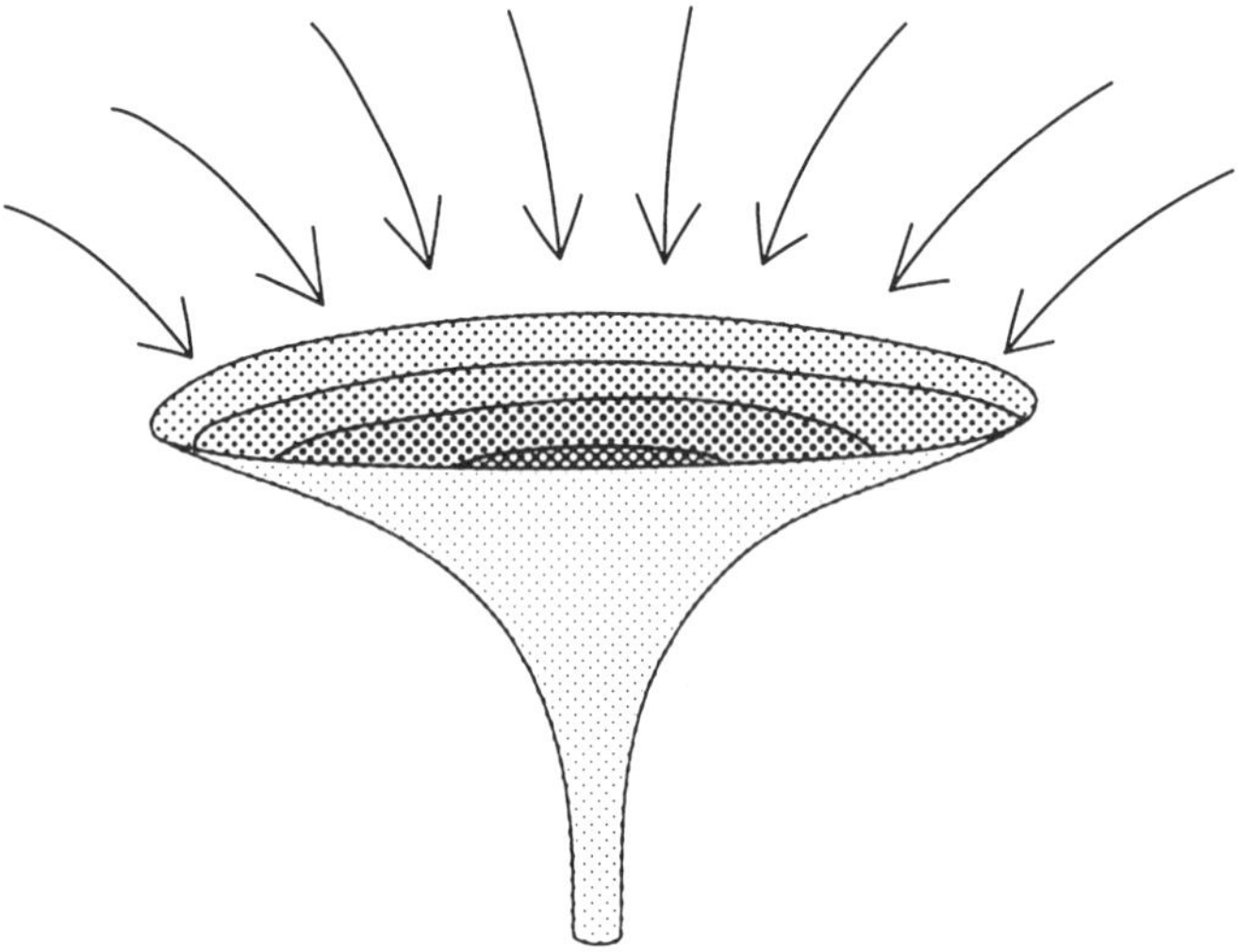

求めよ、さらば与えられん

求めよ、さらば与えられん。（中略）
求める者は誰もが受け取る

——マタイ7章7〜8節、欽定訳聖書

アマンダ・パーマーは大学卒業直後の5年間、「生きた銅像」として過ごしていた。肌を白く塗り、白のドレスを着て、公共の広場で木箱の上に立ち、チップを集めるために足元に帽子を置いた。

誰かが1ドル投げ入れると、パーマーは相手とアイコンタクトを取り、白い花を渡した。夜は、ドレスデン・ドールズという名の2人組のユニットで、ピアニスト兼作詞家として地元のショーに出演した。やがてユニットは人気が高まり、銅像の仕事を辞められるほど稼げるようになった。とはいえ、ドレスデン・ドールズとしてツアーに出ても、通りで見知らぬ人とアイコンタクトを取っていたときに感じた、人との直接的な触れ合いを、失いたくないとパーマーは思った。

ショーのあと、2人はファンにサインをして一緒に写真を撮った。そして主にツイッター〔訳注：現X〕を駆使して、ファンに頼みごとをするのがうまくなった。

パーマーはTEDトーク「〝お願い〟するということ」でこう説明している：

練習するためのピアノが必要になったら、1時間後にはファンの家にいたものでした。ファンの人たちは世界中で、楽屋に手作りの食べ物を持ってきてくれ、一緒に食べてくれました。急に思いつきで無料コンサートをすると決めたときには、美術館やお店、その他公共スペースで働いていたファンが、手を挙げてくれました。またあるとき、「鼻うがい用のネティポット、メルボルンではどこで買える？」とツイートしたところ、病院で働く看護師が、私がいたカフェまでネティポットを車で持って来てくれました。私はその女性にスムージーをおごって、2人で看護や死について語り合いました。

しかしその後、パーマーの頼みごとは、単なる思いつきとはかなり違うものとなっていった。ドレスデン・ドールズの人気はさらに高まり、大手レコード会社との契約が持ちかけられる。契約書にサインし、アルバムをリリースし、2万5000枚が売れた。ところがレコード会社は、このアルバム・リリースを失敗と考えた。

ある夜のショーのあと、パーマーがファンにサインやハグをしていたところ、男性が歩み寄り、10ドル札を手渡してきた。「ごめんね。君のCD、友達に借りてコピーしたんだ。でもブログ読んだから、君がレコード会社を嫌っているって知ってる。このお金、受け取ってほしい」

その後も、人々はパーマーの音楽に対して、現金を手渡してくれるようになった。仲介人が間に入るのとは違い、パーマーは、お金を手渡してくれる人たちと直接やり取りができるようになった。それ以来、自分の音楽は無料で提供すると決めた。また、助けが必要なときは、直接お願いしようとも決めた。

パーマーはレコード会社を離れた。そして新しいバンド「グランド・セフト・オーケストラ」とのプロジェクトは、クラウドファンディングをすることにした。

ゴールは10万ドルでしたが、ファンの人たちは、120万ドル近く支援してくれました。これは、音楽のクラウドファンディング・プロジェクトとして、今のところ最高額です。何人が支援してくれたか、わかりますよね。約2万5000人です。

パーマーは、恥じることなくお願いすべきだという。

人はそこから、信頼すること、そして与えることと受け取ることを学ぶ。

パーマーはTEDトークをこう締めくくった：

人は間違った疑問に執着しているように私は思います。それはつまり、「どうすれば、人が音楽にお金を払うよう仕向けられるか？」。でもこう自問してみたらどうでしょうか？「どうすれば、音楽にお金を払いたい人が払えるようにできるのか？」

パーマーは、人生にあるものすべて、お願いすることで手に入れてきた。

グレアム・ステファンは金融系ユーチューバーで、チャンネル登録者数は数百万人に上る。動画の冒頭では毎回、動画に「いいね」（高評価）をしてチャンネル登録してくれるよう、視聴者に巧みにお願いする。高評価とチャンネル登録のお願いに、30〜60秒かけることもある。あまりにも巧みなため、ファンはまたかとうんざりするどころか、一緒に笑ってしまうほどだ。

当然ながら、あからさますぎるとしてグレアムを批判する人もいる。「いい動画だったら、高評価やチャンネル登録のお願いなんてする必要ないはずだ」

しかしそれは間違っている。

グレアムのチャンネルがうまくいっている理由は主に、手を貸してほしいと彼が視聴者にお願いしているからだ。誰かが彼の動画を高評価するたびに、ユーチューブのアルゴリズムがグレアムに有利になるよう調整され、より多くの人に動画が表示されるようになる。

古い動画でグレアムは、高評価やチャンネル登録のお願いをするのに、そこまで直接的でも図々しくもなかった。まったくお願いしないときさえあった。した場合でも、罪悪感を抱いて気後れした様子だった。しかしやがて、チャンネル登録者数の増加に本気で取り組むようになる。成功を恐れるのをやめたのだ。「未来の自分」を受け入れ、欲しいものをはっきりと求めるようになった。欲しいものを直接お願いするようになったおかげで、チャンネルは大人気になり、グレアムは大金を稼ぐようになった。

ジョシュア・ウルフ・シェンクは著書『POWERS OF TWO 二人で一人の天才』（英治出版）のなかで、こう述べている。「欲しいものを言葉にすると、たとえ1人しか聞いていなかったとしても、創造する力を持つ輪が広がるかもしれない」〈15〉

19世紀初頭のアメリカ人宗教的指導者であり預言者でもあったジョセフ・スミスは、「与えてくれるまで、神がうんざりするほどお願いしなさい」と述べていた〈16〉。ジョセフは、持っているものはすべて人に与えてしまうことで知られていた。自宅の戸棚に何もなくなってしまうこともあるほどだった。

ある日、乾燥させたトウモロコシの粉が少しあるほかは、食べるものが何もなくなってしまった。家族はその粉を使い、パンケーキに似た「ジョニーケーキ」をつくる。ジョセフは、食前の祈りを捧げた。「主よ、このジョニーケーキに感謝しつつ、もっと良いものをお送りくださるようお願いします。アーメン」

食事が終わる前に、ドアをノックする音がした。ある男性が、ハムと小麦粉を持ってきてくれたのだ。興奮したジョセフは飛ぶように立ち上がり、妻のエマにこう言った。「主が祈りに応えてくれるって、わかっていたよ」〈17、18〉

自分が全力で取り組んでいるか否かは、お願いすればわかる。直接的に、大胆に、悪びれもせずにお願いすればわかるのだ。

お願いを始めよう。

そうすれば、受け取り始める。直接求めさえすれば、欲しいものがどれだけすぐに手に入るか、驚くほどだ。

例えば私はここ3日間、まさに求めていたものを提供するという人たちから、メールを受け取った。今このタイミングで私が求めているものは2つ。1つは、将来的に本を一緒に書ける相性の良い人とのコラボレーション。私は、望みは叶うと確信し、自分の目標について人に話していた。すると、非常に興味深い人たちが連絡をくれた。ぜひ一緒に働きたいと思える人たちばかりだ。そのうえ彼らは全員、私の希望額を喜んで払うと言ってくれている。

お願いすると、扉が開く。

私たちはたいてい、欲しいものをズバリとお願いするのを恐れている。ムリだと思うからだ。そのため欲しいもののレベルを落としてお願いする。そして、自分はこの程度だろうと心で思うレベルのものを受け取るのだ。

もう1つ、私が今求めているものは、次の本の下書きを手伝ってくれるゴーストライターだ。ゴーストライターがいれば、仕事より家族にフォーカスする3つの優先事項を実行しながらも、目標を達成する手助けとなるだろう。ゴーストライターを探していると人に話してきたが、ちょうど今朝、過去に30冊手がけたという人で、しかも私の長年のファンだという人物からメールを受け取った。

簡単すぎるくらいだ。花を探し求めるミツバチにもなれるが、花になってミツバチに来てもらうこともできる。

何が欲しいかズバリと直接お願いすれば、欲しいものはあなたの元に来るだろう。ローレンを初デートに誘って本当に良かったと思う。しばらくはまったくその気になってくれなかったのだが、何度もお願いした自分を喜ばしく思う。

何度もお願いして、ついに本物のデートにこぎ着けた。

そしてローレンに、結婚してほしいとお願いした。

ネイト・ランバートにメンターになってほしい、そして論文を手伝わせてほしいとお願いしたのも覚えている。クレムソン大学のボブ・シンクレア教授には、締め切りが過ぎていたにもかかわらず、博士課程に入れてほしいとお願いした。

ダン・サリヴァンには、一緒に本を書けないかとお願いしたが、今や3冊目を共同で執筆中だ。

以前テキサス州サンアントニオの学会に出席した際、ホテルのジムでトレーニングしていたら、プロバスケットボール・チームのゴールデンステート・ウォリアーズのメンバーも何人かそこでトレーニングしていた。観戦チケットをもらえないかとお願いしたところ、私はその夜、教授と一緒にすばらしい席で観戦できた。

願ったものが手に入る。ときにはしつこくお願いしなくてはいけないときもある。

そして進化していくと、もっといいものが欲しくなる。どんな「未来の自分」になりたいかが、もっとクリアになる。そしてこれまでより大きな「未来の自分」にピッタリ合う、具体的なものをお願いするようになるのだ。

「未来の自分」になるための **ステップその4** は、**欲しいものを直接お願いすること**だ。

祈りのなかで神にお願いしよう。
専門家にお願いしよう。
友達にお願いしよう。
誰にでもお願いしよう。

恐れずに、ただお願いする。そして恥だと思ってはいけない。

欲しいものをはっきりとシンプルにし、お願いするのがうまくなっていくと、受け取るタイミングはどんどん早くなっていく。

系化しよう

もの以外はすべて取り除く。（中略）タス
なくタスクを完了できるように、ソフト
ネラリストか専門家にアウトソースしよ
いう点だ。非効率なタスクをアウトソー
できるときに最適化か自動化してこの作

―― **アリ・マイゼル** 〈19〉

ステップその5

「未来の自分」を自動化・体

未来がはっきりしていれば、
イマココもはっきりする

何であれ、まずすべきは最適化だ。最小単位までバラバラにして簡素化し、絶対に必要な
クを最適化したら、次のステップは可能な限り自動化することだ。人間が手を出すこと
ウェアや何らかの処理手順を使おう――セットしたら忘れる。最後に、残ったものはすべてゼ
う。重要なのは、アウトソースはかなり助けにはなるものの、最適化と自動化のあとにすると
スしても、あまり助けにはならない。というのも、非効率であることに変わりはないからだ。
業自体を失くし、残ったものをアウトソースした方がずっといい。

ファイナンシャル・アドバイザーに初めて相談したとき、まずは私の目標と目的について話し合った。その話をもとに、アドバイザーの男性は自動投資を提案してくれた。投資額を決めて、毎週月曜日に銀行口座から投資用口座に自動的に送金されるように設定するものだ。セットしたら忘れる。時間が経ったら送金額を増額していく。

アドバイザーの説明によると、一番重要なのは、一貫した投資と時間だ。市場に投資した時間の長さは、市場で投資するタイミングを読むのに勝る。私は、自分にとって無理のない金額を設定したら、基本的にはもう考えない。3カ月後にアドバイザーと話したとき、自動投資を始めて以来、投資用口座の残高がどれだけ増えたかを教えてもらった。

それを聞いて驚き、やる気が出た。金額を引き上げ、その後も定期的に増額している。

行きたいところに速く、楽に行くには、**「未来の自分」を自動化・システム化すること**だ。戦略的なシステムを実装すると、その分の思考力が解放されて、焦点を絞ったり、自由に考えたり、計画したりできるようになる。また、自動化のおかげで、一貫した結果が担保されるようになる。

ビジネス戦略家のエベン・ペーガンは、これを**「必然性思考」**と呼ぶ。彼の定義によると、

「必ず結果が出るようすでに条件を設定してあるため、必然的にその結果が出るかのように考え、行動すること」だ。

小さなことから始めるのを恐れてはいけない。

「未来の自分」に関するシステムを構築しよう。

システム設計とはつまり、目標を達成するために、できる限り摩擦がない自動的なルーティンをつくることだ。そして回避したいところに、摩擦や障壁をつくる。あなたが求める結果が継続的に出るようどこか1つを変えるとしたら、どこだろうか？　例えば、SNSアプリをスマートフォンから削除すれば、何も考えずについSNSを見て貴重な時間を無駄にするのを回避しやすくなる。

賢くシステムを設計するにはまず、目標をはっきりさせて、それを簡素化することだ。経営学に関する著述家であり伝説的人物でもあるピーター・ドラッカーは、こう述べていた。「まったくすべきでないものを、非常に効率良くこなすほど無駄なことはない」

有効性とは、やるべきことを行うことであり、一方で効率性とは、やるべき方法で行うことである。必ず有効性がまず先で、そのあとに効率性が来る。システム設計とは、求める結果が出るように自動化してアウトソースすることだ。意識とエネルギーを向けたいところに向けられる余裕を、自分のなかに持とう。狙いは、精神的にも物理的にも、負担を減らすことだ。

ダン・サリヴァンと私は、『WHO NOT HOW:「どうやるか」ではなく「誰とやるか」』(ディスカヴァー・トゥエンティワン)という本を書いた。前提としては、もっと大きな目標を達成したいなら、**HOW(どうやるか)**のほとんどすべてを適切に処理してくれる**WHO(誰か)**が必要だというものだ。タスクは山ほどあるため、すべてを自力でやろうとすると、フローに入ったりフォーカスしたりするのは難しい。

システム設計には、**重要なタスクを処理してくれる誰かを見つけることが非常に重要**だ。例えば、私のアシスタントであるチェルシーは、私の思考に対するバリアやフィルターの役割を担っている。私がどんな機会を求めているかや、スケジュールにはどんな予定を入れていいか、彼女にはっきりと伝えてある。毎週、ミーティングのリクエストが数十件入るが、そのほとんどが私の意識には入らない。週1回の打ち合わせで、チェルシーが私に適切だと思う案件や状況のみについて聞かせてくれるのだ。

システム設計は試行錯誤であり、うまくできるようになるまでには時間がかかる。チェルシーは最初のうち、私が受けたくない案件を持ってきたり、私が結果的にイライラするようなアポイントをスケジュールに入れたりしていた。しかし私がどんな「未来の自分」にしたいかをもっと明確にし、もっと真剣に取り組むようになると、適切なものだけを通す、精度の高い「意思決定のフィルター」を2人でつくれるようになった。

この継続的なプロセスでは、辛抱強さと実践がカギだ。

心理学者のバリー・シュワルツ博士は、書籍『なぜ選ぶたびに後悔するのか』(武田ランダムハウスジャパン)のなかで、選択肢が多いと、決断疲れにつながり、究極的には後悔するような決定をしてしまうと説明している[20]。選択肢を多く確保しようとするのはつまり、意図や全力での取り組みがそこにはないからだ。意思決定とは根本的に、機会コストを喜んで受け入れることだ。

いったん「未来の自分」を明確にして簡素化したら、決断疲れ、注意力散漫、さらには重要度の低い目標すべてから自分を解放してあげよう。自分の時間を使うものとして最善かつ最適なもの、つまり**3つの優先事項に、時間と意識を向けよう。**

選択的かつ戦略的に無知でいることが極めて重要だ。外の世界で何が起きているのかなどは、どんどん意識しなくなっていくことが不可欠となる。著者のジョン・C・マクスウェルはこう述べている。「ほぼすべてのものには、これ以上ないほど重要性がない」[21]

3つの優先事項である「ビッグスリー」以外に、この世に絶対なくてはならないものなどほとんどない。ほぼすべてのものが、「未来の自分」や3つの優先事項にとって、注意力を妨げるものか、重要度の低い目標なのだ。

ちょっとした邪魔または情報が、人生全体に影響を与えたり変化をもたらしたりする可能性がある。**「バタフライ効果」**とは、感知できないほどの小さな影響が積もり積もって、ある1つのシステムを全体的にガラリと変える可能性があることを説明する経済原理だ。

例えば1995年、アメリカのイエローストーン国立公園にオオカミが再び連れてこられた例がある。捕食者がいなくなったシカは、70年間かけて増えすぎ、それを人間がコントロールしようと試みたができなかった。そしてシカは、すべての植物を食べ尽くしてしまった。

そこで、同国立公園内では絶滅していたオオカミを数頭、同公園に再導入したところ、シカを何頭か殺してくれた。しかしもっと重要だったのは、シカが公園内の特定の場所、とりわけ渓谷を避けるようになったことだ。すると、こうした場所はすぐに生まれ変わった。

なかには、木の高さが5倍になったところもあった。不毛だった渓谷がまたたく間に、アスペン、ヤナギ、ハコヤナギの森へと成長した。木が増えると、鳥が移ってきた。ビーバーも劇的に増え、木を倒してダムをつくり、それがカワウソ、カモ、魚、爬虫類の生息場所となった。木に豊富な実ができたため、クマの数も増えた。オオカミはコヨーテも狩ったため、ネズミやウサギの生息数が増え、それがタカ、イタチ、アナグマの餌となった。

もっとも興味をそそるのは、イエローストーンを流れる川の変化で、蛇行が減って形がはっきりした。再生した森林が河川敷を安定させて強くしたことで、水路は狭くなり、水たまりができた。オオカミは、イエローストーンの生態系を変えただけでなく、物理的な構造まで変えたのだ。

小さな変化は、直線的ではない、予測不可能な変化をシステム全体にもたらす可能性がある。だからこそ、「未来の自分」は自分の予測とはまったく異なる。また、だからこそ、システム思考やシステム設計は、非常にパワフルなのだ。最初は小さなウイルスでも、気づかずにいたら、そのうちに広がってシステム全体が乗っ取られてしまう可能性もある。反対に、自分でシステムを変えることもできる。欲しい結果を自動的につくって大きくするべく、不要な情報や設計をブロックするのだ。

自分のシステムに小さな変化を取り入れることで、劇的な効果をもたらす可能性がある。求める結果を出すべく自動化したり、ノイズや決断疲れを防止したりして、システムを磨き上げることは、フローや高いパフォーマンスにとって必要不可欠だ。

極めて重要なのは、最高のシステムでさえ、すぐに時代遅れになる点だ。進化と成長に伴い、目標や状況は変化する。ビジョンが広がり、最高の結果に向けて、より一層全力で取り組むようになると、あなたは自らの手でシステムを改善することになるだろう。

「未来の自分」になるための ステップその5 は、**「未来の自分」を自動化・システム化すること**だ。

なりたい「未来の自分」をどうすればもっとうまくシステム化できるだろうか？

決断疲れや重要度の低い目標から自分を解放するために、人生のなかで簡素化したり、取り除いたりできるものは何だろうか？

自分の時間や注意力を守るために、どんなバリアやフィルターをつくればいいだろうか？

毎週の投資戦略など、何を自動化できるだろうか？

自分の得意分野ではない**HOW（どうやるか）**の一部を担当してくれる**WHO（誰か）**を、どう見つけたらいいだろうか？[22]

「未来の自分」のスケジュールを決めよう

ステップその6

アイデンティティが行動を駆り立てる

自分を何者と
思うかで
行動が決まる

私に言わせれば、〝忙しい〟とはつまり、人生が手に負えなくなっている状態だ
——**デレク・シヴァーズ**〈23〉

スケジュールは、あなたの優先事項を映し出す。
スケジュールは、あなたが何に全力で取り組んでいるかを映し出す。

スケジュールはたいてい、緊急のごたごたや重要度の低い目標で埋め尽くされている。会議やズームでの打ち合わせなどだ。スケジュールが、今の自分よりも「未来の自分」を映し出したり、優先させたりしていることなど、ほとんどない。

何年もの間、私のスケジュールは人と会う約束や会議で押さえられ、そのほとんどが重要度の低い目標や、集中力を阻害するものだった。緊急ではあるものの、重要ではなかったのだ。「本を書く」という予定を一つも入れないまま、数百というブログ記事や数冊の書籍を書いていた。ものを書くことが一番の目標であり優先事項だと言いながら、カレンダーはまったくその逆であることを証明していた。ものを書くというタスクは、端に押しやられていたのだ。

「未来の自分」になるための**ステップその6**は、**「未来の自分」に関するスケジュールを決めること**だ。**ステップその6**の原則を使って正しくアプローチすれば、生産高が10倍も100

倍も上がる可能性がある。さらに、もっと大切なことに、スケジュールにコントロールされるのではなく、自分が10倍も100倍もスケジュールをコントロールできるようになる可能性がある。

『WHO NOT HOW：「どうやるか」ではなく「誰とやるか」』のなかで私とダンは、4つの自由を取り上げている：

1. 時間の自由
2. お金の自由
3. 人間関係の自由
4. 目的の自由〈24〉

時間は、何に全力で取り組んでいるかをもっとも明確に示すインジケーターだ。時間の使い方を隠すことはできない。

お金、人間関係、目的の自由度をもっと高めるには、時間の自由を完全に自分のものにすることだ。

時間の自由を手に入れるには、スケジュールの責任を自分で負うことだ。一番大切なものを最優先し、大切でないものを取り除く。時間と意識をどこに向けるかの責任を負えば負うほど、「未来の自分」の実現はよりシンプルで楽になる。もしそれでも、重要度の低い目標や他人の予定で時間が常にいっぱいになってしまうのなら、なりたい「未来の自分」は不満を抱いてしまうだろう。

時間には、基本的に2つのアプローチ法がある。自分の外側にあって自力ではコントロールできないものか、自分の内側にあって自力で完全にコントロールできるものかだ。

著作『The Big Leap』(『大飛躍』、未邦訳)**のなかでゲイ・ヘンドリックスは、この2つを「ニュートン時間」と「アインシュタイン時間」として説明している。**

アインシュタイン時間は、時間は人から生まれると考える。人が好きなだけ時間をつくれるのだ。ニュートン時間は、時間が不足していると考えており、そのため人の心には時間的な切迫感という不快感が生じるとしている。そして「外にあるもの」が、自分の「内にある」感情を引き起こすと考える[25]。

ジョー・ディスペンザ博士はこう説明する。「ニュートン物理学は、〝原因と結果〟を信じる考えだが、一方でアインシュタイン物理学は、〝結果を起こす〟と信じる考え方だ。あなたが結果を起こしているとき、現実の量子場はあなたの考え、エネルギー、行動に反応している」

自分は結果ではなく、結果を起こしている原因だと気づくとき、自分の過去、現在、そして「未来の自分」に対する責任感が何倍にも膨らむ。

自分の時間に対して、どれだけの責任を負う心づもりがあなたにはあるだろうか？　重要度の低い目標に「ノー」と言えば言うほど、欲しい人生や結果に取り組む姿勢が強くなる。

私は最近、この考え方を真剣に取り入れるようになった。コヴィー博士の言葉を借りるなら、「大きな石を先に入れる」ことにしたのだ。水、土、日を、仕事をしない日として確保した。週3日、年間約150日間は、家族やプライベートのアクティビティのためだけに使う。「仕事からの心理的離脱」とは、職業心理学で最近広がっているコンセプトで、スマホやパソコンから離れることがいかに大切かを示している。常に働いていたり対応が可能な状態にいたりして、きちんとリカバリーしなければ、フローや創造性、高いパフォーマンスは実質的に不可能となる〈26、27〉。

仕事面での私の主な目標のうち2つは、良書をもっとたくさん書くことと、ユーチューブ動画をたくさんつくることだ。つい最近まで、どちらも思うようにできていなかった。週の頭にこの2つを持ってくることで、目標を優先させることにした。月曜と火曜は、執筆と撮影の日だ。この2日間は、それがいかにエキサイティングだろうが重要だろうが、人との約束は一切入れない。木曜と金曜の午前11時以降、厳選したミーティングをいくつか入れる。これには、コーチング・セッション、ポッドキャスト、関係者との電話などが含まれる。

きちんと活用している人は少ないものの、このように「未来の自分」をスケジュールに反映させるステップは、非常に大切だ。消火栓から重要度の低い目標が勢いよく出てくるのを止めるのに、都合のいいタイミングなどない。決して止まりはしないからだ。外から見るとかなり成功している人でさえも、時間を自分のものにしたり創出したりするのではなく、時間に振り回される罠に落ちてしまう。

私は、時間に対する責任を強く自覚するたびに、重要度の低い目標に無駄な時間をこれ以上費やしたくないという思いが新たになる。1カ月前なら「イエス」と言っていたようなものでも、今日は絶対的な「ノー」になる。スケジュールをどんどん削り、アシスタントのチェルシーが組んでくれる予定のフィルターの目を細かくしていく。

これをするのに、アシスタントは必要ない。

自営業やフリーランスである必要もない。


時間の自由とは、1つの決断から始まり、永遠に磨きをかけていくものだ。


あなたは、緊急性よりも重要性を優先させたいと思えるだろうか？

今の自分と「未来の自分」、どちらに全力で取り組んでいるだろうか？

短期的で緊急なごたごたに駆り立てられているだろうか、それとも今すぐに「未来の自分」となるべく、目線を上げているだろうか？

自分の時間の全責任を負うには、真剣な取り組みと勇気が間違いなく必要だ。忙しく過ごすことは非効率だとわかっていつつも、そうすることで安心感を得ているのかもしれない。重要度の低い目標に囚われ、忙しくて身動きできない状態でいると、「未来の自分」という事実を避けることができるのだ。作家のスティーヴン・プレスフィールドは、これをレジスタンス（抵抗）と呼んでいる。

著作『やりとげる力』（筑摩書房）**のなかでこう書いている：**
「抵抗」の現れとして一番よくあるのは、先延ばしだ。一番簡単に正当化できるからだ。

人は「交響曲なんて絶対に書かない」とは言わず、「交響曲は書くよ。でも明日からね」と言う。（中略）それが魂の進化にとって重要な使命や行動であればあるほど、人はそれを追いかけるのに大きな抵抗を感じるのだ〈28〉。

「未来の自分」にいったん全力で向き合うと、勇気を持たなくてはいけなくなる。安全より自由を選ぶことは、勇気ある行為だ。

そこにリスクはあるだろうか？

当然だ。

今の自分よりも**「未来の自分」を選ぶたびに、リスクがつきまとう。**しかし今すぐ「未来の自分」になり、「未来の自分」がやるであろう行動を今すぐに取ることで、**これまでありえなかった結果が生まれる。**

当然ながら、限界的練習には失敗がつきものだ。

当然ながら、闘いの場にいると戦傷を負う可能性もある。

今の自分として成功するより、「未来の自分」のレベルで失敗した方がいい。

あなたのスケジュールは、「未来の自分」をどれだけ反映しているだろうか？

あなたのスケジュールは、優先事項をどれだけ反映しているだろうか？ジム・コリンズの言葉を繰り返すなら、「優先事項が3つより多いなら、それは1つもないに等しい」〈29〉。

3つの優先事項が何かをはっきりさせたら、今こそそれを生きるときだ。

スケジュールを組もう。時間の責任を負おう。

不完全な作業は積極的に完成させよう

ステップその7

投資すればするほど
「未来の自分」は
飛躍的に大きくなる

人生で何かを計画し、10年で実現させる計画を立てたなら、
こう自問すべきだ。〝6カ月でこれをできないだろうか?〟

—— **ピーター・ティール** 〈30〉

どんどん出荷しなさい。品質が悪くてもとにかく出荷する。
常に出荷する。会議はやめなさい。どんどんやめる。何のお
咎めもなく会議をやめる。そして出荷しなさい

—— **セス・ゴーディン** 〈31〉

セス・ゴーディンは、21世紀のビジネス思想家として、著作の多さと革新的な発想力で屈指の存在だ。1999年には『Permission Marketing』（『パーミッション・マーケティング』、海と月社2011年刊）を刊行。マーケティングの際に、攻撃的に営業をかけて相手の生活を邪魔するのではなく、相手から許可（パーミッション）を得ることに焦点を当てた、画期的かつ人に優しいコンセプトだ〈32〉。

2003年には、つまらない商品をつくってつまらない販促をするのはやめよう、と大胆に誘《いざな》う『Purple Cow』（『「紫の牛」を売れ!』、ダイヤモンド社2004年刊）を刊行した。同書では、紫の牛になれるのになぜ茶色の牛でいるのか？　と問いかけ、大胆でいて目立つにはリスクが伴うと説く。

ゴーディンはこう述べる：

もしあなたが注目に値する存在だったら、あなたを嫌う人も出てくるだろう。それが、注目に値するという言葉の定義でもある。全員から称賛される人などいない——絶対に。臆病な人が一番望むのは、誰にも気づかれないことだ。批判は、目立つ人に集まる〈33〉。

ゴーディンは、「紫の牛」のアイデアをその書籍の刊行時に活用した。自費出版した最初のエディションは、牛乳パックに入れて配送料と手数料のみで販売。紫と白の表紙に文字が横向けに印刷されたその本は、刊行から2年で23刷、15万部以上売れた。

2007年には、『The Dip』（『ダメなら、さっさとやめなさい！』、マガジンハウス2007年刊）を刊行。世界ナンバー1でいることが、なぜ著しく過小評価されているのかを説明し、いかにしてナンバー1になるかを説いた(34)。ナンバー1でいるには、粘りどきと辞めどきを心得ていなければならない。

ゴーディンはこう述べる：

人はときに弱気になって、インスピレーションをくれる言葉を読む。例えば、ヴィンス・ロンバルディの、「辞めるようなヤツは勝てないし、勝てるヤツは辞めない」。これはダメなアドバイスだ。勝てるヤツだってしょっちゅう辞めている。ただ彼らは、辞めるべきものを、辞めるべきときに、辞めているんだ。

重要度の低い目標を辞めよう。

山に近づく手助けにならないものは、何であれ辞めよう。

かつての自分がそこにつぎ込んだからというだけで、何かにいつまでもしがみついてはいけない。

「未来の自分」として生きられないものは、すべて辞めよう。

なお、『The Dip』には、ヒュー・マクラウドの手によるクリエイティブな風刺画やミームが使われている。ヒューは、『オリジナルワンな生き方』（ディスカヴァー・トゥエンティワン）の著者であり、gapingvoid.comのイラストレーター兼ブロガーでもある。ヒューとGapingvoid（ゲイピングヴォイド）のチームはまた、本書で使われている60以上のユニークなイラストも手がけている。

ゴーディンは2008年、リーダーシップの声明文とも言える『Tribes』（『トライブ』、講談社2012年刊）、続いて2010年には、仕事で替えがきかない存在になることについて書いた『Linchpin』（『「新しい働き方」ができる人の時代』、三笠書房2011年刊）を刊行〈35〉。後者でゴーディンは、「出荷」の考え方を提唱している。スティーブ・ジョブズの発言「本物のアーティストは出荷する」から借りた表現だ。

ゴーディンにとって「出荷」とは、こういう意味だ：

物事を始める唯一の目的は、終えることだ。手がけるプロジェクトが本当の意味で終わることはないが、それでも出荷しなければならない。出荷とはつまり、ブログの公開ボタンを押すこと。営業チームに向けてプレゼンすること。電話に出ること。マフィンを売ること。自分の身元を照会してくれる人物の情報を提出すること。出荷とは、あなたの仕事と外の世界とがぶつかり合うことなのだ。

一貫して出荷することで、最高の作品がつくり出せるようになる。出荷のおかげで、前進し続けられるのだ。

ゴーディンはこう続ける：

出荷は、傑作をつくり出すことにフォーカスするわけではない（もちろん、傑作はすべて出荷される）。私はこれまで、100冊以上の本をつくってきた（ほとんどはそんなに売れなかった）。しかしもしそうしてこなかったら、本書を書くチャンスを手にしていなかったはずだ。ピカソは、1000点以上の作品を描いたが、恐らく人が名前を挙げるのはそのうち3点程度だろう。

ゴーディンについて私はこれまでのところ、彼の作品でもっとも人気があるものをいくつか取り上げたにすぎない。しかし彼は20冊以上も本を出しており、毎日更新のブログには、数千もの記事が投稿されている。ゴーディンは、毎日欠かさず出荷しているのだ。

出荷とはつまり、終わらせること。完璧にこなすより、完了させる方がいい。レオナルド・ダ・ヴィンチは、「芸術は完成しない。放棄されるだけ」と述べていた。

終わらせるには、不完全な作品を手放す。自分の芸術を世に向けて送り出す。販売促進をする。そしてさらに出荷する。

ゴーディンは言う：

出荷が妥協のように感じるときもある。変化をもたらそう、意味のある芸術をつくろう、最高の仕事をしよう、と着手する。それなのに締め切りがやってきて、作業を切り上げなくてはならなくなるのだ。出荷はそこまで重要なのだろうか？　私は重要だと思う。替えがきかない人材になるという長期的な道のりにおいて、出荷という自分を律する力は、必要不可欠だと思う。

ステップその7「積極的な完了」

ゴーディンのエピソードやアイデアは「未来の自分」になるための最後のステップ、ステップその7「積極的な完了」へとつながる。

プロジェクトの完了。目標の完了。
不完全な完了。
一貫した完了。
より質の高いプロジェクトの完了。

「未来の自分」になるには、闘いの場の外にい続けることはできない。頭のなかで分析麻痺を起こした状態から抜け出し、自分の作品を出荷する闘いの場に足を踏み入れよう。

今のあなたはすばらしい存在ではあるものの、信じられないほど無知で限定的だ。今つくり出せる最高の作品は、「未来の自分」がつくり出すものと比べたら、小石にすぎない。それでも、「未来の自分」は今のあなたに、つくり出す許可を与えてくれる。

完璧なものなどつくれない。あなたがつくり出すものはすべて、その瞬間にいる場所からの限定的な視点に基づいている。私が3年前に書いた本は、今日の私が書く本とは違っている。本書を刊行した数年後にもしあなたが私と話したら、別人のベンジャミン・ハーディと話すことになるだろう。私の「未来の自分」は、違う人物なのだ。

あなたも同じだ。

「未来の自分」に到達するには、出荷することだ。かつての作品、かつての視点にしがみついていたら、前へは進めない。


アダム・グラントは、『THINK AGAIN 発想を変える、思い込みを手放す』（三笠書房）**のなかでこう言っている：**

間違うという喜びを味わえるようになるには、自分をそこから切り離す必要がある。特に有益な切り離し方には、2種類あることを私は学んだ。現在を過去から切り離すことと、自分の意見を自分のアイデンティティから切り離すことだ。（中略）私は過去、「ミスター・ファクト」だった。知識に固執していたのだ。今の私は、自分が何を知らないかを知りたいと思っている。ヘッジファンド世界最大手であるブリッジウォーターの創業者、レイ・ダリオが、かつて私にこう言ったことがある。「自分の過去を振り返り、〝1年前の自分はなんてバカだったんだ〟と思わないなら、ここ1年で大して学んでいないに違いない」〈36〉

私は、グラントとダリオの考え方がとても好きだ。ただし、ダリオの口調には賛同できない。過去、現在、未来の自分をこき下ろしたり見下したりすることに価値はない。

過去の自分の視野や経験は、今の自分と比べると限定的だ。

ところが今の自分も、「未来の自分」と比べると劇的なほどに限定的になる。

この事実を知って、自分を解放してあげよう。

継続的に完了させるには、基本となる2つの原則がある。負に投資して、「未来の自分」に向かって飛躍的に進歩するために、この2つの原則を一貫して適用し続けよう。

1. パーキンソンの法則：仕事は、あなたが与えた時間だけかかる。つまり何かを完成させるのに3年間かけることにすれば、実際に完成まで3年かかる。3カ月とするなら、恐らくそれを実現する手段があるだろう。

2. 80パーセント・ルール：完璧より完了の方がいい。ダン・サリヴァンはこう説明する。「80パーセントなら結果が出るが、100パーセントならまだ行動できずに考え中だ」

完璧主義は、先送りへとつながる。しかし、**「80パーセントなら結果が出る」**。

人類が月へ行ったとき、今のようなテクノロジーや科学はまったく存在しなかった。月へ行けるだけのツールができるまで、イノベーションを続けたのだ。しかし当時使ったツールを、今の私たちが使うなどありえない。

完璧を目指すよりも、たくさんつくり出す方がいい。

完了するという生き方をすればするほど、「未来の自分」に近づく。

今の自分の80パーセントは、**かつての自分**ができたものを遥かに凌ぐ。

「未来の自分」の80パーセントは、**今の自分**ができるものを遥かに凌ぐ。

自信は、完了させることから生まれる。

完了させるには、全力での取り組みが必要となる。

始めるのは誰にでもできるが、終えられる人はわずかだ。先へ進めば進むほど、競争相手は減っていく。ほとんどの人は、重要度の低い目標に屈して、とうの昔に諦めているのだ。

「未来の自分」に向かって一歩進むたびに、すばらしい成果へと近づく。

それが何であれ、完了させれば次のプロジェクトで活用できる何かが学べる。

完了と出荷の達人になろう。

でないと、「未来の自分」は単なるアイデアで、事実ではなくなってしまう。

7つのステップ まとめ

「未来の自分」のステップ

「未来の自分」は、あなたが心を決めてフォーカスした方向に向けて、何倍にも大きくなっていく。

「未来の自分」がシンプルで明確であればあるほど、フォーカスしやすくなる。

ここまでのセクションでは、「未来の自分」に今すぐなるための**7つのステップ**を取り上げた。これらのステップのおかげで、どんな「未来の自分」になりたいかが明確になり、そのための優先順位をつけられるようになり、なりたい「未来の自分」になれるようになるだろう。

これらのステップはシンプルでわかりやすいが、継続的な取り組みと微調整が必要となる。

これらのステップを活用していくと、人生はすぐに変わる。

これまでより強い意図と全力での取り組みをもって、日々を生きるようになる。重要度の低い目標を取り除くようになる。「未来の自分」に対して、これまでよりもっと確固とした態度で向き合うようになる。

欲しいものはすでに自分のものであると、ますます自覚できるようになる。

あなた自身のあり方が変わり、そのおかげで、もっとたやすくもっとフローに入った状態で、信じられないような結果を生み出せるようになる。

スケジュールも、重要度の低い目標ではなく優先事項を反映したものに変わる。

ますます生産的になって多くを生み出すようになり、これまで以上にいい仕事をするようになる。

今すぐ「未来の自分」になろう

まとめ

「未来の自分」は
あなたにとって最強の案内人

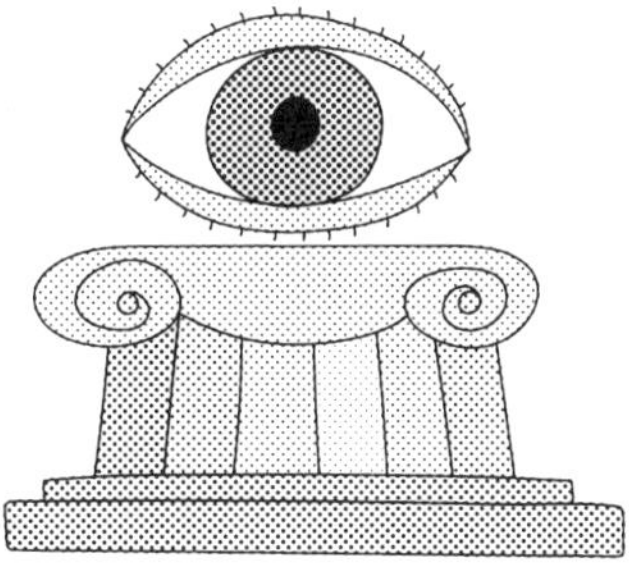

「未来の自分」は、
あなたが自分を大切に思う以上に
あなたを大切に思っている

「自由とは、大胆でいることにある」

—— **ロバート・フロスト**〈1〉

2012年9月1日、ローレンと私は結婚した。そのちょうど1年後、結婚から10年後の自分たちがどうなっているかを想像する、「9年のタイムカプセル」をつくった。

「未来の自分」に手紙を書き、自分たちがどうなっていると思うかを話す動画を撮影。手紙と動画ファイルをガラス瓶に入れ、自宅リビングルームの棚に置いた。以来、そのガラス瓶は、開けられるときを待っている。

この言葉を書いている今日は、2022年1月13日。今年、9年のタイムカプセルを開けて、自分たちが記録した中身を見ることになる。今の私は、「その日」がどんどん近づいていることを意識しながら、ガラス瓶を開けるまでにできる限り前進しておきたい、とやる気にみなぎっている。当時の予測がどれだけ当たっていて、予想した人生とどれだけ違っているのか、早く知りたいと思っている。

9年前のローレンと私は、学士課程を修了したばかりだった。ローレンの実家の地下室に住み、博士課程の願書を出した15校以上に不合格。未来は不確かなものに感じた。著作家になりたいことはわかっていたが、それからさらに3年近くも、そのための行動を何も起こさなかった。私たち夫婦に、子どもはいなかった。私は起業家でもなければ、起業しようと思ってもいなかった。里親制度を通じて3人のきょうだいを受け入れることや、おまけに実子が3人できることなど、知る由もなかった。私の執筆の仕事が、今のようになるだなんて想像だにしていなかった。

タイムカプセルで何を言ったのか、まったく覚えていない。それでも、私たちがつくってきたのは、過去の想像を遥かに超えるような人生であることは間違いない。

本書の冒頭で、ジミー（ミスタービースト）・ドナルドソンについて、そして彼が「未来の自分」に向かって撮影した4本のタイムカプセル動画について取り上げた。6カ月後の「未来の自分」のタイムカプセル、1年のタイムカプセル、5年のタイムカプセル、10年のタイムカプセルを撮影した話だ。

2020年、ジミーは自身のユーチューブ・チャンネルで、5年後に向けた動画「未来の自分へ」を公開した。若かりしジミーは、5年後のタイムカプセルが公開されるまでには、ユーチューブのチャンネル登録者数が100万人になっていることを夢見た。実際の登録者数は、4400万人以上に達していた。一番高いところに掲げた理想を、大きく上回ったのだ。

読者のみなさんと一緒の時間が終わりに近づいてきたところで、最後にもう1つ、みなさんを誘《いざな》いたいことがある。これから**24時間以内**に時間を見つけて、**「未来の自分」に向けたタイムカプセルを何らかの形でつくってほしい**のだ。ジミーのように、動画を撮影して未来の日付で公開されるように設定してもいい。あるいはローレンと私のように、自分宛ての手紙を書いて、それをガラス瓶に入れて棚に保管してもいい。

どうやるかよりも、実際にやることの方がずっと大切だ。

例えば、私の友達リー・ブラウワーは毎年1月1日に、1年後の「未来の自分」として短い動画を撮っている。未来のリーは、動画のオープニングでこう話す。「リー、もし君がこれを見ているのなら、また1年、生き延びたってことだ」。未来のリーはその後、その1年間で起きたすべてを列挙する。1年後、リーはその動画を見て、自分が言ったことにどれだけ近い生き方をしたか、確認する。そして、翌年の動画を撮影するのだ。

複数のタイムカプセルをつくってもいい。6カ月後に向けたタイムカプセル、1年後、3年後、5年後、10年後、20年後という具合だ。このタイムカプセルづくりは、**本書があなたに出す最後の課題**だ。どのくらい先の未来にするかを自分で決めて、さっそく今日、タイムカプセルをつくろう。ビジョンは明確かつ大胆にしよう。本書で学んだ原則を活用して、「未来の自分」を明確に描き、しっかりとつながろう。**核となる3つの優先事項**を決めよう。

できるだけ確度の高い予測を立てても、「未来の自分」は予想とはまったく異なることを覚悟しておこう。人生は、期待する以上を教えてくれるはずだ。**「未来の自分」は、今の自分が想像するよりずっと賢明だ。**

タイムカプセルをつくったら、
今すぐに「未来の自分」になろう。
「その状態になる」は「する」の最初の一歩だ。

「未来の自分」が取るであろう行動を取ろう。

求めているものはすでに
自分の手のなかにあることを自覚しよう。

なりたい「未来の自分」に
１００パーセント全力で取り組もう。

重要度の低い目標は取り除こう。

そこに至るまでの経験をすべて糧にしよう。

あなたの「未来の自分」にエールを送る。

本書を読むという投資をしたあなたに、祝福の言葉を贈る。

さぁ今から、「未来の自分」になろう。

さらに！ 10倍速で「未来の自分」になるためのご案内

本書をお読みいただいた方に
うれしい**特典**を**お届け**します

FUTURESELF.COMにアクセスしてあなたが
「未来の自分」になることをサポートする、
著者からのメッセージを受け取ることができます。

これらを使い、
すぐに「未来の自分」に活用しよう。

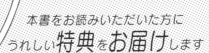

謝辞

『Personality Isn't Permanent』の執筆中、ひょんなことから「未来の自分」についての研究に出くわした。すぐに夢中になり、このテーマについていつか本を書くことになるだろうと確信した。本稿執筆時点から3年近く前のことで、以来、ほぼ常に「未来の自分」のことばかり考えてきた。

まずは、「未来の自分」という新しくてワクワクする学問に取り組むすべての研究者や学者の方々、とりわけ、マーティン・セリグマン博士、ロイ・バウマイスター博士、ダニエル・ギルバート博士、ハル・ハーシュフィールド博士、アンダース・エリクソン博士に、感謝の意を伝えたい。

出版社のヘイハウスには、私と本プロジェクトを信じてくれたことに深く感謝したい。特にリード・トレーシー、パティ・ギフト、メロディ・ガイにお礼を申し上げる。本プロジェクトを信じてくれたこと、そして完成まで何度も締め切りを過ぎてしまっても、辛抱強くいてくれたことに感謝する。私と私の「未来の自分」に投資してくれたことにお礼を申し上げる。

タッカー・マックス、本書についてこれまでの1年半、数え切れないほどの対話をしてくれてありがとう。自分の考えをはっきりさせる手を貸してくれたこと。このコンセプトの重要性を確信する手助けをしてくれたこと。今すぐ「未来の自分」になるべく私に挑んでくれたこと。このすべてにお礼を伝えたい。

ジョー・ポリッシュには、リード・トレーシーとタッカー・マックスを紹介してくれたことに感謝する！

妻のローレンと母のスーザン・ナイトにも、思考と原稿を明確にするために、本書の下書きに次ぐ下書きを私と一緒に読んでくれて、ありがとう。2人の助力がなかったら、本書は混乱を極めていたと思う。

ペギー・スー・ウェルズには、執筆の最終週に本プロジェクトに参加してくれ、原稿を磨き上げてくれたことに感謝する。小さいながらも重要な手直しを入れてくれたおかげで、より明確で良い本になった。

私のチーム、とりわけチェルシー・ジェンキンスとナターシャ・シフマンは、私が何カ月も本プロジェクトに集中している間に会社の面倒を見てくれた。チームの一員でいてくれて、そして仕事を愛してくれてありがとう。また、メーガン・ハーマン、ジェネッサ・キャターソン、アレクシス・スワンソン、キャラ・エイヴィー、キラ・ミチャン、ケイトリン・チャドウィックにもお礼を申し上げる。

これまで私のブログを読んだり、オンラインコースを受けたり、AMPコミュニティに入ったりしてくれたみなさんに、私の作品を信じてくれたことに感謝したい。みなさんが「未来の自分」を明確にして、実現しうる最高の「未来の自分」になれるよう手助けすることが、私の目指すところだ。

私の家族、特にローレンと子どもたちへ。私を愛し、サポートしてくれてありがとう。みんなが犠牲を払い、投資をしてくれたおかげで、私は本を執筆できていることにお礼を言いたい。心から愛している。私の人生の最優先は、あなたたちだ。「未来の私たち」を、これからも一緒につくり上げていくのをとても楽しみにしている。

神へ。すばらしい人生を与えてくれたこと、私と私の「未来の自分」に投資してくれたこと、そしてあなたが与えてくれた恵みと贈り物に感謝する。私の「未来の自分」は、あなたとさらにつながっていると私は確信している。

INTRODUCTION

1. Goddard, N. (2015). The Power of Unlimited Imagination: A Collection of Neville's San Francisco Lectures. Devozrss & Co.

2. MrBeast. (2016). Dear Future Me (Scheduled Uploaded 6 Months Ago). MrBeast YouTube Channel. Accessed on August 13, 2021 at https://www.youtube.com/watch?v=fG1N5kzeAhM
(2021年8月13日閲覧)

3. MrBeast. (2016). BEST INTROS ON YOUTUBE #1. MrBeast YouTube Channel. Accessed on August 13, 2021 at https://www.youtube.com/watch?v=tq03_AKC5Ks
(2021年8月13日閲覧)

4. MrBeast. (2016). CUTTING TABLE IN HALF WITH PLASTIC KNIVES. MrBeast YouTube Channel. Accessed on August 13, 2021 at https://www.youtube.com/watch?
v=tq03_AKC5Ks
(2021年8月13日閲覧)

5. MrBeast. (2016). 100 LAYERS OF SARAN WRAP + TOILET PAPER!!. MrBeast YouTube Channel. Accessed on August 13, 2021 at https://www.youtube.com/watch?v=bqpKlkPpT10
(2021年8月13日閲覧)

6. MrBeast. (2016). IF ONLINE ADS WERE REAL. MrBeast YouTube Channel. Accessed on August 13, 2021 at https://www.youtube.com/watch?v=NEDPgQYhbqs
(2021年8月13日閲覧)

7. MrBeast. (2017). I Counted To 100,000! MrBeast YouTube Chan nel. Accessed on August 13, 2021 at https://www.youtube.com/watch?v=xWcldHxHFpo
(2021年8月13日閲覧)

8. MrBeast. (2017). Counting To 200,000 (Road To A Mil). MrBeast You Tube Channel. Accessed on August 13, 2021 at https://www.youtube.com/watch?v=9CVwXBYVqVk
(2021年8月13日閲覧)

9. MrBeast. (2017). Counting To 300,000 Road To A Mil (Part 1). MrBeast YouTube Channel. Accessed on August 13, 2021 at https://www.youtube.com/watch?v=0SNiEDWRnEQ
(2021年8月13日閲覧)

10. MrBeast. (2017). Saying Logan Paul 100,000 Times. MrBeast YouTube Channel. Accessed on August 13, 2021 at https://www.youtube.com/watch?v=_FX6rml2Yjs
(2021年8月13日閲覧)

11. MrBeast. (2017). Giving A Random Homeless Man $10,000. MrBeast You Tube Channel. Accessed on August 13, 2021 at https://www.youtube.com/watch?v=N_GMakKf7G4
(2021年8月13日閲覧)

12. MrBeast. (2017). Giving Homeless People $1,000 (Not Clickbait). MrBeast YouTube Channel. Accessed on August 13, 2021 at https://www.youtube.com/watch?v=4KVmSG6KS2k
(2021年8月13日閲覧)

13. MrBeast. (2017). Donating $10,000 To Random Twitch Streamers. MrBeast YouTube Channel. Accessed on August 13, 2021 at https://www.youtube.com/watch?v=kupaqq-xJ_8
(2021年8月13日閲覧)

14. MrBeast. (2017). Tipping Pizza Delivery Guys $10,000. MrBeast YouTube Channel. Accessed on August 13, 2021 at https://www.youtube.com/watch?v=uotb9ZHnI2g
(2021年8月13日閲覧)

15. MrBeast. (2017). Tipping Uber Drivers $10,000. MrBeast YouTube Channel. Accessed on August 13, 2021 at https://www.youtube.com/watch?v=zAAXW7ySu1k
(2021年8月13日閲覧)

16. MrBeast. (2017). How Many Balloons Does It Take To Float? MrBeast YouTube Channel. Accessed on August 13, 2021 at https://www.youtube.com/watch?v=8bYzXI7bb8k8bYzXI7bb8k
(2021年8月13日閲覧)

17. MrBeast. (2018). I Bought One Snickers Bar From Every Walmart. MrBeast YouTube Channel. Accessed on August 13, 2021 at https://www.youtube.com/watch?v=sirrTXiPFmw
(2021年8月13日閲覧)

18. MrBeast. (2018). I Bought One Snickers Bar From Every Walmart. MrBeast YouTube Channel. Accessed on August 13, 2021 at https://www.youtube.com/watch?v=nLpqZEAFnkE
(2021年8月13日閲覧)

19. MrBeast. (2018). Giving 3,000,000 Pennies To My 3,000,000th Subscriber. MrBeast YouTube Channel. Accessed on August 13, 2021 at https://www.youtube.com/watch?v=Pe3pGsCeYXg
(2021年8月13日閲覧)

20. Seligman, M. E., Railton, P., Baumeister, R. F., & Sripada, C. (2013). Navigating into the future or driven by the past. Perspectives on Psychological Science, 8②, 119-141.

21. Baer, J., Kaufman, J. C., & Baumeister, R. F. (Eds.). (2008). Are We Free? Psychology and Free Will. Oxford

University Press.
22. Slife, B. D., & Fisher, A. M. (2000). Modern and postmodern approaches to the free will/determinism dilemma in psychotherapy. Journal of Humanistic Psychology, 40①, 80-107.
23. Slife, B. (2002). Time, information, and determinism in psychology. Between Chance and Choice: Interdisciplinary Perspectives on Determinism, 469-83.
24. Richardson, F., & Bishop, R. (2002). Rethinking determinism in social science. Between Chance and Choice: Interdisciplinary Perspectives on Determinism, 425-45.
25. Seligman, M. E., Railton, P., Baumeister, R. F., & Sripada, C. (2013). Navigating into the future or driven by the past. Perspectives on Psychological Science, 8②, 119-141.
26. Seligman, M. E., Railton, P., Baumeister, R. F., & Sripada, C. (2016). Homo prospectus. Oxford University Press.
27. Gilbert, D. T., & Wilson, T. D. (2007). Prospection: Experiencing the future. Science, 317(5843), 1351-1354.
28. Rosenblueth, A., Wiener, N., & Bigelow, J. (1943). Behavior, purpose and teleology. Philosophy of Science, 10①, 18-24.
29. Coats, E. J., Janoff-Bulman, R., & Alpert, N. (1996). Approach versus avoidance goals: Differences in self-evaluation and well-being. Personality and Social Psychology Bulletin, 22(10), 1057-1067.
30. Elliot, A. J., & Friedman, R. (2017). Approach–Avoidance: A Central Characteristic 01 Personal Goals. In Personal Project Pursuit Goals, Action, and Human Flourishing (pp. 97-118). Psychology Press.
31. Hawkins, D. R. (2015). Healing and Recovery. Hay House.
32. 50 Cent & Greene, R. (2009). The 50th Law. Amistad.
『恐怖を克服すれば野望は現実のものとなる』50セント、ロバート・グリーン著、石川由美子訳、トランスワールドジャパン、2011年
33. The Weekend University. (2021). The Psychology of Your Future Self— Professor Hal Hershfield. Accessed on October 4, 2021, at https://www.youtube.com/watch?v=QBdIeC7FYkU
(2021年10月4日閲覧)
34. Statistica. (2019). Life expectancy (from birth) in the United States, from 1860 to 2020*. Accessed on October 4, 2021, https://www.statista.com/statistics/1040079/life-expectancy-united-states-all-time/
(2021年10月4日閲覧)
35. Gilbert, D. (2014). The psychology of your Future Self. TED Talk. Retrieved on December 7, 2021, at https://www.ted.com/talks/dan_gilbert_the_psychology_of_your_future_self?language=en
(2021年12月7日閲覧)
36. Goldstien, D. (2011). The battle between your present and Future Self. TED Talk. Retrieved on December 7, 2021, at https://www.ted.com/talks/daniel_goldstein_the_battle_between_your_present_and_future_self
(2021年12月7日閲覧)
37. Jay, M. (2021). Essential questions to ask your Future Self. TED Talk. Retrieved on December 37, 2021, at https://www.ted.com/talks/meg_jay_essential_questions_to_ask_your_future_self?language=en
(2021年12月7日閲覧)
38. Da Sliva, A. (2020). A journey to your Future Self. TED Talk. Retrieved on December 7, 2021, at https://www.ted.com/talks/alex_da_sliva_a_journey_to_your_future_self
(2021年12月7日閲覧)
39. Stewart, J. M. (2020). Guidance from your Future Self. TED Talk. Retrieved on December 7, 2021, at https://www.ted.com/talks/mark_john_stewart_guidance_from_your_future_self
(2021年12月7日閲覧)
40. Howard, J. (2019). Saying hello to your Future Self. TED Talk. Retrieved on December 7, 2021, at https://www.ted.com/talks/jon_howard_saying_hello_to_your_future_self
(2021年12月7日閲覧)
41. Hershfield, H. (2014). How can we help our future se-lves? TEDx East. Retrieved on December 7, 2021, at https://www.youtube.com/watch?v=tJotBbd7MwQ&t
(2021年12月7日閲覧)
42. Wilson, D. (2016). Thinking Forward For Your Future Self: Establishing Your i+1 | Diamond Wilson | TEDxPlano. Re-trieved on December 7, 2021, at https://www.youtube.com/watch?v=2_zMc9T4ekA
(2021年12月7日閲覧)
43. Maciejovsky, B. (2015). How to make our Present self become our Future Self | Boris Maciejovsky | TEDxUCR. Re-trieved on December 7, 2021, at https://www.youtube.com/watch?v=avTD-NyCSUI
(2021年12月7日閲覧)
44. Mudathir, M. (2020). Challenge your Future Self | MATHANI MUDATHIR | TEDxYouth@TWSDubai. Re-treived on December 7, 2021, at https://www.youtube.com/watch?v=rTmj34G3K0M
(2021年12月7日閲覧)
45. Plewa, P. (2020). How To Step Into Your Future Self | Pauly Plewa | TEDxMcMasterU. Retrieved on December 7, 2021, at https://www.youtube.com/watch?v=w8AzABQ_2_0

（2021年12月7日閲覧）
46. Hershfield, H. E., Goldstein, D. G., Sharpe, W. F., Fox, J., Yeykelis, L., Carstensen, L. L., & Bailenson, J. N. (2011). Increasing saving behavior through age-progressed renderings of the Future Self. Journal of Marketing Research, 48(SPL), S23-S37.
47. Rutchick, A. M., Slepian, M. L., Reyes, M. O., Pleskus, L. N., & Hersh field, H. E. (2018). Future Self-continuity is associated with improved health and increases exercise behavior. Journal of Experimental Psychology: Applied, 24①, 72.
48. Van Gelder, J. L., Hershfield, H. E., & Nordgren, L. F. (2013). Vividness of the Future Self predicts delinquency. Psychological Science, 24⑥, 974-980.
49. Van Berkum, J. J. (2010). The brain is a prediction machine that cares about good and bad-any implications for neuropragmatics? Italian Journal of Linguistics, 22, 181-208.
50. Den Ouden, H. E., Kok, P., & De Lange, F. P. (2012). How prediction errors shape perception, attention, and motivation. Frontiers in Psychology, 3, 548.
51. Long, T. L. (Writer), & Kruse, N. (Director). (2010). "Money Bart" [Television series episode]. In A. Jean, J. Frink, J. L. Brooks, M. Groen ing, M. Selman, & S. Simon (Producers), The Simpsons.
52. Letterman, D. (1994). Jerry Seinfeld—Night Guy/ Morning Guy. Accessed on October 4, 2021 at https://jerryseinfeldarchives.tumblr.com/post/155428911272/night-guymorning-guy-letterman-1994
（2021年10月4日閲覧）
53. Hershfield, H. E., Cohen, T. R., & Thompson, L. (2012). Short horizons and tempting situations: Lack of continuity to our future selves leads to unethical decision making and behavior. Organizational Behavior and Human Decision Processes, 117 ②, 298-310.
54. Gilbert, D. (2013). The Psychology of Your Future Self. Filmed 2014 in Vancouver, BC. TED video, 6:49. Accessed on October 4, 2021, https://www.ted.com/talks/dan_gilbert_the_psychology_of_your_future_self
（2021年10月4日閲覧）
55. Frankl, V. E. (1985). Man's Search for Meaning. Simon & Schuster.
『夜と霧』ヴィクトール・E・フランクル著、池田香代子訳、みすず書房、2002年
56. Anders Ericsson, K. (2008). Deliberate practice and acquisition of expert performance: a general overview. Academic Emergency Medicine, 15(11), 988-994.
57. Ericsson, A., & Pool, R. (2016). Peak: Secrets from the New Science of Expertise. Houghton Mifflin Harcourt.
『超一流になるのは才能か努力か？』アンダース・エリクソン／ロバート・プール著、土方奈美訳、文藝春秋、2016年
58. Suddendorf, T., Brinums, M., & Imuta, K. (2016). Shaping One's Future Self: The Development of Deliberate Practice.
59. Covey, S. R. (2013). The 7 Habits of Highly Effective People: Powerful Lessons in Personal Change. Simon & Schuster.
『7つの習慣』スティーブン・R・コヴィー著、キングベアー出版
60. Hebrews 11:1. King James Bible.
欽定訳聖書ヘブライ人への手紙 11：1
61. Johnston, W. A., & Dark, V. J. (1986). Selective attention. Annual Review of Psychology, 37①, 43-75.
62. James, W. (1863). Principles of Psychology. Dover Pu-blications, Inc.
63. Shinn, F. S. (2009). The Game of Life and How to Play It. Penguin.
『人生が一夜にして変わる引き寄せの法則を呼び出す言葉』、F・スコーヴェル・シン著、浅見帆帆子訳、三笠書房、2021年
64. Dethmer, J., Chapman, D., & Klemp, K. (2014). The 15 Commitments of Conscious Leadership: A New Paradigm for Sustainable Success. Conscious Leadership Group.

PART 1

1. Godin, S. (2012). The Icarus Deception: How High Will You Fly? Penguin.
『「型を破る人」の時代』、セス・ゴーディン著、神田昌典監訳、三笠書房、2014年
2. Frankl, V. E. (1985). Man's Search for Meaning. Simon & Schuster.
『夜と霧』ヴィクトール・E・フランクル著
3. Frankl, V. E. (1985). Man's Search for Meaning. Simon & Schuster.
『夜と霧』ヴィクトール・E・フランクル著
4. Arden, P. (2003). It's Not How Good You Are, It's How Good You Want to Be. Phaidon Press.
『大事なのは今のあなたじゃない。この先、どのくらい上を目指そうと思っているかだ。』、ポール・アーデン著、平石律子／円谷温哉訳、ファイドン、2010年
5. Frankl, V. E. (1985). Man's Search for Meaning. Simon & Schuster.
『夜と霧』ヴィクトール・E・フランクル著
6. Baumeister, R. F., & Vohs, K. D. (2002). The pursuit of meaningfulness in life. Handbook of Positive Psychology, 1, 608-618.
7. Proverbs 29:18. King James Bible.

欽定訳聖書箴言 29：18
8. Duckworth, A. (2016). Grit: The Power of Passion and Perseverance. New York, NY: Scribner.
『やり抜く力：人生のあらゆる成功を決める「究極の能力」を身につける』アンジェラ・ダックワース著、神崎朗子訳、ダイヤモンド社、2016年
9. Reichard, R. J., Avey, J. B., Lopez, S., & Dollwet, M. (2013). Having the will and finding the way: A review and meta-analysis of hope at work. The Journal of Positive Psychology, 8④, 292-304.
10. Tong, E. M., Fredrickson, B. L., Chang, W., & Lim, Z. X. (2010). Reexamining hope: The roles of agency thinking and pathways thinking. Cognition and Emotion, 24 ⑦, 1207-1215.
11. Bryant, F. B., & Cvengros, J. A. (2004). Distinguishing hope and optimism: Two sides of a coin, or two separate coins? Journal of Social and Clinical Psychology, 23 ②, 273-302.
12. Fischer, I. C., Cripe, L. D., & Rand, K. L. (2018). Predicting symptoms of anxiety and depression in patients living with advanced cancer: The differential roles of hope and optimism. Supportive Care in Cancer, 26(10), 3471-3477.
13. Fowler, D. R., Weber, E. N., Klappa, S. P., & Miller, S. A. (2017). Replicating future orientation: Investigating the constructs of hope and optimism and their subscales through replication and expansion. Personality and Individual Differences, 116, 22-28.
14. Chang, E. C. (1998). Hope, problem-solving ability, and coping in a college student population: Some implications for theory and practice. Journal of Clinical Psychology, 54⑦, 953-962.
15. Snyder, C. R., LaPointe, A. B., Jeffrey Crowson, J., & Early, S. (1998). Preferences of high- and low-hope people for self-referential input. Cognition & Emotion, 12⑥, 807-823.
16. Snyder, C. R., Shorey, H. S., Cheavens, J., Pulvers, K. M., Adams III, V. H., & Wiklund, C. (2002). Hope and academic success in college. Journal of Educational Psychology, 94④, 820.
17. Levine, P. A. (1997). Waking the Tiger: Healing Trauma: The Innate Capacity to Transform Overwhelming Experiences. North Atlantic Books.
『心と身体をつなぐトラウマ・セラピー』、ピーター・リヴァイン著、藤原千枝子訳、雲母書房、2008年
18. Livingston, G. (2009). Too Soon Old, Too Late Smart: Thirty True Things You Need to Know Now. Da Capo Lifelong Books.
『あきらめることあきらめてはいけないこと：人生が変わる30の言葉』ゴードン・リヴィングストン著、実川元子訳、文藝春秋、2005年
19. Faulkner, W. (2011). Requiem for a Nun. Vintage.
『尼僧への鎮魂歌』ウィリアム・フォークナー
20. Slife, B. D. (1993). Time and Psychological Explanation: The Spectacle of Spain's Tourist Boom and the Reinvention of Difference. SUNY Press.
21. Tedeschi, R. G., Shakespeare-Finch, J., Taku, K., & Calhoun, L. G. (2018). Posttraumatic Growth: Theory, Research, and Applications. Routledge.
22. Sullivan, D. & Hardy, B. (2021). The Gap and the Gain: The High Achievers' Guide to Confidence, Happiness, and Success. Hay House Business.
23. Rosenthal, R., & Jacobson, L. (1968). Pygmalion in the classroom. The Urban Review, 3①, 16-20.
24. Boyd, R., & MacNeill, N. (2020). How Teachers' Self-Fulfilling Prophecies, Known as the Pygmalion Effect, Influence Students' Success. Education Today, 24.
25. Szumski, G., & Karwowski, M. (2019). Exploring the Pygmalion effect: The role of teacher expectations, academic self-concept, and class context in students' math achievement. Contemporary Educational Psychology, 59, 101787.
26. Berger, J. (2016). Invisible Influence: The Hidden Forces That Shape Behavior. Simon & Schuster.
『インビジブル・インフルエンス 決断させる力：あらゆる行動を方向づける影響力の科学』、ジョーナ・バーガー著、吉井智津訳、東洋館出版社、2016年
27. Bornstein, R. F., & D'agostino, P. R. (1992). Stimulus recognition and the mere exposure effect. Journal of Perso-nality and Social Psychology, 63④, 545.
28. Fang, X., Singh, S., & Ahluwalia, R. (2007). An examina-tion of different explanations for the mere exposure effect. Journal of Consumer Research, 34①, 97-103.
29. Bornstein, R. F., & Craver-Lemley, C. (2016). Mere expo-sure effect. In Cognitive Illusions (pp. 266-285). Psychology Press.
30. Morgenstern, M., Isensee, B., & Hanewinkel, R. (2013). Seeing and liking cigarette advertisements: is there a 'mere exposure' effect? European Addiction Research, 19①, 42-46.
31. Langer, E. J. (2014). Mindfulness. Da Capo Lifelong Books.
『心の「とらわれ」にサヨナラする心理学：人生は「マインドフルネス」でいこう！』、エレン・ランガー著、加藤諦三訳、PHP研究所、2009年
32. Goldsmith, M., & Reiter, M. (2015). Triggers: Creating Behavior That Lasts--Becoming the Person You Want to Be (Vol. 37, No. 7). Currency.
『トリガー：自分を変えるコーチングの極意』、マーシャル・ゴールドスミス／マーク・ライター著、斎藤聖美訳、日本経済新聞出版社、2016年
33. Frankl, V. E. (1985). Man's Search for Meaning. Simon & Schuster.

『夜と霧』ヴィクトール・E・フランクル著
34. Langer, E. J. (2009). Counterclockwise: Mindful Health and the Power of Possibility. Ballantine Books.
『ハーバード大学教授が語る「老い」に負けない生き方』、エレン・ランガー著、桜田直美訳、アスペクト、2011年
35. Johnston, W. A., & Dark, V. J. (1986). Selective attention. Annual Review of Psychology, 37①, 43-75.
36. Mack, A. (2003). Inattentional blindness: Looking without seeing. Current Directions in Psychological Science, 12⑤, 180-184.
37. Duckworth, A. (2016). Grit: The Power of Passion and Perseverance. Part III: Growing Grit from the Outside In. New York, NY: Scribner.
『やり抜く力』アンジェラ・ダックワース著、神崎朗子訳、ダイヤモンド社、2016年
38. The Weekend University. (2021). The Psychology of Your Future Self— Professor Hal Hershfield. Accessed on October 4, 2021, at https://www.youtube.com/watch?v=QBdIeC7FYkU
(2021年10月4日閲覧)
39. Blouin-Hudon, E. M. C., & Pychyl, T. A. (2017). A mental imagery intervention to increase Future Self-continuity and reduce procrastination. Applied Psychology, 66②, 326-352.
40. Van Gelder, J. L., Luciano, E. C., Weulen Kranenbarg, M., & Hersh field, H. E. (2015). Friends with my Future Self: Longitudinal vividness intervention reduces delinquency. Criminology, 53②, 158-179.
41. 50 Cent & Greene, R. (2009). The 50th Law. Amistad.
『恐怖を克服すれば野望は現実のものとなる』50セント、ロバート・グリーン著
42. Cardone, G. (2011). The 10X Rule: The Only Difference Between Success and Failure. John Wiley & Sons.
43. Simons, D. J., & Chabris, C. F. (1999). Gorillas in our midst: Sustained inattentional blindness for dynamic events. Perception, 28⑨, 1059-1074.
44. Mack, A. (2003). Inattentional blindness: Looking without seeing. Current Directions in Psychological Science, 12⑤, 180-184.
45. Dyer, W. W. (2010). The Power of Intention: Learning to Co-Create Your World Your Way. Hay House, Inc.
『思い通りに生きる人の引き寄せの法則：宇宙の「意志の力」で望みをかなえる』、ウエイン・W.ダイアー著、柳町茂一訳、ダイヤモンド社、2007年
46. Arden, P. (2003). It's Not How Good You Are, It's How Good You Want to Be. Phaidon Press.
『大事なのは今のあなたじゃない。この先、どのくらい上を目指そうと思っているかだ。』、ポール・アーデン著、平石律子／円谷温哉訳、ファイドン、2010年
47. Hardy, D. (2011). The Compound Effect. Vanguard Press.
『複利効果の生活習慣：健康・収入・地位から、自由を得る』ダレン・ハーディ著、住友進訳、パンローリング、2020年
48. Rate, C. R., Clarke, J. A., Lindsay, D. R., & Sternberg, R. J. (2007). Implicit theories of courage. The Journal of Positive Psychology, 2②, 80-98.
49. Rate, C. R. (2010). Defining the features of courage: A search for meaning. The Psychology Of Courage: Modern Research on an Ancient Virtue, 47, 66.
50. Hawkins, D. R. (2014). Power Vs. Force: The Hidden Determinants of Human Behavior. Hay House, Inc.
『パワーか、フォースか：人間のレベルを測る科学』、デヴィッド・R・ホーキンズ著、エハン・デラヴィ／愛知ソニア訳、三五館、2004年
51. Walsh, B., Jamison, S., & Walsh, C. (2009). The Score Takes Care of Itself: My Philosophy of Leadership. Penguin.
52. Hendricks, G., & Hendricks, G. (2009). The Big Leap. HarperCollins.
53. McKeown, G. (2014). Essentialism: The Disciplined Pursuit of Less. Currency.
『エッセンシャル思考：最少の時間で成果を最大にする』、グレッグ・マキューン著、高橋璃子訳、かんき出版、2014年
54. Brault, R. (2014). Round Up The Usual Subjects: Thoughts On Just About Everything.
55. Hopf, G. M. (2016). Those Who Remain: A Postapocalyptic Novel (The New World Series Book 7). CreateSpace Inde-pendent Publishing Platform.
56. Durant, W., & Durant, A. (2012). The Lessons of History. Simon & Schuster.
『歴史の大局を見渡す：人類の遺産の創造とその記録』、ウィル・デュラント／アリエル・デュラント著、小巻靖子訳、パンローリング、2017年
57. Dalio, R. (2021). Principles for Dealing with the Changing World Order: Why Nations Succeed and Fail. Simon & Schuster.
『世界秩序の変化に対処するための原則：なぜ国家は興亡するのか』、レイ・ダリオ著、斎藤聖美訳、日経BP日本経済新聞出版、2023年
58. James 1:8. King James Bible.
欽定訳聖書ヤコブの手紙1：8

PART 2

1. Frankl, V. E. (1985). Man's Search for Meaning. Simon & Schuster.
『夜と霧』ヴィクトール・E・フランクル著
2. "Greatest robbery of a Government". Guinness World Records. Retrieved December 21, 2021 at https://www.guinnessworldrecords.com/world-records/65607-greatest-robbery-of-a-government
(2021年12月21日閲覧)

3. Durant, W., & Durant, A. (2012). The Lessons of History. Simon & Schuster.
『歴史の大局を見渡す：人類の遺産の創造とその記録』、ウィル・デュラント／アリエル・デュラント著

4. Charlton, W., & Hussey, E. (1999). Aristotle Physics Book VIII (Vol. 3). Oxford University Press.

5. Turnbull, R. G. (1958). Aristotle's Debt to the 'Natural Philosophy' of the Phaedo. Philosophical Quarterly, 8, 131-143.

6. Scharle, M. (2008). Elemental Teleology in Aristotle's Physics II 8. Oxford Studies in Ancient Philosophy, 34, 147-184.

7. Boeri, M. D. (1995). Change and Teleology in Aristotle Physics. International Philosophical Quarterly, 34, 87-96.

8. Charles, D. (1991). Teleological Causation in the Physics, in L. Judson (ed.), Aristotle's Physics: A Collection of Essays. Oxford: Oxford University Press, 101-128.

9. Charles, D. (2012). Teleological Causation, in C. Shields (ed.), The Oxford Handbook of Aristotle. Oxford: Oxford University Press, 227-266.

10. Rosenblueth, A., Wiener, N., & Bigelow, J. (1943). Behavior, purpose and teleology. Philosophy of Science, 10①, 18-24.

11. Thiel, P. A., & Masters, B. (2014). Zero to One: Notes on Startups, or How to Build the Future. Currency.
『ゼロ・トゥ・ワン：君はゼロから何を生み出せるか』、ピーター・ティール／ブレイク・マスターズ著、関美和訳、NHK出版、2014年

12. Clear, J. (2018). Atomic Habits: Tiny Changes, Remarkable Results: An Easy & Proven Way to Build Good Habits & Break Bad Ones. Avery.
『ジェームズ・クリアー式複利で伸びる1つの習慣』、ジェームズ・クリアー著、牛原眞弓訳、パンローリング、2019年

13. Howes, L. (2018). James Clear: Success Habits: The Proven Way to Achieve Your Dreams. Retrieved on December 30, 2021 at https://lewishowes.com/podcast/the-proven-way-to-achieve-your-dreams-with-james-clear/（2021年12月30日閲覧）

14. Clear, J. (2019). 3-2-1: On systems vs. goals, endings, and the importance of leverage. Retrieved on January 11, 2022, at https://jamesclear.com/3-2-1/december-31-2020（2022年1月11日閲覧）

15. Perttula, A., Kiili, K., Lindstedt, A., & Tuomi, P. (2017). Flow experience in game based learning-a systematic lit-erature review. International Journal of Serious Games, 4①.

16. Csikszentmihalyi, M., Abuhamdeh, S., & Nakamura, J. (2014). Flow and the Foundations of Positive Psychology. 227–238. Springer, Dordrecht.

17. Kotler, S. (2014). The Rise of Superman: Decoding the Science of Ultimate Human Performance. Houghton Mifflin Harcourt.
『超人の秘密：エクストリームスポーツとフロー体験』、スティーヴン・コトラー著、熊谷玲美訳、早川書房、2015年

18. Frankl, V. E. (1985). Man's Search for Meaning. Simon & Schuster.
『夜と霧』ヴィクトール・E・フランクル著

19. Gilbert, D. (2014). The Psychology of your Future Self. TED Talk.

20. Gilbert, D. (2006). Stumbling On Happiness. Knopf.
『幸せはいつもちょっと先にある：期待と妄想の心理学』、ダニエル・ギルバート著、熊谷淳子訳、早川書房、2007年

21. Gilbert, D. (2014). The Psychology of your Future Self. TED Talk.

22. Gilbert, D. (2014). The Psychology of your Future Self. TED Talk.

23. Quoidbach, J., Gilbert, D. T., & Wilson, T. D. (2013). The end of history illusion. Science, 339(6115), 96-98.

24. Harris, H., & Busseri, M. A. (2019). Is there an 'end of history illusion' for life satisfaction? Evidence from a three-wave longitudinal study. Journal of Research in Personality, 83, 103869.

25. Dweck, C. S. (2008). Mindset: The New Psychology of Success. Random House Digital, Inc.
『マインドセット：「やればできる！」の研究』、キャロル・S・ドゥエック著、今西康子訳、草思社、2016年

26. Einstein, A. (2010). The Ultimate Quotable Einstein. Princeton University Press.

27. Olson, J. (2013). The Slight Edge. Greenleaf Book Group.
『スライト・エッジ：小さな習慣の驚くべき威力』、ジェフ・オルソン著、藤島みさ子訳、きこ書房、2016年

28. Sitzmann, T., & Yeo, G. (2013). A meta-analytic investigation of the within-person self-efficacy domain: Is self-efficacy a product of past performance or a driver of future performance? Personnel Psychology, 66③, 531-568.

29. Fogg, BJ (2020). Tiny Habits: The Small Changes That Change Everything. Houghton Mifflin Harcourt.
『習慣超大全：スタンフォード行動デザイン研究所の自分を変える方法』、BJ・フォッグ著、須川綾子訳、ダイヤモンド社、2021年

30. Berk, L. E. (2010). Exploring Lifespan Development (2nd ed.). 314. Pearson Education Inc.

31. Hardy, B. (2016). Does It Take Courage to Start a Bu-siness?

32. Bodner, R., & Prelec, D. (2003). Self-signaling and diagnostic utility in everyday decision making. The Ps-ychology of Economic Decisions, 1(105), 26.

33. Hawkins, D. R. (2014). Letting Go: The Pathway of Surrender. Hay House, Inc.

34. Baer, D. (2013). How Arianna Huffington networks without networking. Fast Company. Retrieved on June 3, 2021, at https://www.fastcompany.com/3018307/how-arianna-huffington-networks-without-networking
(2021年6月3日閲覧)
35. Ferriss, T. (2017). Tools of Titans: The Tactics, Routines, and Habits of Billionaires, Icons, and World-Class Perfor-mers. Houghton Mifflin.
『巨神のツール俺の生存戦略 富編』、ティム・フェリス著、川島睦保訳、東洋経済新報社、2022年
36. Souman, J. L., Frissen, I., Sreenivasa, M. N., & Ernst, M. O. (2009). Walking straight into circles. Current Biology, 19(18), 1538-1542.
37. Max Plank Institute. (2009). Walking in circles Scientists from Tübingen show that people really walk in circles when lost. Max Planck Institute for Biological Cybernetics. Acc-essed on October 6, 2021 at https://www.mpg.de/596269/pressRelease200908171
(2021年10月6日閲覧)
38. Max Plank Institute. (2009). Walking in circles: Scientists from Tübingen show that people really walk in circles when lost. Max Planck Institute for Biological Cybernetics. Acc-essed on October 6, 2021 at https://www.mpg.de/596269/pressRelease200908171
(2021年10月6日閲覧)
39. Horigome, Y. (2019). Yuto Horigome | Rising Legend of Japanese Skateboarder. Retrieved on January 10, 2022 at https://www.youtube.com/watch?v=FaGJbRHuiX0&t
(2022年1月10日閲覧)
40. Horigome, Y. (2021). Horigome Yuto: His story and the road to the Tokyo 2020 Olympics. Retreived on January 10, 2022, at https://olympics.com/en/news/horigome-yuto-his-story-and-the-road-to-the-tokyo-2020-olympics
(2022年1月10日閲覧)
41. Waitzkin, J. (2008). The Art of Learning: An Inner Jou-rney to Optimal Performance. Simon & Schuster.
『習得への情熱：チェスから武術へ：上達するための、僕の意識的学習法』、ジョッシュ・ウェイツキン著、吉田俊太郎訳、みすず書房、2015年
42. Waitzkin, J. (2008). The Art of Learning: An Inner Jo-urney to Optimal Performance. Simon & Schuster.
『習得への情熱：チェスから武術へ：上達するための、僕の意識的学習法』、ジョッシュ・ウェイツキン著
43. Moors, A., & De Houwer, J. (2006). Automaticity: a theoretical and conceptual analysis. Psychological Bulletin, 132②, 297.
44. Klöckner, C. A., & Verplanken, B. (2018). Yesterday's habits preventing change for tomorrow? About the influence of automaticity on environmental behavior. Environmental Psychology: An Introduction, 238-250.
45. Ericsson, A., & Pool, R. (2016). Peak: Secrets from the New Science of Expertise. Random House.
『超一流になるのは才能か努力か？』、アンダース・エリクソン／ロバート・プール著、土方奈美訳、文藝春秋、2016年
46. Anders Ericsson, K. (2008). Deliberate practice and acquisition of expert performance: a general overview. Academic Emergency Medicine, 15(11), 988-994.
47. Suddendorf, T., Brinums, M., & Imuta, K. (2016). Shaping One's Future Self: The Development of Deliberate Practice.
48. Waitzkin, J. (2008). The Art of Learning: An Inner Jou-rney to Optimal Performance. Simon & Schuster.
『習得への情熱：チェスから武術へ：上達するための、僕の意識的学習法』、ジョッシュ・ウェイツキン著
49. Ferriss, T. (2020). Josh Waitzkin on Beginner's Mind, Self-Actualization, and Advice from Your Future Self (#412). Retrieved on January 11, 2022, at https://tim.blog/2020/02/27/josh-waitzkin-beginners-mind-self-actualization-advice-from-your-future-self/
(2022年1月11日閲覧)
50. Ferriss, T. (2021). Josh Waitzkin and Tim Ferriss on The Cave Process, Advice from Future Selves, and Training for an Uncertain Future (#498). Retrieved on January 11, 2022, at https://tim.blog/2021/02/16/josh-waitzkin-2/
(2022年1月11日閲覧)
51. Ferriss, T. (2020). The Tim Ferriss Show Transcripts: Josh Waitzkin on Beginner's Mind, Self-Actualization, and Advice from Your Future Self (#412). Retrieved on January 10, 2022, at https://tim.blog/2020/03/14/josh-waitzkin-transcript-412/
(2022年1月10日閲覧)
52. Sivers, D. (2021). How to Live: 27 conflicting answers and one weird conclusion. (p. 52). Hit media. Retrieved on January 10, 2022, at https://sive.rs/h
(2022年1月10日閲覧)
53. Shakespeare, W. (1991). Hamlet:[1604]. Oxford Text Archive Core Collection.
『ハムレット』、ウィリアム・シェイクスピア
54. Hitler, A. (2021). Mein Kampf. Diamond Pocket Books Pvt Ltd.
『我が闘争』、アドルフ・ヒトラー
55. Pressfield, S. (2002). The War of Art: Break Through The Blocks and Win your Inner Creative Battles. Black Irish Entertainment LLC.
『やりとげる力』、スティーヴン・プレスフィールド著、宇佐和通訳、筑摩書房、2008年
56. Ferriss, T. (2015). Derek Sivers Reloaded - On Success Habits and Billionaires with Perfect Abs (#128). Retrieved on January 10, 2022, at https://tim.blog/2015/

12/28/derek-sivers-reloaded-on-success-habits-and-billionaires-with-perfect-abs/
(2022年1月10日閲覧)

57. Galvin, B. M., Randel, A. E., Collins, B. J., & Johnson, R. E. (2018). Changing the focus of locus (of control): A tar-geted review of the locus of control literature and agenda for future research. Journal of Organizational Behavior, 39⑦, 820-833.

58. Jacobs-Lawson, J. M., Waddell, E. L., & Webb, A. K. (2011). Predictors of health locus of control in older adults. Current Psychology, 30②, 173-183.

59. Benassi, V. A., Sweeney, P. D., & Dufour, C. L. (1988). Is there a relation between locus of control orientation and depression?. Journal Of Abnormal Psychology, 97③, 357.

60. Pinnock, C. H., Rice, R., Sanders, J., Hasker, W., & Basinger, D. (2010). The Openness of God: A Biblical Challenge to the Traditional Understanding of God. Int-erVarsity Press.

61. Acts 17:29. King James Bible.
欽定訳聖書使徒行伝 17：29

62. Romans 8:16–17. King James Bible.
欽定訳聖書ローマ人への手紙 8：16-17

63. Wall, M. (2018). We're Probably Living in a Simulation, Elon Musk Says. Space.com. Retrieved on October 6, 2021 at https://www.space.com/41749-elon-musk-living-in-simulation-rogan-podcast.html
(2021年10月6日閲覧)

64. Carter-Scott, C. (1998). If Life Is a Game, These Are the Rules. Harmony.
『もっと"シンプル"に生きるための10日間レッスン』、シェリー・カーター＝スコット著、鈴木秀子訳、三笠書房、2009年

65. Genesis 1:27. King James Bible.
欽定訳聖書創世記 1：27

66. Snow, E. (1845). Eliza R. Snow, "My Father in Heaven," October 1845. Retrieved on January 11, 2022, at https://www.churchhistorianspress.org/the-first-fifty-years-of-relief-society/part-1/1-14
(2022年1月11日閲覧)

67. Olson, R. E. (2007). Deification in contemporary the-ology. Theology Today, 64②, 186-200.

68. Hallonsten, G. (2007). Theosis in Recent Research: A Renewal of Interest and a Need for Clarity. Partakers of the Divine Nature. The History and Development of Deification in the Christian Traditions.

69. Kharlamov, V. (Ed.). (2011). Theosis: Deification in Chr-istian Theology, Volume Two (Vol. 156). Wipf and Stock Pu-blishers.

70. Irenaeus, Adversus Haereses (Irenaeus Against Heresies), book 4, chapter 38, in The Apostolic Fathers, Justin Martyr, Irenaeus, vol. 1 of Ante-Nicene Fathers: The Writings of the Fathers Down to A.D. 325, ed. Alexander Roberts and James Donaldson (Peabody, Massachusetts: Hendrickson Pub-lishers, 1994), 522.

71. Irenaeus, Adversus Haereses (Irenaeus Against Heresies), book 5, chap ter 36, in vol. 1, The Apostolic Fathers, 567.

72. Lewis. C. S. (1960). "Counting the Cost," Mere Chr-istianity. New York: Macmillan, 174-75.

73. Smith, E., * Jones, A. (1805). Know Then That Every Soul Is Free. Retrieved on January 12, 2022, at https://www.churchofjesuschrist.org/music/library/hymns/know-this-that-every-soul-is-free
(2022年1月12日閲覧)

PART 3

1. Segall, K. (2013). Insanely Simple: The Obsession That Drives Apple's Success. Penguin.
『Think Simple：アップルを生みだす熱狂的哲学』、ケン・シーガル著、林信行監修・解説、高橋則明訳、NHK 出版、2012年

2. Isaacson, W. (2011). Steve Jobs. Simon & Schuster.
『スティーブ・ジョブズ』、ウォルター・アイザックソン著、井口耕二訳、講談社、2012年

3. McKeown, G. (2014). Essentialism: The Disciplined Pursuit of Less. Currency.
『エッセンシャル思考：最少の時間で成果を最大にする』、グレッグ・マキューン著

4. Luce, C. B. (1931). Stuffed Shirts by Clare Boothe Brokaw. Chapter 17: Snobs, New Style, Quote Page 239, Horace Liveright, New York.

5. Frankl, V. E. (1985). Man's Search for Meaning. Simon & Schuster.
『夜と霧』ヴィクトール・E・フランクル著

6. Collins, J. (2001). Good to Great: Why Some Companies Make The Leap and Others Don't. Harper Business.
『ビジョナリーカンパニー 2』、ジェームズ・C・コリンズ著、山岡洋一訳、日経 BP 社、2001年

7. Dethmer, J., Chapman, D., & Klemp, K. (2014). The 15 Commitments of Conscious Leadership: A New Paradigm for Sustainable Success. Conscious Leadership Group.

8. Lawler III, E. E., & Suttle, J. L. (1973). Expectancy theory and job behavior. Organizational Behavior and Human Performance, 9③, 482-503.

9. Hawkins, D. R. (2014). Power vs. Force: The Hidden De-terminants of Human Behavior. Hay House, Inc.
『パワーか、フォースか：人間のレベルを測る科学』、デヴィッド・R・ホ

ーキンズ著

10. Shinn, F. S. (2009). The Game of Life and How to Play It. Penguin.

『人生が一夜にして変わる引き寄せの法則を呼び出す言葉』、F・スコーヴェル・シン著

11. Hill, N. (2020). Think and Grow Rich: The Original Cla-ssic. Third Millennium Press.

12. Allen, J. (2008). As a Man Thinketh. Create Space Ind-ependent Publishing Platform.

『原因と結果の法則』(サンマーク出版、KADOKAWAなど)

13. Berk, L. E. (2010). Exploring Lifespan Development (2nd ed.). Pg. 314. Pearson Education Inc.

14. Covey, S. R. (2013). The 7 Habits of Highly Effective People: Powerful Lessons in Personal Change. Simon & Schuster.

『完訳7つの習慣』、スティーブン・R・コヴィー著、フランクリン・コヴィー・ジャパン株式会社訳、FCEパブリッシングキングベアー出版、2020年

15. Shenk, J. W. (2014). Powers of Two: Finding the Essence of innovation in Creative Pairs. Houghton Mifflin Harcourt.

『POWERS OF TWO 二人で一人の天才』、ジョシュア・ウルフ・シェンク著、矢羽野薫訳、英治出版、2017年

16. WJS, p. 15.

17. Recollection of John Lyman Smith in JI (March 15, 1892): 172.

18. Madsen, T. (1978). Joseph Smith Lecture 2: Joseph's Personality and Character. BYU Speeches. Retrieved on Ja-nuary 5, 2022, at
https://speeches.byu.edu/talks/truman-g-madsen/joseph-smiths-personality-and-character/
(2022年1月5日閲覧)

19. Meisel, A. (2014). Less Doing, More Living: Make Eve-rything in Life Easier. TarcherPerigee.

20. Schwartz, B. (2004, January). The Paradox Of Choice: Why More is Less. New York: Ecco.

『なぜ選ぶたびに後悔するのか:オプション過剰時代の賢い選択術』、バリー・シュワルツ著、瑞穂のりこ訳、武田ランダムハウスジャパン、2012年

21. McKeown, G. (2014). Essentialism: The Disciplined Pursuit of Less. Currency.

『エッセンシャル思考:最少の時間で成果を最大にする』、グレッグ・マキューン著

22. Hendricks, G., & Hendricks, G. (2009). The Big Leap. HarperCollins.

23. Sivers, D. (2015). Derek Sivers on Developing Co-nfidence, Finding Happiness, and Saying "No" to Millions (#125). The Tim Ferriss Show. Retrieved on December 6, 2021, at https://tim.blog/2015/12/14/derek-sivers-on-developing-confidence-finding-happiness-and-saying-no-to-millions/
(2021年12月6日閲覧)

24. Sullivan, D. & Hardy, B. (2020). Who Not How: The Fo-rmula to Achieve Bigger Goals Through Accelerating Te-amwork. Hay House Business.

『WHO NOT HOW:「どうやるか」ではなく「誰とやるか」』、ダン・サリヴァン/ベンジャミン・ハーディ著、森由美子訳、ディスカヴァー・トゥエンティワン、2022年

25. Hendricks, G., & Hendricks, G. (2009). The Big Leap. HarperCollins.

26. Sonnentag, S. (2012). Psychological detachment from work during leisure time: The benefits of mentally disengaging from work. Current Directions in Psychological Science, 21②, 114-118.

27. Karabinski, T., Haun, V. C., Nübold, A., Wendsche, J., & Wegge, J. (2021). Interventions for improving psychological detachment from work: A meta-analysis. Journal of Occ-upational Health Psychology, 26③, 224.

28. Pressfield, S. (2002). The War of Art: Break Through the Blocks and Win Your Inner Creative Battles. Black Irish Entertainment LLC.

『やりとげる力』、スティーヴン・プレスフィールド著

29. Collins, J. (2001). Good to Great: Why Some Companies Make the Leap and Others Don't. Harper Business.

『ビジョナリーカンパニー2』、ジェームズ・C・コリンズ著

30. Ferriss, T. (2014). The Tim Ferriss Show: Interview with Peter Thiel, Billionaire Investor and Company Creator (#28). Retrieved on January 11, 2022, at https://tim.blog/2014/09/09/peter-thiel/
(2022年1月11日閲覧)

31. Godin, S. (2010). Seth Godin: The Truth About Shipping. 99Designs. Retrieved on January 11, 2022 at https://99u.adobe.com/articles/6249/seth-godin-the-truth-about-shipping
(2022年1月11日閲覧)

32. Godin, S. (1999). Permission Marketing: Turning strangers into friends and
Friends into Customers. Simon & Schuster.

『パーミッション・マーケティング』、セス・ゴーディン著、谷川漣訳、海と月社、2011年

33. Godin, S. (2003). Purple Cow: Transform Your Business by Being rRemark-
able. Portfolio.

『「紫の牛」を売れ!』、セス・ゴーディン著、門田美鈴訳、ダイヤモンド社、2004年

34. Godin, S. (2007). The Dip: A Little Book That Teaches You When to Quit (and When To Stick). Portfolio.

『ダメなら、さっさとやめなさい!:no.1になるための成功法則』、セ

ス・ゴーディン著、有賀裕子訳、マガジンハウス、2007年

35. Godin, S. (2008). Tribes: We Need You to Lead Us. Penguin.

『トライブ：新しい"組織"の未来形』、セス・ゴーディン著、勝間和代訳、講談社、2012年

36. Grant, A. (2021). Think Again: The Power of Knowing What You Don't Know. Viking.

『THINK AGAIN 発想を変える、思い込みを手放す』、アダム・グラント著、楠木建監訳、三笠書房、2022年

まとめ

1. Frost, R. (1952). Men of Faith by Philip Hamburger. Start Page 167, Quote Page 169, The New Yorker Magazine Inc., New York. Retrieved on January 13, 2022, at https://quoteinvestigator.com/2020/05/04/bold/
(2022年1月13日閲覧)

Macbeth Studio

ベンジャミン・ハーディ

DR. BENJAMIN HARDY

ベンジャミン・ハーディ博士は、組織心理学者であり、著作家であり、「未来の自分」の科学的知識の活用において世界的権威でもある。著書の累計販売数は数百万部、ブログ読者はのべ数億人に上る。著書に「FULL POWER: 科学が証明した自分を変える最強戦略」（サンマーク出版）「WHO NOT HOW 何をするかではなく 誰とするか」（ディスカヴァー・トゥエンティワン）「10倍成長 2倍より10倍が簡単だ」（ダン・サリヴァンとの共著、ディスカヴァー・トゥエンティワン）。妻のローレンとともに7人の親である。フロリダ州オーランド在住。www.futureself.com

松丸さとみ

SATOMI MATSUMARU

翻訳者・ライター。学生や日系企業駐在員としてイギリスで6年強を過ごす。現在は、フリーランスで翻訳・ライティングを行っている。訳書に『「人生が充実する」時間のつかい方』（翔泳社）、『感情戦略』『LISTEN』（ともに日経BP）、『脳の外で考える』（ダイヤモンド社）、『FULL POWER』（サンマーク出版）、『限界を乗り超える最強の心身』（CCCメディアハウス）などがある。

10倍速《ばいそく》で「未来《みらい》の自分《じぶん》」になる方法《ほうほう》

2024年10月29日　初版第1刷発行

著　者　ベンジャミン・ハーディ博士
訳　者　松丸さとみ
装　幀　吉岡秀典＋権藤桃香（セプテンバーカウボーイ）
発行者　江谷信壽
発行所　OEJ Books 株式会社
〒248-0014　神奈川県鎌倉市由比ヶ浜3-3-21
TEL：0467-33-5975　FAX:0467-33-5985
URL：www.oejbooks.com
E-mail：info@oejbooks.com

発売所　株式会社めるくまーる
〒101-0051
東京都千代田区神田神保町1-11
信ビルディング4F
TEL：03-3518-2003　FAX：03-3518-2004

印刷・製本　モリモト印刷株式会社

ISBN 978-4-8397-0189-5

「愛―知性」を解き放つ
OEJ Books からのご案内

本書のご感想をお寄せいただいた方に
すてきな特典をプレゼント！

お寄せくださった方には、
あなたが「未来の自分」になるためのお役立ち情報（日本語版）、
さらに弊社の本のなかから、まるごと１章分の読書体験を
プレゼントいたします。

こちらからお受け取りいただけます。

https://oejbooks.com/mail/forms.cgi?id=your-future-self

最後までお読みいただき、ありがとうございます。
10倍速で「未来の自分」になることを応援しています。